청대 만주어
문헌 연구

송강호宋康鎬
고려대학교 민족문화연구원 만주학센터 연구원.

고려대 중문과를 졸업하고, 철학·번역학 등 다양한 분야를 전공했으며 북경어, 만주어, 삼국지연의 등에 관심을 두고 연구를 진행하고 있다. 논저 및 번역에『중국어성경과 번역의 역사』,『만한합벽삼국지』,『중국어 한자의 어원』,『고조선의 화폐와 명도전의 비밀』,『청대 만주족의 샤먼 제사』(공역),「박태원『삼국지』의 판본과 번역 연구」,「『淸文啓蒙』의 滿洲式 漢語에 대한 考察」,「三田渡 大淸皇帝功德碑의 硏究」,「滿文三國志 ilan gurun i bithe 譯註」,「『삼역총해』의 한글 번역과 판본학적 고찰」,「만주어『신약전서』- 중국 대련도서관 소장본」,「청대 만주어로 번역된 한적 연구」등이 있다.

고려대학교 민족문화연구원 만주학 총서4

청대 만주어 문헌 연구

초판인쇄 2015년 01월 20일 **초판발행** 2015년 01월 29일
저자 송강호
발행인 윤석현 **발행처** 도서출판 박문사 **등록번호** 제2009-11호 **책임편집** 이신
우편주소 서울시 도봉구 우이천로 353 3F
대표전화 (02)992-3253 **전송** (02)991-1285
전자우편 bakmunsa@daum.net **홈페이지** http://www.jncbms.co.kr

ⓒ 송강호, 2015. Printed in KOREA.

ISBN 978-89-98468-48-4 93730   정가 29,000원

고려대학교 민족문화연구원 만주학 총서4

청대 만주어 문헌 연구

송강호

박문사

고려대학교 민족문화연구원 만주학 총서4

청대 만주어 문헌 연구

최근 만주어(滿洲語)와 만문 사료에 대한 국내외 학계의 관심이 높아지고 있다. 일찍이 일본에서는 만주어와 만주사에 대한 다양한 사료를 중심으로 깊이 있는 연구가 진행되었고, 유럽에서도 러시아나 독일 등지에서 적극적으로 만주학을 연구한 바 있으며, 미국에서는 근년에 만주족 역사로서의 신청사(新淸史) 연구가 붐을 일으켜 학계의 주목을 받았다. 21세기에 들어오면서 중국에서는 방대한 규모의 만문당안(滿文檔案)이 국가적 차원에서 정리되고 번역 사업이 추진되고 있어 명실공히 만주학 연구의 중심적 역할을 자임하고 있는 실정이다.

만주족은 근세에 청나라를 건국하여 약 300년 가까이 세계사의 주역으로 활동했던 동북아시아 주요 민족의 하나다. 만주어는 1636년 이전까지 우리나라에서는 여진어로 알려졌으나 그 후 1911년까지 청나라의 공식 언어가 되었으며, 만주족은 청나라 건국 이후 근세 동아시아 역사의 중요한 내용을 만주문자로 기록하였다. 이들 자료 중에는 약 200만 건에 달하는 만문 당안을 비롯하여 수많은 만주어 자료들이 포함되어 있다. 우리는 이들 자료를 바탕으로 중국과 아시아 및 한국의 역사와 문화를 새로운 시각에서 이해할 수 있다고 믿는다.

만주족은 그 조상인 숙신(肅愼), 읍루(挹婁), 말갈(靺鞨), 여진(女眞)의 시기부터 한민족의 선조인 고조선, 고구려, 발해, 고려 및 조선시대의 우리 겨레와 밀접한 관계를 맺어왔다. 이 과정에서 만주족과 우리 민족은 다양한 방식으로 문화의 일부를 공유하게 되었고, 언어적으로도 적지 않은 유사성을 지니게 되었다. 조선 후기에는 사역원(司譯院)에서 만주어 역관을 양성하였고, 그 학습의 전통은 당시 만주어의 형태를 알 수 있는 청학사서(淸學四書)로 남아 전해 오고 있다. 오늘날 만주어는 중국에서도 거의 사용되지 않고 있지만 한국에서 만주어 자료를 해득하는 것은 어학적 입장에서 중국어(漢語) 사용자에 비해 오히려 유리한 측면도 있을 것이다.

고려대학교 민족문화연구원에서는 이러한 점에 주목하여 지난 수년 간 만주학과 관련된 국내외 학술 자료를 적극 수집하는 한편, 특수 언어로서 만주어 강좌를 개설하고 만주학 연구실을 운영하는 등 한국학의 외연을 넓히기 위해 부단히 노력해 왔다. 향후 본 연구원은 만주학 연구센터로 확대 개편하여 국내외 전문가와 긴밀한 네트워크를 형성하고 분야별 전문 연구와 학제 간 종합 연구를 면밀히 진행하여 명실공히 만주학 연구의 세계적인 허브를 구축할 생각이다.

이에 본 연구원은 그동안의 연구 성과를 〈만주학 총서〉에 담아 순차적으로 출간하고자 한다. 이 총서에는 만주족의 역사와 문화, 언어와 문학, 민속과 종교 등에 대한 다양한 연구 성과들이 균형적으로 수록될 것이다. 앞으로 이 〈만주학 총서〉는 한국의 만주학 연구에 선구적 역할을 하게 될 것이며, 나아가 한국학의 발전과 동아시아학의 정립에 핵심적 위상으로 자리매김하게 될 것이다. 학계의 애정 어린 관심과 아낌없는 성원을 기대하는 바이다.

2012년 봄에
민족문화연구원 원장
최용철

고려대학교 민족문화연구원 만주학 총서4

청대 만주어 문헌 연구

　본서는 그동안 만주어 관련 문헌을 공부하면서 발표했던 다양한 성격의 글을 『청대 만주어 문헌 연구』라는 이름으로 묶어 본 것이다. 본서에는 우리에게 널리 알려진 삼전도 대청황제공덕비를 비롯해서 조선시대 청학서인 『청어노걸대』와 『삼역총해』 그리고 만문 『반야심경』 및 『신약성서』 관련 논문을 수록했으며, 한문고전 번역에 있어서 청대 만주어 문헌이 지니는 의의를 탐색해 본 글도 1편 포함시켰다.

　만주어를 학습하게 된 동기와 배경에는 기본적으로 우리 한국어의 뿌리와 계통에 대한 관심과 중국소설 『삼국지연의』를 만주어로 읽는 즐거움이 있었지만 또 하나의 직접적인 사유는 북경어에 남겨진 만주어의 흔적에 대한 언어학적인 관심도 크게 작용했다. 이 같은 어원적인 관심을 탐색해 본 것이 「『청문계몽』의 만주식 한어에 대한 고찰」이다. 이 논문은 여러모로 부족한 면이 많지만 초기의 열정을 담은 것이라 가장 애착이 가는 글 가운데 하나이다. 그 후 이 같은 언어접촉에 대한 관심을 지속시킨 것이 「청대 만주어와 한어의 교섭양상 연구-『청문지요』를 중심으로-」이다. 이 논문은 국제학술대회(SIAC 2013)에서 발표한 것인데, 만주어를 지도해 주신 성백인 선생님의 팔순을 기념하는 자리라서 여러모로 뜻깊은 대회였다.

본서에 수록한 글들은 대부분 기존의 논문집이나 학술대회에서 발표한 것이나 이번에 자료를 추가하고 일부 보완했으며 처음 선보이는 글도 함께 수록하였다. 이밖에 국내 학계에 소개할 필요가 있다고 판단되는 국외의 논문 가운데 3편을 번역해서 부록으로 담았다. 최근 국내에는 만주학에 대한 관심이 높아지고 있는데, 만주학의 발전에 작은 밑거름이 되기를 바라는 마음에서 본서를 상재하게 되었다. 진실로 대방의 질정을 바라는 마음 간절하다.

본서가 나오기까지 만주학에 지대한 관심을 지니고 격려와 지원을 아끼지 않으신 고려대 민족문화연구원 최용철 원장님께 깊은 감사를 드린다. 아울러 음으로 양으로 언제나 도움을 주시는 민족문화연구원 HK연구단과 만주학센터의 여러 선생님들 그리고 좋은 책을 내기 위해 애쓰시는 도서출판 박문사 여러분의 노고에도 감사의 인사를 드리는 바이다.

2015년 1월 2일
만주학센터 문학팀
송강호

차례

제1장

만주어와 삼전도비

삼전도비의 모습

고려대학교 민족문화연구원 만주학 총서4

청대 만주어 문헌 연구

三田渡 大淸皇帝功德碑의 硏究

滿漢文 對譯을 中心으로

1. 서론

삼전도비는 병자호란 이후 청나라의 공덕비 건립 요구와 이에 따른 청의 의심을 풀기 위한 조선의 고육지책이었다. 비문의 내용은 청이 조선에 출병한 이유와 청태종의 은덕으로 조선이 다시금 종묘사직과 백성을 보전하게 되었다는 것을 밝히고 있다.

현재 사적 제101호로 지정되어 있는 삼전도비는 滿·蒙·漢 3종의 언어로 새겨진 국내 유일의 비로 그 가치가 주목된다. 滿文의 경우 天聰 6년(1632) 有圈點 滿洲文字가 사용된 지 7년째 되는 시기의 표기법으로 역사비교언어학적인 탐색에도 귀중한 자료이다.[1] 과거 汗碑, 淸太宗功德碑 등으로 불렸으나 정식 명칭은 大淸皇帝功德碑이며, 滿文 碑題는 daicing gurun i enduringge han i güng erdemui bei이다.

삼전도비와 관련된 기존의 연구에는 金聲均의 「三田渡碑竪立始

---

001 成百仁, 「三田渡碑 滿洲文」, 『東亞文化』 第9輯, 서울大學校 文理科大學 東亞文化研究所, 1970, 117쪽.

末」(1961)과 裴祐晟의 「서울에 온 청의 칙사 馬夫大와 삼전도비」 등이 있는데, 金芳漢(1965)을 비롯하여, 崔鶴根, 成百仁, 朴相圭 등 알타이어학에 관심을 지닌 학자들의 언어학적인 연구가 주를 이루고 있다.2 그밖에 삼전도비와 직간접적으로 관련이 있는 정묘와 병자호란 전후의 국내외 정세를 논한 연구들이 있다.

본고에서는 원래 자리로의 이전을 계기로 삼전도비의 건립 위치와 비문작성 경위 등에 대해 구체적인 면모를 살펴보고자 하였다. 또 滿文 역주와 관련하여 中國 第一歷史檔案館의 滿文檔案 崇德 4년(1639) 12월 28일 조에 나오는 삼전도비문의 中文譯을 함께 수록하여 비교가 이루어지도록 하였다.

2. 삼전도비의 건립과 위치

삼전도비의 건립 문제와 관련하여 지금까지 확인된 가장 이른 기록은 인조 15년(1637) 3월, 삼전도 비석은 이미 마련하여 두었으니 사신이 청에 들어갈 때 비문을 구하여 새겨 넣으면, 우리[朝鮮]가 의심받는 것을 해명할 수 있을 것이라는 『承政院日記』의 기사이다.3

삼전도비는 인조 17년(1639) 12월 8일 受降壇 자리에 건립된 이래, 1894년 청일전쟁으로 청나라가 패배한 직후 훼철을 겪었다. 『梅泉

---

002 國外의 滿文 번역으로는 M.Forbes A.Fraser, F.R.G.S.: *Tanggu Meyen*, London, 1924에 수록된 英譯 "The Manchu Part of a Monumental Inscription in Corea in Chinese, Manchu, and Mongol"과 『史林』 第13卷 第1~4號, 1928에 수록된 鴛淵一의 日譯 「淸初に於ける淸鮮關係と三田渡の碑文(上, 中, 下ノ一, 下ノ二)」이 있는데, 이들에 대해서는 成百仁(1970)에서 검토된 바 있다.

003 『承政院日記』 仁祖 15年 3月 12日.

野錄』에는 迎恩門을 허물고 삼전도비를 넘어뜨린 것을 그 무렵 淸
國과의 단절이 분명해지고, 事大의 儀節이 모두 폐지된 때문이라고
전하고 있다.[4]

삼전도비의 현재　　　　　삼전도비의 훼철된 당시의 모습[5]

　훼철된 삼전도비를 다시 일으켜 세운 것은 日帝였다. 日帝는 외
교사상 중대한 1등 사료이며 조선에 둘도 없는 滿蒙文을 새긴 비석
이자 조선 중기의 대표적인 石碑 작품으로 영원히 보존할 가치가
있는 유물이라고 평가하고 大正 6년(1917) 다시 세웠다.[6]
　해방 이후 1955년 11월 4일에 개최된 국보고적명승천연기념물보
존회 제2차 총회에서는 내무부 치안국장의 요청에 의하여 國寶 제
164호로 지정되었던 삼전도 淸太宗功德碑가 치욕의 역사물이란 이
유로 지정 해제되어 땅속에 매몰될 것이라는 결정이 있었는데,[7] 이

004 『梅泉野錄』 卷2, 高宗三十二年乙未, 國史編纂委員會, 1955, 171쪽.
005 이문웅・강정원・선일 편, 『(서울대박물관 소장)식민지시기 유리건판』,
　　서울대학교출판부, 2008.
006 朝鮮總督府 編, 『大正六年度古蹟調査報告』, 1920, 609쪽.
007 이순우, 「삼전도비, 감출 수 없는 치욕의 역사」, 『테라우치 총독, 조선의

당시 매몰된 시기와 홍수 이후 이
전 계획에 대해 『考古美術』 1권
1호(1960년 8월)에서 '三田渡淸太宗
紀功碑의 再建問題'를 이렇게 전
하고 있다.

『考古美術』

  "三田渡의 有名한 淸太宗紀功
碑의 碑身은 碑文이 恥辱的이라
해서 一九五八年 봄에 龜趺 附近 地下 七尺 깊이에 埋沒하였던 것인
데, 其後 洪水에 依한 河岸流失로 因해 碑身 龜趺가 모두 水中으로 轉
落하였으며 이대로 두면 江底에 埋沒되어버릴 危險이 뚜렷하므로 文
敎部에서는 引揚하여 石村里의 高地에 移建할 계획이다."[8]

  삼전도비의 비신이 홍수로 강 언덕에 있던 당시의 상황은 金聲均
의 언급에서도 확인할 수 있는데,[9] 이때 비석을 이전 건립한 곳은
석촌리 53-13번지로 과거 崔鶴根, 成百仁의 탁본 작업도 이곳에서
이루어진 것으로 판단된다.[10] 이곳에 있던 삼전도비는 1980년대 초

      꽃이 되다(일그러진 근대 역사의 흔적을 뒤지다 1)』, 하늘재, 2004, 116쪽.
008 『考古美術』 第1卷 第1號, 考古美術同人會, 1960, 21-22쪽.
009 "筆者가 年前에 史學科 學生들을 데리고 拓本次 갔을 때는 江언덕 비탈에
      碑身이 비스듬이 누어져 있어 或是 큰물이라도 나가 밑에 흙이 파여저 나
      가면 江中으로 굴러 떨어져 들어가지나 않을까 하고 안타까히 여긴 바 있
      었는데, 그후 다시 建立되었다는 소식을 듣고 반가워하였던 것이다." 金聲
      均, 「三田渡碑竪立始末」, 『鄕土서울』 第12號, 1961, 7쪽.
010 "筆者가 이 所謂 三田渡碑의 拓本을 計劃한 것은 三年前의 일이다" 崔鶴根,
      「所謂 三田渡碑의 滿文碑文 註譯」, 『국어국문학』49・50합병호, 국어국문
      학회, 1970, 326쪽 ; "碑石의 現在의 位置는 서울特別市 城東區 松坡洞(舊
      京畿道 廣州郡 中岱面 松坡里) 三田渡의 舊 受降壇의 옛터에서 正南方 직선
      거리 約 700m 되는 地點에 옮겨져 있다. (중략) 거북은 正南向으로 앉아
      있다." 成百仁, 앞의 논문, 1970, 120쪽.

송파대로의 확장과 역사공원 조성으로 서울시 송파구 석촌동 289-3
번지로 다시 이전하였다. 그 후 석촌동 289-3번지 공원 내에 있었던
비석 역시 건립 위치 고증을 거쳐 또 다시 이전되었다.

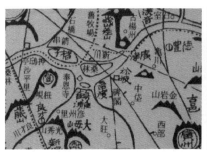 

삼전도 비각 위치　　　　　　청태종공덕비의 위치

삼전도비의 최초 건립 위치는 조선시대 고지도(圖-3좌)와 경성부근
명승사적 안내도(圖-3우),[11] 경기지방 명승고적의 기록[12] 및 구한말 한
반도지형도(圖-4) 등을 통해 추정해 볼 수 있는데, 이 지역은 일제시
대 京畿道 廣州郡 中垈面 松坡里 187番地에서 1963년 서울시 성동
구로 편입된 이후 강남구, 강동구, 송파구 등 행정구역 명칭에서도
여러 차례 변화가 있었다.

송파구청의 위치고증 학술조사
연구용역 보고서에 의하면 삼전
도비는 현재의 석촌호수 북동쪽
가장자리가 원래의 위치임이 확
인되어, 2010년 4월 25일 서울
시 송파구 잠실동 47번지로 이

삼전도와 송파진, 『舊韓末韓半島地形圖』,
1:50,000

---

011 岡田貢 著, 『續京城史話』, 日韓書房, 1927 ; 이순우, 앞의 글, 2004, 116쪽.
012 京畿道 編纂, 『京畿地方の名勝史蹟』, 1937, 154쪽.

전되었다. 이곳은 현재 서울시 지하철 2호선 잠실역 부근으로 석촌호수 서호와 송파대로 사이에 비석이 있다.

3. 삼전도비의 형태와 규모

삼전도비의 형태와 석재를 살펴보면 螭首와 비신은 대리석인데 하나로 된 통비 형태이고, 龜趺 석재는 화강석이다. 螭首의 전후 문양을 살펴보면 雲龍紋에 좌우 쌍룡이 여의주를 가운데 두고, 각각 입을 개폐하고 있는 형상이다.

삼전도비의 원래 규모는 龍頭와 함께 길이[長]가 10척 5촌, 너비[廣]가 3척 5촌이었으나,13 나중에 결정된 비석은 비신이 12척, 龍頭가 2척 2촌에 달했다.14 처음에 마련했던 비석보다 더 큰 것으로 교체된 것이다. 현재 삼전도비의 옆에 남아 있는 작은 형태의 龜趺는 원 비석을 세우기 위해 준비했던 것으로 보인다.15

새로운 비신의 석재는 忠州에서 채취하도록 충청감사에게 전해졌으며, 龜趺의 석재는 비신이 바뀜에 따라 마찬가지로 바뀌게 되었는데, 果川에 쓸 만한 것이 있어서 마련하기로 하였다.16 그런데 비신용 석재가 워낙 커서 큰 배가 아니면 운반이 어려워 이듬해 봄 얼음이 녹아서 강물이 불어나야 가능할 것이라는 기록이나17 강변에서

---

013 『承政院日記』仁祖 15年 6月 26日.
014 『承政院日記』仁祖 16年 7月 26日.
015 裵祐晟,「서울에 온 청의 칙사 馬夫大와 삼전도비」,『서울학연구』제38호, 서울시립대학교 부설 서울학연구소, 2010, 250쪽.
016 『承政院日記』仁祖 16년 8월 16일.
017 『備邊司謄錄』仁祖 16년 11월 23일.

비각까지 석재를 운반하는데 필요한 군사가 400 정도,[18] 비석을 세울 때 500 등을 거론한 것으로 보아 그 규모를 짐작하기 어렵지 않다.[19] 현재 비석의 도면과 무게 등을 보면 다음과 같다.

비석 전면 상단[20]

---

018 『承政院日記』仁祖 17년 3월 25일. 참고로 원문에서 四百 뒤의 일부 缺文으로 인하여 정확히 四百인지 四百 몇인지는 확실치 않다.
019 『承政院日記』仁祖 17년 11월 22일.
020 2010년 2월 23일 서울시 송파구 석촌동 289-3번지 '삼전도비 어린이공원' 시절 필자가 직접 방문하여 촬영한 것이다.

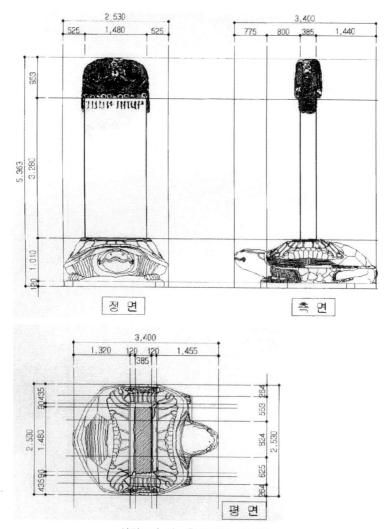

삼전도비 정·측면(상)과 귀부(하)

높이(세로) 이수 953mm 비신   3,280mm
          귀부 1,010mm 대석   120mm
너비(가로) 비신 1,480mm 두께 비신   385mm
길이(좌우) 귀부 2,530mm (전후) 귀부 3,400mm
무게   비신 7.2t 귀부 20.6t 작은 귀부 11.5t

4. 삼전도비의 찬문과 서사

삼전도비문은 청에서 나올 것으로 여기고 조선에서는 따로 준비를 하지 않고 있었다. 그러나 예상과는 달리 청은 조선에서 비문을 찬술해 줄 것을 요청하였다. 인조는 조선에서 '贊頌帝德'의 비문을 감당하기에 적절치 않다고 사양하였으나, 칙사는 사적인 뜻이 아니라 황제의 명이고, 또 조선의 表箋文 작성 능력을 황제가 칭찬하였다면서 그 정도면 비문을 짓기에 충분하다는 식으로 부추겼다.[21] 결국 인조는 문예에 다소 능한 이들에게 비문을 찬술토록 해보겠다고 응낙할 수밖에 없었다. 그러나 張維, 李慶全, 趙希逸, 李景奭 등 당시의 문장가들에게 비문 작성을 명하였지만 모두들 사양하는 분위기 속에서 張維와 李景奭 두 사람의 비문이 청에 보내지게 되었다.

"張維·李慶全·趙希逸·李景奭에게 명하여 三田渡碑의 글을 짓게 하였는데, 張維 등이 다 상소하여 사양하였으나, 上이 따르지 않았다. 세 신하가 마지못하여 다 지어 바쳤는데, 趙希逸은 고의로 글을 거칠게 만들어 채용되지 않기를 바랐고, 李慶全은 병 때문에 짓지 못하였으므로, 마침내 李景奭의 글을 썼다."[22]

비문은 몇 차례 수정이 이루어졌던 것으로 보인다. 인조의 하교로 처음에 張維, 李景奭, 趙希逸의 글이 올라왔는데, 李景奭의 비문에도 고칠 곳이 있으면 수정하여 들여보내라는 인조의 지시가 있었다.[23] 또 인조는 趙希逸의 글은 보내지 말고, 李景奭과 더불어 張維

---

021 『承政院日記』仁祖 15年 11月 25日.
022 『仁祖實錄』仁祖 15年 11月 25日.
023 『承政院日記』仁祖 15年 11月 28日.

의 글을 칙사에게 보내게 하였다.[24] 이때 역관을 통해 비문의 내용을 접한 馬夫大는 부적절한 대목을 지적하였다. 이에 내부 수정을 거친 비문이 사신을 통해 심양에 보내지게 되었는데, 청에 들어간 비문 역시 漢人 관료 范文程 등에 의해 중대한 수정을 요구받게 되었다.

"楚莊王을 인용하여 비유한 글은 사용하지 않고, 이 글을 사용하려고 하는데 加減할 곳이 많아 우리가 대략 첨가할 말을 구성하였습니다. 宰臣들이 이것을 보고 朝鮮에 상세하게 알리고 이 문장 중에 이러한 뜻의 말을 첨가해 넣으면 좋겠습니다."[25]

이와 관련하여 范文程 등의 비문 수정 요구안으로 보이는 자료가 民國 48년(1959) 李光濤 編, 『明淸檔案存眞選輯』「瀋陽舊檔」에 수록되어 있다.[26] 원래 문건에는 제목이 없지만 편집자가 「崇德二年十二月擬朝鮮稱頌皇帝功德碑文稿」라는 假題를 붙여 놓은 것을 확인할 수 있다.[27]

---

024 『承政院日記』仁祖 15年 11月 29日.
025 『瀋陽狀啓』仁祖 16年 1月 26日.
026 李光濤 編,「瀋陽舊檔(淸入關前史料, 一稱開國史料)」,『明淸檔案存眞選輯(初集)』, 中央硏究院歷史硏究所, 民國48年(1959)初版 民國81年 影印1版.
027 裵祐晟, 앞의 논문, 2010, 245쪽.

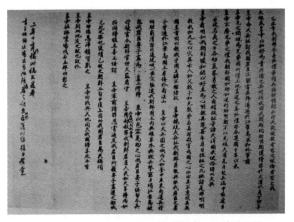

「崇德二年十二月擬朝鮮(三田渡)稱頌皇帝功德碑文稿」

이 문건은 종이 재질에 크기가 가로 71.0cm, 세로 47.5cm인데, 주어가 시종일관 조선으로 되어 있다. 그러나 누르하치를 '我太祖'라고한 것이나 姜弘立을 姜弘禮 등으로 표기한 것을 통해서 문건 작성자가 조선이 아닌 청측임을 알 수 있다.[28] 이 당시 청에서 수정할 내용을 적은 종이를 1장 제시했으며, 조선 측에서 이것을 베껴 적어내관 편에 보냈다는 기록도 확인할 수 있다.[29] 조선에서는 이 같은청의 요구 사항을 반영하여 비문을 개찬해야만 했다. 인조는 李景奭을 불러 청의 요구대로 고치도록 명하였고, 결국 이것이 실록에 전하는 삼전도비문이 되었다.

> "張維와 李景奭이 지은 三田渡碑文을 청나라에 들여보내 그들로 하여금 스스로 택하게 하였는데, 范文程 등이 그 글을 보고, 張維의 글은인용이 온당함을 잃었고, 李景奭이 지은 글은 쓸 만하나 다만 중간에첨가할 말이 있으니 조선에서 고쳐 지어 쓰라고 하였다. 上이 李景奭

028 裵祐晟, 앞의 논문, 2010, 247쪽.
029 『瀋陽日記』仁祖 16年 1月 25日.

에게 명하여 고치게 하였다. 그 글은 다음과 같다."30

030 『仁祖實錄』(太白山本) 仁祖 16年 2月 8日. 三田渡碑文 全文: 大淸崇德元年冬
十有二月, 皇帝以壞和自我, 始赫然怒, 以武臨之, 直擣而東, 莫敢有抗者. 時
我寡君, 棲于南漢, 凜凜若履春氷, 而待白日者, 殆五旬. 東南諸道兵, 相繼崩
潰, 西北帥逗撓峽內, 不能進一步, 城中食且盡. 當此之時, 以大兵薄城, 如霜
風之卷秋籜, 爐火之燎鴻毛, 而皇帝以不殺爲武, 惟布德爲先, 乃降勅諭之曰:
"來, 朕全爾. 否, 屠之." 有若英馬諸大將, 承皇帝命, 相屬於道. 於是我寡
君, 集文武諸臣謂曰: "予托和好于大邦, 十年于玆矣. 由予昏惑, 自速天討, 萬
姓魚肉, 罪在予一人. 皇帝猶不忍屠戮之, 諭之如此, 予曷敢不欽承, 以上全我
宗社, 下保我生靈乎?" 大臣協贊之, 遂從數十騎, 詣軍前請罪. 皇帝乃優之以
禮, 拊之以恩. 一見而推心腹, 錫賚之恩, 遍及從臣. 禮罷, 卽還我寡君於都城,
立召兵之南下者, 振旅而西. 撫民勸農, 遠近之雉鳥散者, 咸復厥居. 詎非大
幸歟? 小邦之獲罪上國久矣. 己未之役, 都元帥姜弘立, 助兵明朝, 兵敗被擒.
太祖武皇帝只留弘立等數人, 餘悉放回, 恩莫大焉, 而小邦迷不知悟. 丁卯歲,
今皇帝命將東征, 本國君臣避入海島. 遣使請成, 皇帝允之, 視爲兄弟國, 疆土
復完, 弘立亦還矣. 自玆以往, 禮遇不替, 冠蓋交跡, 不幸浮議扇動, 搆成亂
梯. 小邦申飭邊臣, 言涉不遜, 而其文爲使臣所得, 皇帝猶寬貸之, 不卽加兵.
乃先降明旨, 諭以師期, 丁寧反覆, 不啻若提耳面命, 而終不免焉, 則小邦君臣
之罪, 益無所逃矣. 皇帝旣以大兵, 圍南漢, 而又命偏師, 先陷江都. 宮嬪王子
曁卿士家小, 俱被俘獲. 皇帝戒諸將, 不得擾害, 令從官及內侍看護, 旣而大霈
恩典. 小邦君臣及其被獲眷屬, 復歸於舊, 霜雪變爲陽春, 枯旱轉爲時雨; 區宇
旣亡而復存, 宗祀旣絶而還續. 環東數千里, 咸囿於生成之澤, 此古昔簡策所
稀觀也. 於戱, 盛哉! 漢水上游三田渡之南, 卽皇帝駐蹕之所也, 壇場在焉. 我
寡君爰命水部就壇所, 增而高大之, 又伐石以碑之, 垂諸永久, 以彰夫皇帝之功
之德, 直與造化而同流也, 豈特我小邦世世而永賴? 抑亦大朝之仁聲武誼, 無遠
不服者, 未始不基于玆也. 顧摹天地之大, 畫日月之明, 不足以彷彿其萬一, 謹
載其大略. 銘曰: 天降霜露, 載肅載育. 惟帝則之, 竝布威德. 皇帝東征, 十萬
其師. 殷殷轟轟, 如虎如貔. 西蕃窮髮, 曁夫北落. 執殳前驅, 厥靈赫赫. 皇
帝孔仁, 誕降恩言. 十行昭回, 旣嚴且溫. 始迷不知, 自貽伊慼. 帝有明命, 如
寐之覺. 我后祗服, 相率以歸. 匪惟怛威, 惟德之依. 皇帝嘉之, 澤洽禮優.
載色載笑, 爰束戈矛. 何以錫之, 駿馬輕裘. 都人士女, 乃歌乃謳. 我后言旋,
皇帝之賜. 皇帝班師, 活我赤子. 哀我蕩析, 勸我穡事. 金甌依舊, 翠壇維
新. 枯骨再肉, 寒荄復春. 有石巍然, 大江之頭. 萬載三韓, 皇帝之休. 이상
과 같은 三田渡碑文은 『淸實錄』崇德 4年(1639) 12月 庚戌 條에도 수록되어
있으나 일부 漢字의 사용이 다른 부분이 있다. 여기에 대해서는 본고의 역

漢文의 찬술과는 달리 滿蒙文으로의 번역에 대해서는 구체적인 정황이 알려져 있지 않다. 崔鶴根은 滿蒙文 번역자의 성명 기록이 없으므로 알 수 없으나 滿文 비문은 滿洲人에게 蒙文 비문은 蒙古 人에게 각기 번역하게 했다고 생각하는 것이 타당하다고 보았다.[31] 漢文이 滿蒙文으로 번역된 것은 적어도 漢文 비문이 최종적으로 확정된 인조 16년(1638) 2월 이후임은 분명하다. 李景奭의 漢文 비문이 청에 들어간 것으로 볼 수 있는 것은 通使 朴仁侯가 碑文을 보냈다 는 청측의 기록[32]과 주청사로 청에 들어간 洪靇 편에 字行의 高低와 排字를 한 비문을 지니고 가게 했다는 기록이 있다.[33]

그러나 滿蒙文 번역의 저본이 되었던 漢文이 인조 16년(1638) 청에 들어간 李景奭의 최종 수정본 자체인지, 아니면 이듬해 인조 17년 (1639) 비석에 새긴 다음에 인출된 漢文인지도 검토의 대상이다. 삼전 도비문의 인출에 대해서는 인조 17년(1639) 7월 28일 삼전도비문 1건을 이미 인출하여 봉했는데, 칙사가 돌아간 지 얼마 되지 않는 시점에 바 로 들어보내야 질책을 면할 수 있다는 기록[34]과 인조 17년(1639) 11월 24일 비문 새기는 일을 이달 20일에 시작하여 밤낮으로 작업을 독촉 해서 겨우 마쳤으니 종이에 떠낸 비문을 들이겠다는 기록이 있다.[35]

주 참고.

031 崔鶴根, 앞의 논문, 1970, 326쪽.
032 內國史院 滿文檔案 崇德 3年 4月 19日 條에 通使 朴仁侯가 碑文을 보냈다는 기록이 보인다. 여기 나오는 碑文을 三田渡碑라고 명시하지는 않았으나 通使가 조선에서 보낸 漢語 譯官 朴仁厚라면 이때 들어간 碑文이 李景奭이 개찬한 최종 漢文일 가능성이 있다. 中國第一歷史檔案館, 『淸初內國史院滿文檔案譯編-天聰朝崇德朝(上)』, 光明日報出版社, 1989, 302쪽.
033 『仁祖實錄』 仁祖 16年 7月 10日.
034 『承政院日記』 仁祖 17年 7月 28日.
035 『承政院日記』 仁祖 17年 11月 24日.

인조 17년(1639) 11월 24일에 최종 인출된 漢文이 滿蒙文 번역의 저본일 가능성을 보면, 당시 조선에 와 있던 博氏들이 단지 글씨만 쓰는 이들이 아니라 번역 능력이 있었고, 또 馬夫大에게 滿蒙文 비문에 대한 결정 권한이 있었다고 본다면 전혀 불가능한 것은 아니다. 그러나 인출된 漢文 비문을 청에 들여보내 滿蒙文으로 번역하고, 검토와 재가를 거쳐 조선에 돌아왔다고 가정한다면 11월 24일 인출된 漢文을 저본으로 보기에는 어려움이 많다.

內國史院 滿文檔案 崇德 4년(1639) 11월 6일 기록을 보면 查布海,[36] 李棲鳳,[37] 畢禮克圖[38]를 파견하여 비문을 보내고, 戶部承政 馬夫大, 禮部參政 超哈爾, 刑部參政 覺羅 吳達海 등이 함께 간다는 기사가 나온다.[39] 馬夫大가 11월 조선에 온 것이 사실이고, 博氏 3員에 대한 기록이 있는 것을 보면 이때 동행한 博氏들이 滿蒙文 비문을 가지고 왔을 가능성이 높다. 또 滿文檔案의 같은 해 12월 28일에도 전에 문관 查布海, 李棲鳳, 畢禮克圖 등을 파견하여 聖汗功德碑文을 조선 국왕에게 보내 전시케 했는데,[40] 查布海 등이 조선에서 돌아와 비문 기록한 것을 바쳤다고 한 것도 이들의 滿蒙文 비문과의 밀접한 관련성을 보여준다.[41]

여기서 한 가지, 7월에 인출되어 청에 들어간 漢文은 石刻 당시

---

036 查布海(cabuhai): 遼史, 三國志 等 滿文 飜譯 및 校勘 등에 참여함.
037 李棲鳳: 字瑞梧, 盛京廣寧人, 漢軍鑲紅旗, 廣東總督 歷任. 『淸史稿』卷246 列傳26.
038 畢禮克圖: 蒙古正藍旗人. 『淸史稿』卷261 列傳41.
039 『淸實錄』崇德 4年 11月 己未 條에도 三田渡碑 건립과 관련하여 조선에 사신을 파견하는 내용이 나온다.
040 中國第一歷史檔案館, 앞의 책, 1989, 448쪽.
041 『淸實錄』崇德 4년 12월 庚戌.

字數가 1, 100여 字[42]라고 하고, 11월 22일 기록에 나오는 漢文 石刻 당시의 비문 字數는 1,009字[43]라고 하여 기록상 차이가 보인다. 관직명과 인명의 변경 및 건립일 등의 기재 여부에 따라 字數가 달라졌을 가능성도 있으나, 근 100자 정도의 비문 字數의 차이가 있으므로 7월에 청에 들어간 인출 漢文이 현행 삼전도비에 새겨져 있는 漢文과 정확히 일치하는가라는 의문도 있다.[44]

현재 삼전도비의 漢文 비문은 비석에 새겨진 漢文의 경우 大碑題 篆字 7자, 小碑題 7자, 大淸崇德元年에서부터 皇帝之休까지의 本文 907자, 관직과 인명 및 건립일 81자를 포함하여 총 1,002자이다. 『仁祖實錄』 인조 16년(1638) 2월 8일에 실린 삼전도비문은 비석의 漢文과 달리 많은 부분이 생략되어 있는데, 大碑題 篆字 7자, 小碑題 7자, 관직과 인명 및 건립일 81자가 없다. 本文에서는 帝가 1자 더 있고 寬溫仁聖, 土, 實의 6자가 없는 902자이며 일부 한자는 다르게 나타나기도 한다.[45]

漢文 書寫에 대해서는 7월 인출을 앞두고 삼전도비문을 속히 인쇄해서 보내야 폐단을 면하니, 吳竣으로 하여금 쓰게 하고 篆文은 申翊聖으로 쓰게 하라는 인조의 구체적인 하교가 있었다.[46] 그런데 이때 申翊聖은 자신을 三田渡碑文 書寫官으로 삼은 것에 대해, 임금이 욕을 당하던 날 죽지 못하여 항상 깊은 한을 품었으므로 병든 몸으로 이 일을 담당할 수 없다고 사양하기도 하였다.[47]

---

042 『承政院日記』 仁祖 17年 6月 25日.
043 『承政院日記』 仁祖 17年 11月 22日.
044 裵祐晟, 앞의 논문, 2010, 254쪽.
045 補註: 총 1,002자로 확인되었다.
046 『仁祖實錄』 仁祖 17年 6月 25日.
047 『仁祖實錄』 仁祖 17年 6月 26日.

삼전도비의 전후면 刻書는 碑銘 書寫와 관련하여 전에 我國書와 蒙古書, 女眞書[淸書] 셋으로 나누어 쓰라는 말이 있었고,[48] 비석의 전면을 3분하여 하나는 楷字로 쓰되 楷字 위에만 篆字를 나머지는 2분하여 淸書·蒙書로 쓰고 '皇帝' 2자는 모두 行을 올린다[49] 등의 기록으로 보아서, 원래는 전면을 3분하여 滿蒙漢 세 언어가 모두 새겨질 예정이었던 것으로 보인다. 그러나 전면 3분의 방침은 나중에 전후로 양분되어, 전면에는 滿蒙文이 후면에는 漢文을 새기게 되었다. 전후면 양면으로의 변경 사항이 조선에 통보된 것은 馬夫大가 칙사로 오던 인조 17년(1639) 11월이었다.

"三田渡碑의 前面은 마땅히 蒙書하고, 後面은 우리나라[朝鮮]의 碑文을 새겨야 할 것이니, 勅使가 서울에 들어가기 전까지 먼저 後面을 새겨 놓고 기다려 오래 지체하는 폐단이 없게 하라 하였습니다."[50]

상황이 이렇게 되자 가장 시급했던 것은 원래 전면 3분에 맞춰서 書寫했던 글자로는 石廣字少하여 사용할 수 없어서 漢文 排書를 다시 하는 일이었다. 이를 위해 인조는 吳竣에게 書寫를 하도록 명하였다. 吳竣은 이때 사양했으나 결국은 漢文 書寫의 책임을 맡게 되었다.[51] 후면의 漢文은 비문으로도 가장 먼저 완성되었지만 書寫와 刻書도 가장 먼저 이루어졌다. 滿蒙文의 書寫는 청에서 나온 博氏들의 작업으로 진행되었다.

---

048 『承政院日記』仁祖 17年 6月 25日.
049 『承政院日記』仁祖 17年 6月 27日.
050 『仁祖實錄』仁祖 17年 11月 15日.
051 『承政院日記』仁祖 17年 11月 17日.

"蒙清書는 배열된 행이 각각 20행으로, 昨日 申時 이전에 쓴 것이 淸書 7행 蒙書 8행이니, 이로 미루어 보면 明日 午間에는 書寫를 마칠 것입니다."[52]

이렇게 새겨진 비석에 대해 博氏 등은 漢文 刻字는 다소 미진한 점이 있으나 대단한 문제는 아니라고 하고, 淸書와 蒙書에 대해서는 새긴 서체가 매우 좋다고 평하였다.[53]

5. 삼전도비의 탁본과 만문당안

滿文은 비석의 滿文 원문과 서울대중앙도서관 고문헌실의 成百仁 기증 탁본[54]과 A Pozdneev의 러시아 滿文 石印本(1890) 등을 참고할

---

052 『承政院日記』仁祖 17年 11月 27日.
053 『承政院日記』仁祖 17年 12月 5日.
054 成百仁 교수 기증 탁본 1張(324.0*147.0cm 滿文部分)이 서울대중앙도서관에 있는데 탁본에 대한 내용이 다음과 같이 소개되어 있다. "「三田渡碑」의 碑題는 Daicing gurun i enduringge han i güng erdemui bei「大淸皇帝功德碑」이다. 그러나 이 비는 丙子胡亂의 사연을 기록한 國恥의 碑여서 우리는 보통「三田渡碑」라 부르고 있다. 1632년(天聰六年)에 製定된 有圈點 滿洲字로 기록된 初期 滿洲語 硏究에 有用한 가장 이른 시기의 滿文 碑文이다. 「삼전도비」는 비석 전면 좌측에 만주문(滿洲文), 우측에 몽고문(蒙古文), 후면에 한문(漢文)으로 기록되어 있다. 「三田渡碑」의 내용과 『舊滿洲檔』(새 영인본『滿文原檔』)과 滿文老檔의 丙子胡亂 前後 수년간의 기록을 보면 丙子胡亂은 특이한 전쟁이었다. 명과의 관계를 차단하려는 것이 전쟁의 주된 목적이었던 것으로 보인다. 비문의 내용에도 그러한 내용이 담겨져 있다. 이 비석은 그간 갖은 수난을 겪어 왔으나 이 碑石의 滿洲文은 귀중한 문화유산이 되어 있다.「三田渡碑」의 滿洲文은 中國 第一歷史檔案館 所藏 內國史院檔 崇德四年(1639) 十二月 二十八日 條에 移記되어 殘檔으로 남아있고(표기법이 좀 다른 곳들도 있음), A Pozdneev(1890)의 石印本(표기법이 원 비문과 다른 곳이 있다. 碑題 中 güng을 신만주어 gungge로 고쳤음)이 있으며, 朝鮮金石總覽(1919)에서 사진을 볼 수 있다."

수 있다.[55] 이밖에 大正 8년(1919) 조선총독부의 『朝鮮金石總覽』石印本과 탁본 일부가 있으나 전체 판독에는 어려움이 있다.

서울대중앙도서관 소장 탁본

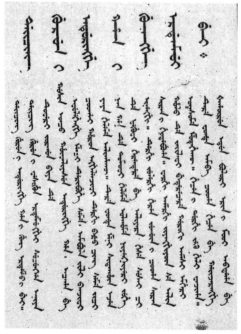

러시아 滿文 石印本
(A. Pozdneev, 1890)

---

055 러시아 滿文 石印本은 成百仁(現 서울대 언어학과 명예교수) 자료 참고.

『朝鮮金石總覽』石印本

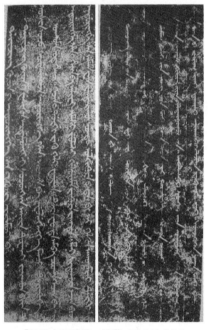

『朝鮮金石總覽』滿蒙 탁본의 일부

　또 崔鶴根에 의하면 일본 京都大學 소장의 비문 탁본을 사진 촬영한 자료가 東洋文庫에 있다고 하였다.[56] 中國 자료로는 第一歷史

─────────────

056 崔鶴根, 앞의 논문, 1970, 326쪽.

檔案館의 滿文檔案이 있는데, 滿文 비문과 滿文檔案과의 표기상 차이에 대해서는 陳捷先(表-1)의 선행 연구가 있다.57

〈滿文 표기 비교〉

滿文 (韓國三田渡碑文)	滿文檔案 (中國第一歷史檔案館)
jihede(제4행)	jihe de
coohai(제5행)	cooha i
andan de(제7행)	andande
lakcaha akū(제10행)	lakcahakū
tacihiyara ci(제11행)	tacihiyaraci

漢文은 삼전도비의 비석 원문과 『仁祖實錄』, 『丙子錄』, 『陽九記事』 등에 수록된 비문이 있는데, 다만 이들 문헌 간에는 일부 문자의 출입이 있다. 『仁祖實錄』과 『淸實錄』에 수록된 비문의 漢文에도 일부 문자 표현의 차이가 있는데, 이에 대해서는 陳捷先(1992)을 참고할 수 있다. 漢文 탁본으로는 국립민속박물관에서 전시에 사용하고 도록에 수록한 것이 있다.58

---

057 陳捷先,「三田渡滿文淸太宗功德碑硏究」,『滿學硏究』第一輯, 吉林文史出版社, 1992, 146쪽 ; 표에 수록된 것 이외에도 표기가 일부 다른 것으로 碑文 14행 bai와 15행 emken도 있다.
058 『한민족의 젖줄, 한강』, 국립민속박물관, 2000. 補註: 고려대 민족문화연구원 해외한국학자료센터에 의하면 미국 버클리대학교 동아시아도서관 아사미 문고에도 삼전도비 탁본이 소장되어 있음을 확인하였다. 탁본 자료를 소개해주신 동 센터의 백진우 선생님께 감사드린다.

미국 버클리대학교 동아시아도서관 아사미 문고 탁본

6. 삼전도비의 만한문 역주

삼전도비의 전면은 상단 좌측에 滿文 碑題가 7행, 우측에 蒙文 碑題가 8행으로 굵은 서체로 새겨져 있다. 후면에는 漢文이 본문 24행과 찬자 등의 이름 및 연도가 포함되어 총 28행으로 새겨져 있다. 전면 碑題 아래로 滿文과 蒙文이 각각 20행씩 새겨져 있는데, 본고는 滿文과 漢文 및 滿文檔案 中文譯을 대조하여 역주하였다.

역주에 사용한 滿文은 비석 원문의 滿文과 탁본 자료 및 內國史院 滿文檔案이며, 이들은 묄렌도르프 방식에 준하여 표기하였다.[59] 漢文은 비석 원문을 그리고 中文譯은 中國 第一歷史檔案館의 『淸初內國史院滿文檔案譯編』(1989)을 사용하였다. 滿文 번역을 하는데 있어서 기존의 번역들을 참고하였으며, 특히 成百仁(1970)의 역주 작업에 힘입은 바 컸음을 밝힌다.

---

059 P.G. von Möllendorff, *A Manchu Grammar with analysed texts*, Shanghai, American Presbyterian Press, 1892.

滿文 碑題(상) / 蒙文 碑題(하)

滿文		蒙文	
1 daicing	大淸[60]	1 dayičing	大淸
2 gurun i	國의	2 ulus-un	國의
3 enduringge	聖	3 boɣda	聖
4 han[61] i	皇帝의	4 qaɣan-u	皇帝의
5 güng[62]	功	5 erdem	德
6 erdemui	德의	6 bilig-i	賢을
7 bei ❖[63]	碑	7 daɣurisqaɣsan	傳揚하는
		8 bei ❖	碑[64]

---

060 大淸이라는 國號는 漢語나 滿洲 고유어가 아닌 蒙古 차용어, 즉 '代淸(daicing)'
에서 온 것이라는 견해가 있다. 그 의미는 '上國(至高無上之國)', '善戰之國'
이다. "'大淸'這一國號並非來自漢語, 也不是滿語固有詞. 可能是滿語中的一個
蒙古語借詞, 卽'代靑(daicing)'. 因此大淸國的意思應爲'上國(至高無上之國)'或
'善戰之國.'" 鮑明, 「大淸國號詞源詞義試探」, 『內蒙古民族大學學報(社會科學
版)』第31卷 第2期, 2005.

061 han은 汗으로 임금, 君 또는 皇帝 등으로 번역한다. 皇帝의 경우 滿文에서
hūwangdi라는 音譯도 있다. 본고에서는 皇帝로 통일하여 번역하였다.

062 碑題에 나오는 güng 표기의 특이한 형태에 대해서는 成百仁, 앞의 논문,
1970, 122쪽 참고. 러시아 滿文 石印本에는 gungge로 표기되어 있다.

063 崔鶴根(1970)의 滿文 註釋에서 이것을 일종의 句讀符號로 보았으나 일반적
인 사용인지 비문에만 사용하는 것인지 不明이라고 하였다. 이 부호는 滿
洲語 文字의 유래를 통해서 볼 때, 위구르식 蒙文과 위구르어 및 그 기반이
되었던 소그드어, 시리아어 등에 나타나는 문장부호와 유사한데, 回目이나
문단 구분 등에 나타난다.

064 蒙文 碑題 8행은 金芳漢, 「三田渡碑 蒙文에 關하여」, 『東亞文化』第4輯, 서

삼전도비 전면 상단[滿文]

1[65]

[滿] daicing gurun i enduringge han i gung erdemui bei ..

[韓] 大淸　國의　聖　皇帝의 功　德의　碑

[漢] 大淸皇帝功德碑

[中] 聖汗功德碑文

2

[滿] daicing gurun i wesihun erdemunggei sucungga aniya[66] ..

[韓] 大淸　國의　崇　德의　　元　　年

[漢] 大淸崇德元年

[中] 大淸崇德元年

蔚大學校 文理科大學 附設 東亞文化硏究所, 1965 인용; 朴相圭, 「三田渡碑文
의 蒙古語에 關한 硏究-特히 蒙古語의 轉寫法을 中心으로」,『人文論叢』7,
경원대 인문과학연구소, 1998.

065 番號는 碑文에 새겨진 行數를 표시한 것이다.

066 崇德은 淸太宗의 年號, 崇德元年, 明崇禎 9년, 仁祖 14年, 丙子年, 1636.

[滿] tuweri jorhon[67] biya de

[韓] 겨울　12　월 에

[漢] 冬十有二月

[中] 冬十二月

3

[滿] # gosin onco hūwaliyasun enduringge[68] han .

[韓]　仁(慈)　寬(大)　溫(和)　　聖　　皇帝

[漢]　　寬溫仁聖皇帝[69]

[中]　　寬溫仁聖汗

[滿] acaha be efulehengge　menci　deribuhe seme .

[韓] 화친 을 깨뜨린 것 우리로부터 비롯되었다 며

[漢] 以壞[70]和自我始

[中] 知我違棄盟好

[滿] ambula jili banjifi[71] coohai horon enggelenjifi

[韓] 크게　怒 하고　군사의　威武　來臨하여

[漢] 赫然怒以武臨之

[中] 勃然大怒, 興師來討

---

067 12月은 jorgon biya이나 碑文에는 jorhon 형태로 나온다.
068 淸太宗은 새로운 號로 寬溫仁聖[gosin onco hūwaliyasun enduringge] 4字를
　　사용하였다.
069 『仁祖實錄』(太白山本, 이하 실록)의 같은 碑文에 '寬溫仁聖'은 없고 '皇帝'로
　　만 나온다.
070 碑文에는 '壞'로 『淸實錄』에는 '敗'로 나온다.
071 jili banjimbi 화내다, 성내다.

[滿] dergi baru cing seme[72] jici yaya geleme alihakū ..

[韓] 동쪽 향하여 확 하고 오니 모두 두려워 대항하지 못하였다.

[漢] 直擣[73]而東莫敢有抗者

[中] 長驅直入, 莫敢抗御

[滿] tere fonde meni sitahūn ejen

[韓] 그 때에 우리의 寡 君

[漢] 時我寡君

[中] 彼時, 我寡君

[滿] nan han[74] de tomofi geleme olhome[75]

[韓] 南 漢 에 거처하고 두렵고 무서워하며

[漢] 棲于南漢凜凜

[中] 棲身南漢, 誠惶誠恐,

[滿] niyengniyeri juhe de fehufi[76]

[韓] 봄 얼음 에 밟고

[漢] 若履春氷

[中] 猶如履氷

---

072 cing seme 불이 확 붙다. 불이 확 타오르다, 火著起.
073 擣 냅다치다. 들부수다.
074 nan han은 南漢의 音譯인데, 여기서는 南漢山城을 가리킨다.
075 olhombi 저어하다, 두려워하다, 畏懼.
076 niyengniyeri juhe de fehufi는 春氷을 밟고 그 위에 서는 것을 말한다.

[滿] gerendere be aliyara gese susai ci[77] inenggi ..

[韓] 날 밝기 를 기다리는 것 같은 50 째 날

[漢] 而待白日者殆五旬

[中] 待旦.[78] 第五十日

[滿] dergi juleri geren jugūn[79] i cooha siran siran i[80] gidabuha ..

[韓] 東 南 여러 道路 의 군사 續 續 격파되었다.

[漢] 東南諸道兵相繼崩[81]潰

[中] 東南各路兵相繼崩潰

[滿] wargi amargi jiyanggiyūn se alin holo de jailafi

[韓] 西 北 장군 들 산 골짜기 에 피해서

[漢] 西北帥逗撓峽內

[中] 西北道諸將避入峽谷,

---

077 碑文의 滿文 susai ci는 50번째를 말한다. 여기서 ci는 數詞의 語幹下에 연결
　　되어 序順을 나타내는 接尾辭로 '그 얼마의 차례'라는 意義素를 假定할 수
　　있는 形態素이다. 朴恩用, 『滿洲語文語研究(一)』, 螢雪出版社, 1969, 19쪽.
078 中國第一歷史檔案館, 앞의 책, 1989, 449쪽을 보면 滿文檔案 中文譯은 gese
　　에서 일단 문장이 끝나는 것으로 이해하고 번역한 것 같다. 滿文檔案을 보
　　면 gese 다음에 碑石에는 없는 점 비슷한 것이 보이는데, 원래 구두점이었
　　는지는 의문이다.
079 jugūn은 길, 道路를 뜻하나 行政區域(province) 개념의 道를 뜻하기도 한다.
　　中文譯은 路로 번역하였다. jugūn과 golo에 대해서는 成百仁, 앞의 논문,
　　1970, 124-125쪽.
080 siran siran i 연이어, 連絡, 陸續 ; sirambi 잇다, 接續.
081 碑文의 '崩'이 『淸實錄』에는 '奔'으로 나온다.

[滿] bederecere[82] [gojime julesi emgeri][83]

[韓]　물러날　　뿐　앞으로　한번

[漢] 不能

[中] 節節敗退, 寸步

4

[滿] oksome mutehekū .. hecen i dorgi jeku[84] geli　wajiha ..

[韓] 나아가지 못하였다.　城 의 안 食糧　또한 다하였다.

[漢] 進一步城中食且盡

[中] 難進, 且城內粮盡

[滿] tere fonde amba cooha hecen be gaijarangge[85]

[韓] 그　때에　大　軍　城　을 공략하는 것

[漢] 當此之時以大兵薄城

[中] 大軍若攻城,

---

082 碑文에는 bederecere라고 하여 bederecembi 형태를 사용하였다. cf. bedercembi
083 [ ] 부분은 碑文의 파손과 마모 등으로 판독이 어려운데, 崔學根(1970)은
　　이 부분을 "golome julesi emgeri 두려워하며 앞으로 한번도"라고 추정하였
　　고, 成百仁(1970)은 Frazer의 英譯 "go[roki] [ama]si emgeri"를 인용하여 "멀
　　리한 뒤 한번(한걸음)"이라고 하였으나 "bederecere goroki amasi"와 같은
　　滿洲語 표현에 의문을 제기하였다. 成百仁(1999)은 追記에서 滿文檔案을
　　토대로 원문복원 사항을 "bederecere gojime julesi emgeri(碑文 第3行 末尾)
　　후퇴만 할 뿐 앞으로 한 번(도)"라고 밝히면서 과거 Frazer의 추정은 잘못
　　이었다고 밝혀 놓았다. 內國史院 滿文檔案에는 碑文의 파손된 부분이
　　"gojime julesi emgeri"로 기록되어 있다.
084 jeku 곡식, 穀 ; 飮食.
085 gaijambi 受取하다, 接收하다. 여기서는 공격해서 取하는 것을 말한다. 中文
　　譯에서는 '攻'으로 번역하였다.

[滿] šahūrun edun bolori erin i mooi abdaha be sihabure .

[韓]　찬　　바람 가을 철 의 나무의　잎　을 떨어뜨리고

[漢] 如霜風之卷秋籜[86]

[中] 其勢猶如寒風蕩秋葉

[滿] tuwai gūrgin[87] de gashai funggala[88] be dejire[89] gese bihe ..

[韓] 불의　火焰　에 새의　　깃털　　을 태우는 것 같았었다.

[漢] 爐火之燎鴻毛

[中] 柏火燒禽翎

[滿] * enduringge han　warakū　　be dele[90]

[韓]　　　聖　　皇帝 죽이지 않음 을 윗길[上]

[漢] 而皇帝以不殺爲武

[中] 然聖汗以不戮爲上

---

086 碑文에는 ‘籜(竹)’으로 『仁祖實錄』에는 ‘蘀(艹)’으로 나온다. 『清實錄』에는
　　碑文과 같은 ‘籜(竹)’이다. ‘籜(竹)’은 원래 죽순 껍질 또는 대나무 껍질.
087 gūrgin 불꽃, 火焰.
088 funggala 솜털깃, 毛羽, 尾翎.
089 碑文 일부 파손으로 명확치 않으나 ‘불태우다’는 뜻이어야 통한다. 러시아
　　滿文 石印本에서는 dejire라고 하였다. 碑文의 滿文 가운데는 일반 표기와
　　일부 다른 것이 나타나는데, 이 부분도 원래 dejire로 표기되었는지는 알
　　수 없다. cf. deijimbi 불태우다, 焚燒.
090 dele 위, 上 ; 高貴, 寶貴 ; 皇上. dele를 ‘으뜸’이라고 풀이한 예를 朝鮮時代
　　清學書에서 찾아볼 수 있다. 『三譯總解』 第二 「guwan yūn cang minggan
　　babe emhun yabuha .. 關雲長千里獨行」 “mini buhe aisin menggun suje
　　ulin be gemu minde werihengge yūn cang yala mingga yan aisin sehe seme
　　gūnin be halarakū . jurgan be dele ulin be aldangga obuhengge unenggi
　　haha kai .. 내 준 금은 비단 쳘량을 다 내게 둔 거슨 雲長이 과연 쳔냥
　　금으로도 싱각을 밧고지 못ᄒᆞᆯ 거시오 의롤 읏듬으로 ᄒᆞ여 쳘량을 멀리 ᄒᆞ
　　는 거슨 진실로 ᄉᆞ나희라.” 奎章閣 所藏本 『三譯總解』(影印本), 弘文閣,

[滿] erdemu selgiyere be oyonggo obufi * hese[91] wasimbufi ulhibume ..

[韓] 德 포고함 을 중요한 일 삼고 勅旨 내려 깨닫게 하되,

[漢] 惟布德是先乃降勅諭之曰

[中] 揚德以重, 降旨開諭曰

[滿] jihede simbe yooni obure[92] . jiderakū ohode suntebumbi[93] sehe ..

[韓] "오면 너를 온전케 하리라 오지 아니하면 진멸시키겠다" 하였다.

[漢] 來朕全爾否屠之

[中] '來則得全, 否則遭殃.'

[滿] tereci   inggūldai mafuta geren jiyangjiyūn se

[韓] 그로부터 英俄兒代 馬夫大 여러   장군   들

[漢] 有若英馬[94]諸大將

[中] 遂命英古尒岱, 馬福塔等將軍

1995, 132쪽. 참고로 『三譯總解』 影印本으로는 閔泳珪 해제본(1956), 洪允杓 해제본(1995) 및 朴相圭(2007)가 있고, 전체를 로마자로 전사한 것은 최동권(2008)이 있다.

091 hese는 旨, 皇旨, 勅旨, 旨意, 天命之命의 뜻인데, 본고에서는 勅旨로 번역하였다.

092 內國史院 滿文檔案 丁丑年 正月 20日 條에 "sini beye tucifi . minde acanjime jifi .. bi . simbe gosime sini gurun de kemuni ejen arafi werifi .. cooha bedereme geneci .. mini gosin akdun be abkai fejergi niyalma sambikai .. bi simbe jalidame wasimbufi minde acanjime jihengge be waci . bi abkai fejergi de akdun be adarame tuwabumbi .." 귀의해 오면 조선 국왕의 지위를 그대로 존속시키고 군사를 철수시켜 인자함과 신의를 천하 사람들이 알게 하고자 한다는 내용이다. 河內良弘, 『內國史院滿文檔案譯註』, 松香堂書店, 2010, 51쪽.

093 suntebumbi 모조리 죽이다, 夷滅, 沒殺.

094 英馬는 英俄兒代, 馬夫大를 말하는데, 漢字 표기는 inggūldai와 mafuta의 音

5

[滿] # enduringge han i hese be alifi

[韓]　　聖　皇帝 의 勅旨 를 받고

[漢]　承皇命

[中]　-

[滿] amasi julesi gisureme yabure[95] jakade[96] ..

[韓] 뒤로 앞으로 말하러　다니는　故로

[漢] 相屬於道

[中] 往來游說,

[滿] meni sitahūn ejen bithe coohai geren ambasa be isabufi

[韓] 우리의 寡　君　文　武의 여러 大臣들 을 모으고

[漢] 於是我寡君集文武諸臣

[中] 我寡君因召文武諸臣

譯으로 인하여 다양한다. 英俄兒代는 龍骨大, 英古爾岱, 英俄爾岱로 馬夫大
는 馬福塔, 馬夫臺, 馬付達, 등으로 표기되었다.

095 amasi julesi yabumbi 왕래하다, 往來, 往返. yabumbi와 관련하여 y와 j의
　　형태에 대해서는 成百仁, 앞의 논문, 1970, 126-127쪽.

096 이 당시에 滿洲語 通譯을 담당한 청측의 대표적인 인물이 鄭命壽(鄭命守,
　　孤兒馬紅)이다. 그의 출신에 대해서는 『仁祖實錄』, 『丙子錄』 등에 '我國關
　　西銀山官奴'라는 기록이 보인다. 『瀋陽日記』에도 '鄭譯'이라는 명칭으로 나
　　온다.

[滿] hendume .. bi amba gurun i baru   acafi   juwan aniya oho ..

[韓] 말하되 "내 大   國 을 향하여 화친하고⁹⁷ 10 년 되었다.

[漢] 謂曰予托和好于大邦十年于茲矣

[中] 曰: ‘我與大國和好, 已有十年,

[滿] mini farhūn⁹⁸ liyeliyehun de * abkai dailara be hūdulabufi

[韓] 나의 우매함   혼미함 에 天(子)의 정벌 을 서두르게 하였으니

[漢] 由予惛⁹⁹惑自速天討¹⁰⁰

[中] 以我之昏憒, 招致天討

[滿] tumen halai irgen jobolon tušaha¹⁰¹ ..

[韓]   萬   姓의 백성   재난 맞닥뜨렸다.

[漢] 萬姓魚肉

[中] 萬姓遭劫,

[滿] ere weile mini emhun¹⁰² beye de bi ..

[韓] 이 罪 나의   한   몸 에 있다.

[漢] 罪在予一人

[中] 其罪在我一身.

---

097 仁祖 5년(1627) 丁卯和約.
098 farhūn 혼암하다, 昏暗.
099 碑文에는 ‘惛’으로 실록에는 ‘昏’으로 나온다. 『淸實錄』에는 碑文과 같은 ‘惛’
   이다.
100 天討는 天子, 즉 皇帝가 직접 군사를 보내서 정벌하는 것을 말한다. cf.
   abkai cooha 천자의 군사, 天兵.
101 tušambi 喪事 만나다, 일 만나다, 禍事了, 遭際.
102 emhun 혼자, 홀로, 獨自.

6

[滿] # enduringge han nememe wame jenderakū

[韓]　　　聖　　皇帝 도리어 죽이지 차마 못하고

[漢]　皇帝猶不忍屠戮之[103]

[中]　聖汗不忍殺生,

[滿] uttu　　　ulhibure　bade . bi ai gelhun akū[104]

[韓] 이렇게 깨닫게 하는 바에　내　어찌 감히

[漢] 諭之如此予曷[105]敢

[中] 如此開導,

[萬] mini dergi mafari doro be yooni obume .

[韓] 나의 위　宗　社 를 온전케 하며

[漢] 不欽承以上全我宗社

[中] 爲全我祖業,

[滿] mini fejergi irgen be karmame

[韓] 나의 아래 百姓 을 보호하기 위해

[漢] 下保我生靈乎

[中] 護我黎庶, 我豈敢違旨耶?

---

103 碑文의 '之'는 『淸實錄』에는 나오지 않는다.

104 gelhun akū 두려움 없이, 감히, 敢.

105 碑文에는 '曷'로 『淸實錄』에는 '何'로 나온다.

[滿] * hese be alime   gaijarakū   sehe manggi ..

[韓]   勅旨 를 받아 가지지 않겠는가?" 한   뒤

[漢] -

[中] 我豈敢違旨耶?'

[滿] geren ambasa saišame[106] dahafi

[韓] 여러 大臣들 좋게 여겨 좇으니

[漢] 大臣協贊之

[中] 衆官悅服,

[滿] uthai[107] emu udu juwan[108] muringga[109] be gaifi .

[韓] 마침내 한   몇   10   騎   를 이끌고

[漢] 遂從數十騎[110]

[中] 遂率數騎

---

106 saišambi 칭찬하다, 誇獎 ; 善之.
107 uthai 즉시, 就是 ; 드디어.
108 中國 第一歷史檔案館의 滿文檔案에는 'juwan' 부분이 누락되어 있다. 여기
   에 대해서는 陳捷先(1992) 참고.
109 moringga가 일반적이나 碑文에는 우측에 傍點이 있는 것으로 확인되어
   muringga로 읽힌다. 傍點이 원래 이 부분의 것인지 아니면 후대에 무언가
   파손되어 패이는 바람에 생긴 점인지는 명확치 않다. 成百仁, 앞의 논문,
   1970, 128쪽.
110 南漢山城에서 나올 때, 侍衛하는 인원은 500을 넘지 말라고 하여, 仁祖는
   侍從 50여 명만 이끌고 辰時에 西門을 나섰다. 『承政院日記』仁祖 15年 1月
   30日.

[滿] coohai juleri jifi weile be alire jakade[111]

[韓] 군사의 앞에 와서 罪 를 받을 적에

[漢] 詣軍前請罪

[中] 請罪于軍前.

7

[滿] # enduringge han dorolome gosime kesi i bilume[112].

[韓]   聖   皇帝 禮 갖추어 인애하며 은혜 로 撫恤하며

[漢]   皇帝乃優之以禮拊之以恩

[中]   聖汗仁愛恩撫,

[滿] acame jakade[113] mujilen niyaman[114] be tucibume gisurehe[115] ..

[韓] 만나며 곧바로 마음[心] 내심[腹] 을 드러내어 말하였다.

[漢] 一見而推心腹

[中] 面敍衷懷,

[滿] šangname buhe * kesi . dahara ambasa de bireme isinaha ..

[韓] 賞내려 준   은혜, 따르는 大臣들 에게 두루 미치었다.

[漢] 錫賚之恩遍及從臣

[中] 普施恩澤, 降臣均霑.

---

111 內國史院 滿文檔案 丁丑年 正月 30日 條 "abka de ilan jergi niyakūrafi uyun
  jergi hengkilehe[拜天行三跪九叩頭]"라고 나온다. 河內良弘, 앞의 책, 2010, 86
  쪽.『承政院日記』仁祖 15年 1月 30日에는 '三拜叩頭'라는 표현으로 나온다.
112 bilumbi 무양하다, 어루만지다, 撫育, 撫養.
113 acame jakade의 드문 용례에 대해서는 成百仁, 앞의 논문, 1970, 128쪽.
114 niyaman 염통 ; 어버이, 親 ; 樹心 ; 內心深處. cf. mujilen niyaman i gese
  niyalma 心腹之人.
115 mujilen niyaman be tucibume gisurembi 흉금을 털어놓고 말하다.

[滿] dorolome wajiha manggi .. uthai meni sitahūn wang be
[韓] 禮 행하기 마친 뒤 즉시 우리의 寡 王 을
[漢] 禮罷卽還我寡君于都城
[中] 禮畢, 卽遣我寡主

[滿] amasi du hecen de bederebufi .
[韓] 뒤로 都 城 에 돌아가게 하고
[漢] 于都城
[中] 返都城,

[滿] ilihai andan de[116] julesi genehe cooha be bargiyafi
[韓] 立卽 頃刻 에 南으로 간 군사 를 거두어
[漢] 立召兵之南下者振旅而西撫民
[中] 頃撤南進之兵西去. 尙仁撫百姓,

[滿] wasihūn bedereme . irgen be bilure .
[韓] 西로 퇴각하며 백성 을 위무하고
[漢] 振旅而西撫民
[中] 西去. 尙仁撫百姓,

---

116 崔鶴根(1970)은 ilihai andan de를 '繼續해서 서있으면서 卽時로', '계속해서
卽時로' 또는 '이어서 卽時로' '그 卽時로' 등이 될 수 있다고 보았고, 成百仁
(1970)은 '일어서면서 瞬時間에(즉시)', '지체하지 않고 즉시' 등으로 번역하
였다.

[滿] usin　i　weile[117] be huwekiyebure jakade ..

[韓] 전답 의 일　　을　　권면하는　　故로

[漢] 勸農

[中] 勸勉農耕,

[滿] goroki hanciki samsiha irgen

[韓] 먼데 가까운데 흩어진 백성

[漢] 遠近之雉[118]鳥散者

[中] 遐邇流民,

[滿] gemu dasame[119] jifi tehengge amba kesi wakao ..

[韓] 모두 다시　와서 산 것 큰 은혜 아닌가?

[漢] 咸復闕居詎非大幸歟

[中] 還其故居, 此非厚澤乎?

8

[滿] ajige gurun * dergi gurun de weile bahafi[120] goidaha ..

[韓] 小　　國　　上　　國　에 罪 얻고서　오래되었다.

[漢] 小邦之獲罪上國久矣

[中] 敝邦之得罪于貴國, 時已久矣.

---

117 usin i weile 農事.
118 『淸實錄』에는 雉와 鳥 사이에 '擧'가 첨가되어 있다.
119 dasambi 改正 ; 治.
120 weile bahambi 죄 얻다, 得罪. cf. weile arambi 죄짓다.

[滿] sohon honin aniya[121] .. du yuwanšuwai
[韓] 己　　未　　年　　　都　　　元帥
[漢] 己未之役都元帥
[中] 己未年, 令都元帥

[滿] jiyang hūng li[122] be takūrafi ming gurun de
[韓] 姜　　弘　立　을 파견하여 明　나라　에
[漢] 姜弘立
[中] 姜弘烈,

[滿] cooha aisilame genehengge gidabufi jafabuha manggi[123] ..
[韓] 군사 원조하러　간 것　敗하여 사로잡힌　뒤
[漢] 兵敗被擒
[中] 兵敗見擒,

9
[滿] # taidzu[124] horonggo han damu jiyang hūng li jergi
[韓] 太祖　　　武　皇帝 다만　姜　　弘　立 등
[漢] 太祖武皇帝只留弘立等
[中] 太祖武皇帝, 僅留姜弘烈

---

121 光海君 11年 明萬曆 47年, 清太祖 天命 4年, 1619.
122 '立'은 中文譯에서는 '烈'로 번역하였다.
123 明나라를 도와 출전했던 都元帥 姜弘立이 後金軍에게 투항한 深河[sarhū,
　薩爾滸]戰鬪를 말한다.
124 taidzu 淸太祖 누르하치(nurhaci).

[滿] udu niyalma be bibufi[125] gūwa be gemu amasi bederebuhe ..

[韓] 몇 사람 을 잔류시키고 다른 이를 모두 뒤로 돌려보냈다.

[漢] 數人餘悉放回

[中] 數人餘皆釋還.

[滿] * kesi ereci amban ningge akū .. tuttu ocibe ajige gurun

[韓] 은혜 이보다 큰 것 없다. 그렇지만 小 國

[漢] 恩莫大焉

[中] 恩澤之大者, 莫過于此也.

[滿] geli liyeliyefi ulhirakū ojoro jakade .. fulahūn gūlmahūn aniya[126] ..

[韓] 다시 혼미하여 깨닫지 못하는 故로 丁 卯 年

[漢] 而小邦迷不知悟丁卯歲

[中] 然敝邦尙昏庸不明, 是以, 丁卯年,

10

[滿] # enduringge han jiyangjiyūn be takūrafi dergi babe

[韓] 聖 皇帝 장군 을 파견하여 동쪽 땅을

[漢] 今皇帝命將東

[中] 聖汗命諸將東

---

125 bibumbi 머무르게 하다, 留住. cf. 留置.
126 仁祖 5年, 明天啓 7年, 淸太宗 天聰元年, 1627.

[滿] dailanjiha manggi .. meni gurun i ejen amban
[韓] 정벌하러 온 뒤 우리의 나라 의 君 臣
[漢] 征本國君臣
[中] 征, 我國君臣,

[滿] gemu mederi tun127 de jailame dosifi
[韓] 모두 바다 섬 에 피하여 들어가서
[漢] 避入海島
[中] 皆避入海島,

[滿] elcin takūrafi acaki seme baiha ..
[韓] 사신 파견하여 화친하자 고 청했다.
[漢] 遣使請成
[中] 遣使請和,

[滿] * enduringge han gisun be gaifi ahūn deo i gurun obufi ..
[韓] 聖 皇帝 말 을 취하여 兄 弟 의 나라 삼고
[漢] 皇帝允之視爲兄弟國
[中] 聖汗允之, 結爲兄弟國

[滿] ba na be yooni obuha .. jiyang hūng li be nememe
[韓] 疆 土 를 온전히 하였다. 姜 弘 立 을 도리어
[漢] 疆土復完弘立亦
[中] 全我國土, 遣姜弘烈128

---

127 tun은 섬[島]을 뜻한다. 여기서는 역사적으로 江華島를 말한다.

[滿] amasi bederebuhe .. ereci amasi dorolohongge ebereke akū ..

[韓] 뒤로 돌려보냈다. 이로부터 뒤로 禮 행한 것 衰하지 않았다.

[漢] 還矣129自玆以往禮遇不替

[中] 還. 于是, 禮尙往來,

[滿] elcin takūrahangge lakcaha akū bihe .. kesi akū oilori hebe

[韓] 사신 파견하는 것 단절되지 않았었다. 은혜 없게 浮薄한 議論

[漢] 冠蓋交跡不幸浮議

[中] 使節不斷. 然敵邦

11

[滿] dekdefi facuhūn i tangkan130 baninafi .. ajige gurun

[韓] 떠오르고 분란 의 階梯 형성되어 小 國

[漢] 扇131動搆成亂梯小邦

[中] 自起逆端

[滿] jecen i ambasa de gocishūn akū132 gisun i bithe arafi unggihe133 ..

[韓] 변방 의 大臣들 에게 불손한 언사 로 글 써서 보냈다.

[漢] 申飭邊臣言涉不遜

[中] 撰寫不遜之文, 申飭邊臣,

---

128 jiyang hūng li: 姜弘立(1560-1627). 中文譯에서는 烈로 번역하였다.
129 "劉海가 燕尾亭에서 誓約하기를, '金國 副將 劉가 命을 받들어 朝鮮國에 와 講和하면서 해[日]를 두고 맹세합니다. (중략) 和親이 성사된 후 곧바로 돌아가겠습니다.'『仁祖實錄』仁祖 5年 2月 15日.
130 tangkan 섬층, 垾級 ; 階層.
131 碑文에는 '扇'으로 『淸實錄』에는 '煽'으로 나온다.
132 gocishūn akū 겸손[謙讓]하지 않다.
133 "화친을 끊고 오랑캐를 방비할 일로 평안감사에게 下諭한 글을 禁軍이 지

[滿] tere bithe be elecin jihe ambasa bahafi gamaha[134] ..

[韓] 그 글 을 사신 온 大臣들 득하여 가지고 갔다.

[漢] 而其文爲使臣所得

[中] 爲來使得而携去

[滿] * enduringge han hono oncoi gamame uthai cooha jihekū ..

[韓]   聖 皇帝 오히려 관대하게 가져가며 즉시 군사 오지 않았다.

[漢] 皇帝猶寬貸之不卽加兵

[中] 聖汗仍以寬大爲懷, 不曾卽刻發兵

[滿] neneme * genggiyen hese be wasimbume coohalara erin be boljome

[韓] 먼저   밝은   勅旨를   내려   군사 낼 때 를 기약하여

[漢] 乃先降明旨諭以師期

[中] 而先降明旨.

니고 가다가 胡差의 伏兵에게 붙잡혔다. 胡差가 鄭命守를 시켜 平安監司에게 말하기를, '귀국의 문서를 얻어 이미 불에 태우게 하였다.' 하였는데, 대개 거짓으로 다른 글을 태우고 그 글을 몰래 가지고 간 것이다." 『仁祖實錄』 仁祖 14年 3月 7日.

134 『滿文老檔』崇德元年(1636) 11月 29日 條, "너희들의 王의 旨의 書, 平安道 觀察使 洪에게 보내는 것을 나의 大臣들이 얻어 가지고 왔다. 그 글의 말, (중략) '邊關을 굳게 지켜라. 용맹하고 힘센 자들을 鼓舞하라. 智謀있는 者들을 모아라.'고 써 있었다."『滿文老檔』Ⅶ 東洋文庫 譯註本, pp.1475-1476. 成百仁, 앞의 논문, 1970, 132쪽 인용.

[滿] dahūn dahūn i[135] ulhibuhengge šan be jafafi   tacihiyara   ci

[韓] 屢   屢 이 깨우쳐 준 것 귀 를 잡고 훈계하는 것 보다

[漢] 丁寧反覆不翅[136]若提耳面命

[中] 屢屢曉諭用兵日期勝過執耳教誨.

[滿] hono   dabali[137] kai .. tuttu ocibe geli urgunjeme

[韓] 오히려   더하였도다.   그렇지만 또   기꺼이

[漢] 而

[中] 如此,

12

[滿] dahahakūngge ajige gurun i geren ambasai weile

[韓] 따르지 않은 것 小   國 의 여러 大臣들의 罪

[漢] 終末[138]免焉則小邦羣臣之罪

[中] 敝國猶不樂從, 以致我諸臣之過,

[滿] ele guweci ojorakū oho .. * enduringge han i amba cooha

[韓] 더욱 면치 못하게 되었다.   聖   皇帝 의 大   軍

[漢] 益無所逃矣皇帝旣以大兵

[中] 更難釋免聖汗之大軍,

---

135 dahūn dahūn i 누누이, 거듭 거듭, 再三再四.
136 碑文에는 '翅'로 실록에는 '啻'로 나온다.
137 dabali 넘다, 참람하다, 超越, 越過, 僭濫.
138 碑文에는 '末'로 실록에는 '不'로 나온다.

[滿] nan han be　kafi　geli * hese wasimbufi .

[韓] 南　漢 을 포위하고 또　勅旨　내려서

[漢] 圍南漢而又命

[中] 圍困南漢, 復降聖旨,

[滿] neneme emu garhan i cooha[139] unggifi .

[韓] 먼저　한 갈래 의 군사　보내어

[漢] 偏師

[中] 遣發偏師,

[滿] giyang du be gaifi[140] . wang ni juse　sargan .

[韓]　江　都 를 취하고　王　의 子들 宮嬪[妻][141]

[漢] 先陷江都宮嬪王子

[中] 先取江都,

---

139 碑文에서는 garhan으로 나온다. cf. gargan. emu gargan i cooha 一枝兵.

140 內國史院 滿文檔案 崇德 2年(1637) 正月 16日 條, "tun i juse hehe be bahaci
.. hoton i dorgi niyalma ini cisui . muse de dahambi dere seme bodofi ..
tun be neneme gaimbi .." 강화도를 먼저 함락시켜 처자를 사로잡으면 남
한산성도 자연히 항복하게 될 것으로 판단하는 내용이다. 河內良弘, 앞의
책, 2010, 34쪽.

141 仁祖의 妃였던 仁烈王后 韓氏는 仁祖 13年(1635)에 사망하였고, 繼妃 莊烈
王后는 仁祖 16年(1638)에 책봉되었으므로 당시에 妃는 없었다. 강화도에
는 후궁과 세자빈 강씨 등이 피란하였다. 참고로 滿文 sargan은 유교의 가
부장적 사회에서 보이는 妻妾이나 이에 따른 嫡庶의 구분과는 다른 개념으
로 보인다. 이에 대해서는 2010년 5월 24일 高大 民族文化硏究院의 해외학
자 초빙으로 한국을 방문했던 中國社會科學院 定宜莊 선생의 발표문「滿文
을 이용한 淸史 연구의 문제: "妻"의 해제를 一例로」참고.

[滿] ambasai hehe juse   gemu jafabuha manggi ..

[韓] 大臣들의 부인 자식들 모두   잡힌   뒤

[漢] 暨卿士家小[142]俱被俘獲

[中] 我君臣之妻子, 盡被擒獲,

13

[滿] # enduringge han geren jiyangjiyūn be

[韓]   聖   皇帝 여러   장군 으로

[漢] 皇帝戒諸將

[中] 聖汗諭令諸將

[滿] ume necire nungnere seme fafulafi[143] .

[韓] "犯하거나 害하지 말라!" 고 禁하고

[漢] 不得擾害

[中] 勿得擾害,

[滿] meni   hafasa taigiyasa[144] be tuwakiyabuha ..

[韓] 우리의 관원들 태감들   로 지키도록 하였다.

[漢] 令從官及內侍看護

[中] 幷令官員太監看守

---

142 碑文에는 '家小'로 『清實錄』에는 '眷屬'으로 나온다.
143 fafulambi 전령하다, 금하다, 傳令, 禁止.
144 taigiyasa는 taigiyan[太監]의 복수형.

[滿] tuttu amba kesi be isibure   jakade[145] ..

[韓] 그렇게 큰 은혜 를 이르게 하는 故로

[漢] 旣而大霈恩典

[中] 如此, 施以沛恩,

[滿] ajige gurun i ejen amban jafabuha juse sargan

[韓] 小   國 의 君   臣   사로잡힌 자식들 부인

[漢] 小邦君臣及其[146]被獲眷屬

[中] 使我君臣被浮之妻子,

[滿] gemu fe an i ofi . gecen nimanggi kūbulifi niyengniyeri oho ..

[韓] 모두 옛 그대로 되니 서리 눈 변하여   봄 되고

[漢] 復歸於舊霜雪變爲陽春

[中] 依然故我 ; 猶如冰雪逢春分

[滿] olhon   hiya forgošofi erin i aga[147] oho gese ..

[韓] 메마른 가뭄 전환되어 때 의 비 된 것 같았다.

[漢] 枯旱轉爲時雨,

[中] 大旱化時雨,

---

145 강화도를 함락시켰을 때, 청에서 조선의 宮嬪, 王子, 大臣들의 妻子를 보호
   했다는 내용은 范文程이 碑文을 검토할 때 거론하여 나중에 첨가된 대목으
   로 보인다. "江都가 함락되었을 때, 後宮과 嬪宮, 大君과 宰臣들의 家屬을
   극진히 보호하여 돌보고 무사히 모셔와 그 德이 매우 큰데도 이 한 가지
   일은 모조리 빠졌으니 이는 무슨 뜻입니까?"『瀋陽狀啓』仁祖 16年 1月 26日.
146 碑文의 '其'는 『淸實錄』에는 나오지 않는다.
147 erin i aga 적시에 내린 비, 때 맞춰 내린 비.

[滿] ajige gurun i　gukuhe　be dasame bibuhe ..

[韓] 小　國　의 멸망한 것 을　다시 존속케 하였다.

[漢] 區宇旣亡而復存

[中] 使我敝邦亡而再生,

[滿] mafari[148] doro lakcaha　be dahūme

[韓] 宗　　社 단절된 것 을　다시

[漢] 宗社已絕而還續

[中] 宗祀絕而復續,

14

[滿] siraha .. dergi bai šurdeme ududu minggan bai niyalma .

[韓] 이었다. 동쪽 땅의 주위　數　千　里의 사람

[漢] 環東土[149]數千里

[中] 方圓千里之居民,

[滿] gemu banjibuha hūwašabuha[150] * kesi de horibuha ..

[韓] 모두 살게 하고　化育하게 한　은혜 에 둘러싸였다.

[漢] 咸囿於生成之澤

[中] 盡沐養育之恩

---

148 mafa의 복수형으로 衆祖를 뜻한다.
149 碑文의 '土'자가 실록에는 보이지 않는다.
150 hūwašabumbi 成就시키다.

[滿] ere yargiyan i julgei kooli de   sabuhakūngge kai ..

[韓] 이는 진실 로 옛적의 照例 에서 보지 못한 것이도다.

[漢] 此實151古昔簡策所稀覩也[於戲盛哉]

[中] 此實乃古來未見者也.

[滿] han sui mukei wesihun152 san tiyan du153 bai julergi

[韓] 漢 水 물의 위쪽[上流] 三 田 渡 땅의 남쪽

[漢] 漢水上流154三田渡之南

[中] 漢水以東, 三田都155以南

[滿] uthai * enduringge han I isinjiha ba .. tan156 soorin bi ..

[韓] 곧   聖   皇帝 의 臨御한 곳,   壇   자리 있다.

[漢] 卽皇帝駐蹕之所也壇場在焉

[中] 乃聖汗所至之處, 設有壇位,

---

151 碑文의 '實'자가 실록에는 보이지 않는다.
152 wesihun에는 위[上, 貴] ; 높다, 崇高 ; 東으로, 往東의 뜻이 있다. 여기서는
   물의 上流를 말하는데, 中文譯에서는 '東'으로 번역하였다.
153 碑文의 滿文은 三田渡의 音譯인 san tiyan du인데, 이 일대를 지칭하는 표현
   이 內國史院 滿文檔案 崇德 2年 正月 30日 條에 sambat g'ai[沙木把特蓋]로
   나온다. 河內良弘, 앞의 책, 2010, 85쪽. sambat g'ai는 '삼밭개[麻田浦]'에서
   온 것으로 보인다. 中文譯에서는 '薩木巴特蓋'로 音譯하였다.
154 碑文에는 '流'로 실록에는 '游'로 나온다. 『淸實錄』에는 '游'이다.
155 中文譯에서는 '渡'를 '都'로 번역하였다.
156 tan은 壇의 音譯으로 여기서는 受降壇 자리를 말한다.

[滿] meni sitahūn ejen jurgan i niyalma de hendufi tan soorin be
[韓] 우리의 寡　君　部院 의 사람 에게 말해서 壇　자리 를
[漢] 我寡君爰命水部157
[中] 我寡君特令部員

[滿] nonggime158 den amban badarabufi159 geli wehe be gajifi
[韓] 증축하여　높고 크게 확장시키고160 또　돌　을 가져와
[漢] 就壇161所增而高大之
[中] 擴建壇位, 又伐石

15

[滿] bei ilibufi enteheme bibume * enduringge han i gung erdemu be
[韓] 碑 세워서　영구히 있게 하며　聖　皇帝 의 功　德　을
[漢] 以碑之垂諸永久以彰夫皇帝之功之德
[中] 立碑永志, 使聖汗之功德

---

157 水部는 工曹의 別稱.
158 nonggimbi 더하다, 증첨하다, 添上, 增添.
159 badarabufi의 표기에 m이 없는 것에 대한 논의는 成百仁, 앞의 논문, 1970, 135쪽.
160 三田渡碑의 건립 위치가 江에 가깝고 地勢가 낮으니 洪水에 대비하여 높게 쌓아야 한다는 내용이 보인다. 『承政院日記』 仁祖 15年 6月 26日.
161 碑文의 ‘壇’이 『淸實錄』에는 ‘其’로 나온다.

[滿] * abka na i sasa okini seme temgetulehe ..

[韓]　　天　地　와 함께 하게 하라 고 旌表하였다.[162]

[漢] 直與造化而同流也

[中] 與天地共存,

[滿] ere meni ajige gurun i teile jalan halame[163] enteheme akdafi

[韓] 이는 우리의 小　　國　　만 世代 바꾸며　　영원히 신뢰하고

[漢] 豈特我小邦世世而[164]永賴

[中] 此乃敝邦世代賴

[滿] banjire anggala . amba gurun i gosin algin . horon i yabun de

[韓] 살아갈 뿐만 아니라 大　國 의 어진 명성　威武 의　行　에

[漢] 抑亦大朝之仁聲武誼

[中] 以爲生者也, 且遠方諸國之仁德威望,

[滿] goroki ci aname gemu daharangge inu ereci deribumbi kai ..

[韓] 먼곳으로부터 미루어 모두 귀의하는 것 또한 이로부터 비롯되
　　는 것이도다.

[漢] 無遠不服者未始不基于茲也

[中] 欲來歸者, 永將由是始矣.

---

162 旌表는 善한 行實을 稱頌하고 이를 世上에 널리 드러내어 알리는 것.
163 jalan halame 대대로 ; halambi 번갈다, 更換.
164 碑文의 '而'는 『淸實錄』에는 나오지 않는다.

[滿] udu * abka na i amban be araha[165] šun biya i genggiyen be
[韓] 비록　天　地　의　큼　을　쓰고　　日　月　의　　밝음　을
[漢] 顧摹天地之大畫[166]日月之明
[中] 雖作乾坤之弘, 繪日月之輝,

[滿] niruha seme . terei tumen de emken[167] inu duibuleci
[韓] 그렸다 해도　그것의　萬　에　一　　도 비교되지
[漢] 不足以彷彿其萬一
[中] 亦萬不及其一也.

16
[滿] ojorakū .. heni muwašame folome temgetulerengge
[韓] 못하리라. 다소 요약해서　새기어　旌表하는 것이다.
[漢] 謹載其大略銘曰
[中] 今粗雕爲碑者,

[滿] * abka gecen silenggi be wasimbufi fundehun obumbi banjibumbi ..
[韓]　하늘 서리　이슬 을　내려서 숙살하게 하고 소생하게 한다.
[漢] 天降霜露載肅載育
[中] 天降霜露, 以操萬物之衰蘇

---

[165] arambi 글 짓다, 作文.
[166] 碑文의 '畫'는 『淸實錄』에 보이지 않는다.
[167] emken 한 개, 一箇. 碑文에는 emken이나 滿文檔案에는 emke로 나온다.

[滿] * enduringge han ede acabume horon erdemu be sasa selgiyembi ..

[韓]　　聖　皇帝 이에 응하여　威嚴　德　을 함께 선포한다.

[漢] 惟帝則之竝布威德

[中] 聖汗應此[原檔殘缺]德幷揚.

17

[滿] # enduringge han dergi babe dailaha juwan tumen cooha

[韓]　　聖　皇帝 동쪽 땅을 정벌한　10　萬　군사

[漢] 皇帝東征十萬其師

[中] 聖汗東征[原檔殘缺]

[滿] kunggur seme[168] geren . tasha pi[169] gurgu i gese ..

[韓] 우르르　하게 많았고, 호랑이 豼　짐승 과 같았다.

[漢] 殷殷轟轟如虎如豼[170]

[中] 軍伍浩蕩, 如虎如貔,

[滿] wargi amargi gurun gemu agūra[171] be jafafi

[韓]　西　北　國[部落] 모두 무기　를 잡고

[漢] 西蕃窮髮暨夫北落執殳

[中] 西北諸衆, 皆執器械

---

[168] kunggur seme 1) 많은 무리가 떼를 지어 달려가는 것, 2) 우르릉하는 우레 소리, 3) 수레와 말이 내달리는 소리 등을 가리킨다. 『漢淸文鑑』에서는 "kunggur: 衆人跑聲 ○ geren niyalmai sujure jilgan"이라고 풀었다. kunggur 의 語末 r의 蒙語式 형태에 대해서는 成百仁, 앞의 논문, 1970, 136-137쪽.
[169] pi 豼의 音譯이다. 범의 일종이라고 함.
[170] 碑文에는 '豼'로 『淸實錄』에는 '貔'로 나온다.
[171] agūra 器械, 武器 ; 豹尾槍.

[滿] juleri[172] ojoro be temšerengge horon ambula gelcuke[173] kai ..
[韓] 앞[先鋒] 되기 를 다투는 것 威武 크게 두려웠도다.
[漢] 前驅厥靈赫赫[174]
[中] 奮勇當先, 其勢可畏也.

[滿] * enduringge han umesi gosin ofi gosime wasimbuha hese gisun .
[韓] 聖 皇帝 매우 인자하므로 인애하여 내린 勅 言
[漢] 皇帝孔仁誕降恩言
[中] 然以聖汗之至仁, 蒙降恩旨,

[滿] juwan jurgan i wasimbuha bithe horonggo bime hūwaliyasun ..
[韓] 열 줄 로 내리신 글 위엄 있으며 온화하였다.
[漢] 十行昭回旣嚴且溫
[中] [原檔殘缺]勅諭, 威柔幷行.

[滿] dade liyeliyefi sarkū ofi beye jobolon be baiha[175] ..
[韓] 본래 혼미하여 알지 못하므로 스스로 禍 를 구하였다.
[漢] 始迷不知自貽伊慼[176]
[中] 我等生性昏憒, 不明事理, 自啓禍端,

---

[172] cf. gabsihiyan 先鋒, 前鋒.
[173] 碑文에는 gelcuke로 보이나 일반적인 형태는 gelecuke이다. 成百仁, 앞의
　　논문, 1970, 137쪽.
[174] 碑文에는 '赫'으로 『淸實錄』에는 '濯'으로 나온다.
[175] baimbi 찾다, 求하다, 尋尋, 尋找.
[176] 碑文에는 '自貽伊慼'로 『淸實錄』에는 '伊慼自貽'로 나온다.

18

[滿] # enduringge han i genggiyen hese isinjire jakade .

[韓]　　　聖　　　皇帝 의　밝은　勅旨 도래할 적에

[漢]　　帝有明命

[中]　　及奉聖旨,

[滿] amhafi teni[177] getehe gese ..　meni wang gaifi dahahangge

[韓] 잠자고서 막 깨어난 것 같았다. 우리의　王 이끌고 귀의한 것

[漢] 如寐之覺[178]我后祗服相率而[179]歸

[中] 方如夢初醒. 我君之率衆歸順者,

[滿] horon de　gelere teile waka ..　erdemu de dahahangge kai ..

[韓] 威武 에 두려워함 만 아니다.　　德　에 귀의한 것이도다.

[漢] 匪惟怛威惟德之依

[中] 非僅懾于威勢也, [原檔殘缺]

[滿] * enduringge han　gosifi　kesi　isibume　dorolome

[韓]　　　聖　　皇帝 인애하고 은혜 이르게 하며 예우하며

[漢] 皇帝嘉之澤洽禮優

[中] 聖汗施恩,

---

177 teni 비로소, 이제야, 纔.
178 碑文에는 '如寐之覺'로 『淸實錄』에는 '如寐覺之'로 나온다.
179 碑文에는 '以'로 『淸實錄』에는 '而'로 나온다.

[滿] sain cira[180] injere arbun i agūra be bargiyafi

[韓] 좋은 낯빛 웃는 모습 으로 무기 를 거두고

[漢] 載色載笑爰束戈[181]矛

[中] 和顏悅色

[滿] sain morin weihuken dahū[182] šangnara jakade

[韓] 좋은 말[馬] 가벼운 갖옷 賞내리는 故로

[漢] 何以錫之駿馬輕裘

[中] 賜以[原檔殘缺]良馬輕端罩

[滿] hecen i haha hehe uculeme maktarangge ..

[韓] 城 의 男 女 노래하며 讚揚하는 것이다.

[漢] 都人士女乃歌乃謳

[中] 城中男婦[原檔殘缺]

[滿] meni wang ni bahafi bederehengge * enduringge han i buhengge kai ..

[漢] 우리의 王 이 가히 回歸한 것   聖 皇帝의 허여하신 것이도다.

[漢] 我后言旋皇帝之賜

[中] 我君之得歸, 乃聖汗之所與得也.

---

180 cira 얼굴, 氣色.
181 碑文에는 '戈'로 『淸實錄』에는 '干'으로 나온다.
182 dahū 淸代 滿漢 官員 禮服의 일종, 皮端罩 ; 갖옷.

19

[滿] # enduringge han meni irgen be banjikini seme

[韓]　　　聖　皇帝 우리의 백성 을 살아가게 하자 고

[漢]　皇帝班師活我赤子

[中]　聖汗爲我民計,

[滿] cooha be bederebuhe .. meni facuhūn oho samsiha be gosime .

[韓] 군사 를 철수시켰다. 우리의 어지럽게 되고 흩어진 것 을 긍휼히 여겨

[漢]　哀我蕩析

[中]　特此班師, 又仁撫我之流民,

[滿] meni usin i weile be huwekiyebuhe ..

[韓] 우리의 전답 의 일 을 권면하였다.

[漢]　勸我穡事

[中]　勸勉農耕[原檔殘缺]

[滿] efujehe gurun da an i ohongge ere ice tan i turgun kai ..

[韓] 무너진 나라 原 常대로 된 것 이 새 壇 의 緣故이도다.

[漢]　金甌依舊翠壇維新

[中]　使我敗亡之國, 得以再生, 乃此新壇之故也.

[滿] olhoho giranggi de dasame yali banjibuha ..

[韓] 마른　　뼈 에 다시 살 생겨나게 하고

[漢]　枯骨再肉

[中]　猶如干骨復蘇,

[滿] tuweri orho i fulehe geli niyengniyeri erin be ucaraha gese oho ..

[韓] 겨울 풀 의 뿌리 다시 봄 철 을 만난 것 같이 되었다.

[漢] 寒荄復春

[中] 枯木逢春矣.

[滿] amba giyang ni da jakade den amba wehe ilibufi

[韓] 大 江 의 頭 곁에 높고 큰 돌 세우고

[漢] 有石巍然大江之頭

[中] [原檔殘缺]

[滿] san han i ba tumen aniya ojorongge

[韓] 三 韓 의 땅 萬 歲 되는 것

[漢] 萬載三韓

[中] [原檔殘缺]

[滿] * enduringge han i sain[183] de kai ❖

[韓] 聖 皇帝 의 '좋으심' 에 이도다.

[漢] 皇帝之休[184]

[中] [原檔殘缺]

---

183 sain 仁德, 好德.
184 碑文에는 '休'로 『淸實錄』에는 '庥'로 나온다.

20

[滿] wesihun erdemunggei duici aniya jorhon biyai ice jakūn de
ilibuha ❖❖

[韓] 崇　　　　德의　　넷째　해　　12　月의　初 8일　에
세웠다.

[漢] 崇德四年十二月初八日立[185]

[中] [原檔殘缺]

7. 결론

이상에서 삼전도비의 이전 복원을 계기로 비석의 건립 위치와 비
문작성 등을 보다 구체적으로 살펴보았다. 이 과정에서 삼전도비의
찬문과 서사 등은 여러 차례 수정 및 번복이 이루어졌다는 것을 확
인할 수 있었다. 특히 조선에서 작성한 비문이 심양에 들어간 이후
청측의 중대한 수정 요구가 있었으며, 이를 충실히 따라야 했던 경
위도 관련 문건과 당시 정황을 통해 확인하였다. 또 滿文 역주와 관
련하여 內國史院 滿文檔案 崇德 4년 12월 28일 조의 삼전도비문을
검토하고, 中文譯을 함께 수록하여 기존 번역에 나타난 미비한 부
분, 특히 비문 파손으로 판독이 어려운 대목이나 기존 역문들과의
전사 및 번역상의 차이 등을 세부적으로 보완하였다.

---

185 『承政院日記』仁祖 17年 12月 5日 條에 "蒙書와 淸書로 12月 8日에 碑를
세운다는 내용을 써넣고, 우리나라의 碑面에도 일체로 써넣으십시오."라고
하였다. 碑閣도 이때 같이 세워졌는데, 仁祖 17年 12月 20日 上樑이 이루어
졌다. 『承政院日記』仁祖 17年 12月 20日.

삼전도비의 현재 모습(2014.11.22)

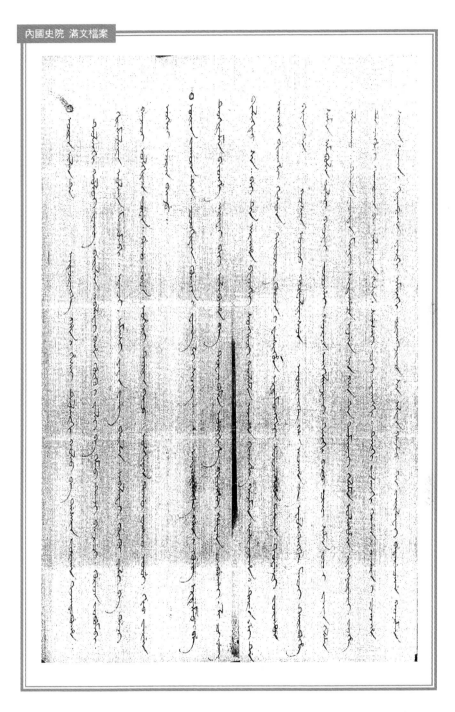

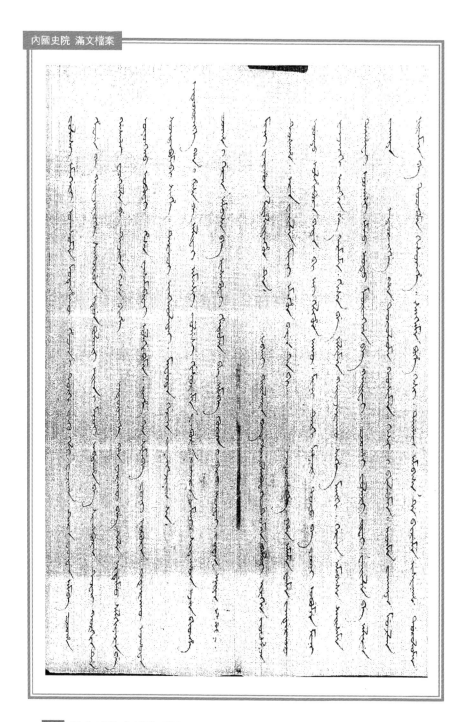

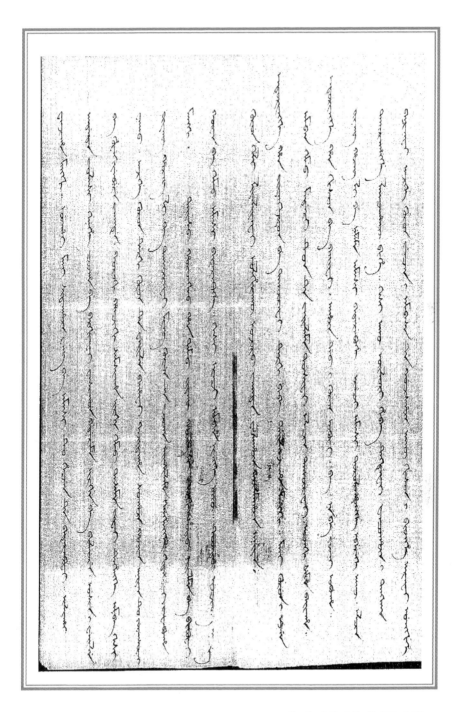

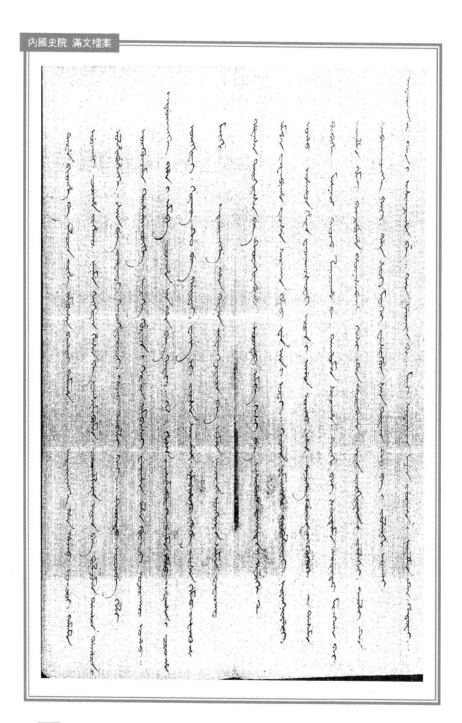

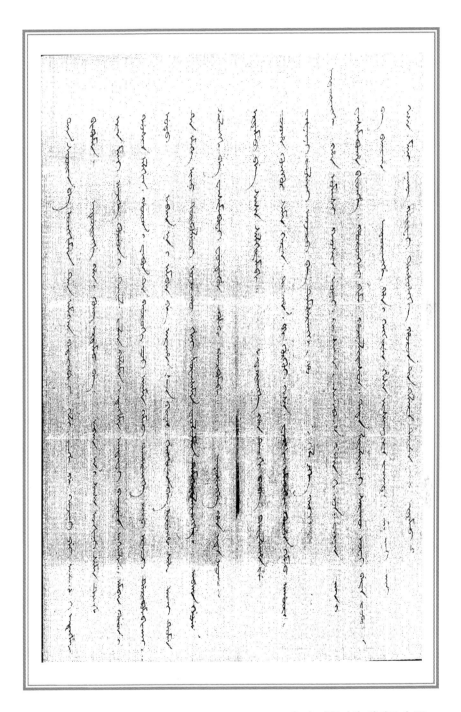

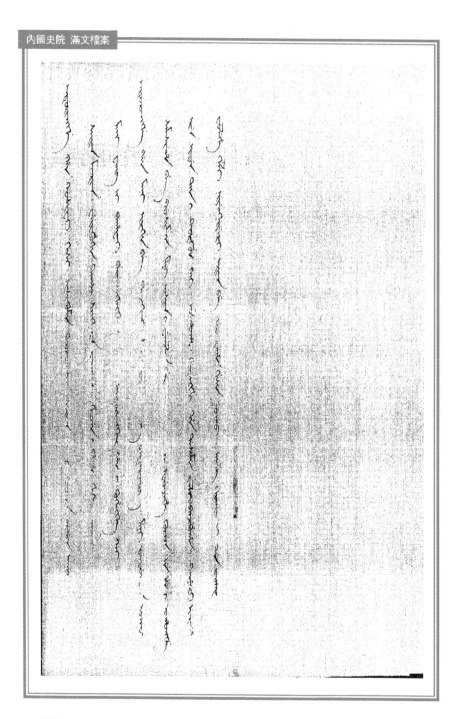

daicing gurun i enduringge han i güng erdemui bei ❖❖

1. daicing gurun i enduringge han i gung erdemui bei ..

2. daicing gurun i wesihun erdemunggei sucungga aniya tuweri jorhon biya de ..

3. # gosin onco hūwaliyasun enduringge han . acaha be efulehengge menci deribuhe seme . ambula jili banjifi coohai horon enggelenjifi dergi baru cing seme jici yaya geleme alihakū .. tere fonde meni sitahūn ejen nan han de tomofi geleme olhome niyengniyeri juhe de fehufi gerendere be aliyara gese susai ci inenggi .. dergi juleri geren jugūn i cooha siran siran i gidabuha .. wargi amargi jiyanggiyūn se alin holo de jailafi bederecere goljime jule]si emgeri

4. oksome mutehekū .. hecen i dorgi jeku geli wajiha .. tere fonde amba cooha hecen be gaijarangge šahūrun edun bolori erin i mooi abdaha be sihabure . tuwai gūrgin de gashai funggala be dejire gese bihe .. * enduringge han warakū be dele erdemu selgiyere be oyonggo obufi * hese wasimbufi ulhibume .. jihede simbe yooni obure . jiderakū ohode suntebumbi sehe .. tereci inggūldai mafuta geren jiyangjiyūn se

5. # enduringge han i hese be alifi amasi julesi gisureme yabure jakade .. meni sitahūn ejen bithe coohai geren ambasa be isabufi hendume .. bi amba gurun i baru acafi juwan aniya oho .. mini farhūn liyeliyehun de * abkai dailara be hūdulabufi tumen halai irgen jobolon tušaha .. ere weile mini emhun beye de bi ..

6. # enduringge han nememe wame jenderakū uttu ulhibure bade . bi ai gelhun akū mini dergi mafari doro be yooni obume . mini fejergi irgen be karmame * hese be alime gaijarakū sehe manggi .. geren ambasa saišame dahafi uthai emu udu juwan muringga be gaifi . coohai juleri

jifi weile be alire jakade

7. # enduringge han dorolome gosime kesi i bilume . acame jakade mujilen niyaman be tucibume gisurehe .. šangname buhe * kesi . dahara ambasa de bireme isinaha .. dorolome wajiha manggi .. uthai meni sitahūn wang be amasi du hecen de bederebufi . ilihai andan de julesi genehe cooha be bargiyafi wasihūn bedereme . irgen be bilure . usin i weile be huwekiyebure jakade .. goroki hanciki samsiha irgen gemu dasame jifi tehengge amba kesi wakao ..

8. ajige gurun * dergi gurun de weile bahafi goidaha .. sohon honin aniya .. du yuwanšuwai jiyang hūng li be takūrafi ming gurun de cooha aisilame genehengge gidabufi jafabuha manggi ..

9. # taidzu horonggo han damu jiyang hūng li jergi udu niyalma be bibufi gūwa be gemu amasi bederebuhe .. * kesi ereci amban ningge akū .. tuttu ocibe ajige gurun geli liyeliyefi ulhirakū ojoro jakade .. fulahūn gūlmahūn aniya ..

10. # enduringge han jiyangjiyūn be takūrafi dergi babe dailanjiha manggi .. meni gurun i ejen amban gemu mederi tun de jailame dosifi elcin takūrafi acaki seme baiha .. * enduringge han gisun be gaifi ahūn deo i gurun obufi .. ba na be yooni obuha .. jiyang hūng li be nememe amasi bederebuhe .. ereci amasi dorolohongge ebereke akū .. elcin takūrahangge lakcaha akū bihe .. kesi akū oilori hebe

11. dekdefi facuhūn i tangkan baninafi .. ajige gurun jecen i ambasa de gocishūn akū gisun i bithe arafi unggihe .. tere bithe be elecin jihe ambasa bahafi gamaha .. * enduringge han hono oncoi gamame uthai cooha jihekū .. neneme * genggiyen hese be wasimbume coohalara erin be boljome dahūn dahūn i ulhibuhengge šan be jafafi tacihiyara ci hono dabali kai .. tuttu ocibe geli urgunjeme

12. dahahakūngge ajige gurun i geren ambasai weile ele guweci ojorakū

oho .. * enduringge han i amba cooha nan han be kafi geli * hese wasimbufi . neneme emu garhan i cooha unggifi . giyang du be gaifi . wang ni juse sargan . ambasai hehe juse gemu jafabuha manggi ..

13. # enduringge han geren jiyangjiyūn be ume necire nungnere seme fafulafi . meni hafasa taigiyasa be tuwakiyabuha .. tuttu amba kesi be isibure jakade .. ajige gurun i ejen amban jafabuha juse sargan gemu fe an i ofi . gecen nimanggi kūbulifi niyengniyeri oho .. olhon hiya forgošofi erin i aga oho gese .. ajige gurun i gukuhe be dasame bibuhe .. mafari doro lakcaha be dahūme

14. siraha .. dergi bai šurdeme ududu minggan bai niyalma . gemu banjibuha hūwašabuha * kesi de horibuha .. ere yargiyan i julgei kooli de sabuhakūngge kai .. han sui mukei wesihun san tiyan du bai julergi uthai * enduringge han i isinjiha ba .. tan soorin bi .. meni sitahūn ejen jurgan i niyalma de hendufi tan soorin be nonggime den amban badarabufi geli wehe be gajifi

15. bei ilibufi enteheme bibume * enduringge han i gung erdemu be * abka na i sasa okini seme temgetulehe .. ere meni ajige gurun i teile jalan halame enteheme akdafi banjire anggala . amba gurun i gosin algin . horon i yabun de goroki ci aname gemu daharangge inu ereci deribumbi kai .. udu * abka na i amban be araha šun biya i genggiyen be niruha seme . terei tumen de emken inu duibuleci

16. ojorakū .. heni muwašame folome temgetulerengge * abka gecen silenggi be wasimbufi fundehun obumbi banjibumbi .. * enduringge han ede acabume horon erdemu be sasa selgiyembi ..

17. # enduringge han dergi babe dailaha juwan tumen cooha kunggur seme geren . tasha pi gurgu i gese .. wargi amargi gurun gemu agūra be jafafi juleri ojoro be temšerengge horon ambula gelcuke kai .. * enduringge han umesi gosin ofi gosime wasimbuha hese gisun . juwan

jurgan i wasimbuha bithe horonggo bime hūwaliyasun .. dade liyeliyefi sarkū ofi beye jobolon be baiha ..

18. # enduringge han i genggiyen hese isinjire jakade . amhafi teni getehe gese .. meni wang gaifi dahahangge horon de gelere teile waka .. erdemu de dahahangge kai .. * enduringge han gosifi kesi isibume dorolome sain cira injere arbun i agūra be bargiyafi sain morin weihuken dahū šangnara jakade hecen i haha hehe uculeme maktarangge .. meni wang ni bahafi bederehengge * enduringge han i buhengge kai ..

19. # enduringge han meni irgen be banjikini seme cooha be bederebuhe .. meni facuhūn oho samsiha be gosime . meni usin i weile be huwekiyebuhe .. efujehe gurun da an i ohongge ere ice tan i turgun kai .. olhoho giranggi de dasame yali banjibuha .. tuweri orho i fulehe geli niyengniyeri erin be ucaraha gese oho .. amba giyang ni da jakade den amba wehe ilibufi san han i ba tumen aniya ojorongge * enduringge han i sain de kai ❖❖

20. wesihun erdemunggei duici aniya jorhon biyai ice jakūn de ilibuha ❖❖
(# * 擡頭)

[滿文意譯]

大淸國의 聖皇帝의 功德의 碑
1. 大淸國의 聖皇帝의 功德의 碑
2. 大淸國의 崇德의 元年 겨울 12月
3. 寬溫仁聖皇帝는 和親을 깨뜨린 것 우리로부터 비롯되었다며 크게 怒하고, 군사의 威武 來臨하여 동쪽 향하여 확 들이치니 모두 두려워 대항하지 못하였다. 그때에 우리의 寡君 南漢山城에 거처하고, 두렵고 무서워하며 春氷을 밟고 해 밝기를 기다리는 것 같은 50일째, 東南 諸道의 군사는 연이어 격파되었다. 西北 장군들은 산골짜기에 피해서 물러만

날뿐 앞으로 한번

4. 나아가지 못하였다. 성 안의 식량 또한 다하였다. 그때에 大軍이 성을 공략하는 것은 찬바람이 가을철의 나뭇잎을 떨어뜨리고, 火焰에 새의 깃털을 태우는 것 같았다. 聖皇帝는 죽이지 않는 것을 으뜸으로 하여, 布德을 중요하게 여기고, 勅旨를 내려 깨닫게 하되, "항복해 오면 너를 온전케 하고, 오지 않으면 진멸시키겠다" 하였다. 그로부터 英俄兒代 馬夫大 여러 장군들

5. 聖皇帝의 勅旨를 받고, 오가면서 말하러 다니는 고로, 우리의 寡君은 文武의 여러 대신들을 모으고 말하되, "내가 大國과 더불어 和親하고서 10년 되었다. 나의 어둑함 혼미함 때문에 天討를 속히 도래케 하였으니 만백성이 재난에 직면하였다. 이 모든 罪는 내 한 몸에 있는 것이다.

6. 聖皇帝께서 도리어 차마 죽이지 못하고 이렇듯 깨닫게 하는 바에, 내 어찌 감히 나의 위 宗社를 온전케 하며, 나의 아래 百姓을 보호하기 위해서 勅旨를 받아들이지 아니하겠는가?" 하니, 여러 대신들 좋게 여겨 따르니, 마침내 數十騎를 이끌고, 군사 앞에 와서 罪를 청할 적에

7. 聖皇帝 禮를 갖추어 仁愛하며, 恩惠로써 撫恤하며, 만나자마자 곧바로 胸襟을 터놓고 말하였다. 賞을 내려준 恩惠가 수행하던 대신들에게 두루 미치었다. 禮를 마친 뒤, 곧 우리의 왕을 都城에 돌아가게 하고, 立 卽 頃刻에 남쪽으로 간 군사를 거두어 서쪽으로 철수하며, 百姓을 撫養하고 農事를 勸勉하니, 먼 곳 가까운 곳에 흩어진 百姓 모두 다시 와서 살게 된 것 큰 恩惠 아닌가?

8. 小國이 上國에 罪를 짓고서 오래되었다. 己未年 都元帥 姜弘立을 파견하여 明에 군사 援助하러 간 것 격파당해 사로잡힌 뒤

9. 太祖 武皇帝 다만 姜弘立 등 몇 사람을 잔류케 하고 다른 이들은 모두 돌려보냈다. 恩惠 이보다 큰 것이 없다. 그렇지만 小國 다시 혼미하여 깨닫지 못하는 고로, 丁卯年

10. 聖皇帝는 장군을 파견하여 동쪽 땅을 정벌하러 오니, 우리나라의 君臣 모두 바다 섬에 피하여 들어가서, 사신을 파견하여 和親하자며 청하였

다. 聖皇帝는 和親하자는 말을 받아들여 兄弟之國으로 삼고, 疆土를 온전히 하였으며, 姜弘立을 도리어 돌려보냈다. 이후로 禮를 행하는 것이 衰하지 않았으며, 사신 파견하는 것이 단절되지 않았다. 그런데 불행하게도 浮薄한 議論이

11. 떠오르고 紛亂의 階梯가 형성되어, 小國 변방의 대신들에게 불손한 언사로 글 작성하여 보냈는데, 그 글을 사신으로 왔던 대신들이 입수하여 가지고 갔다. 聖皇帝는 오히려 관대하게 가져가는 그 즉시로 군사를 보내오지 않았다. 먼저 밝은 勅旨를 내려 出兵할 시기를 기약하여 거듭해서 깨우쳐 준 것이 귀를 잡고 훈계하는 것보다 오히려 더하였도다. 그렇지만 또 기꺼이

12. 따르지 않은 것, 小國 여러 대신들의 罪 더욱 면치 못하게 되었다. 聖皇帝의 大軍 南漢山城을 포위하고, 또 勅旨 내려서 먼저 한 갈래의 군사 보내어 江都를 취하여, 왕자들, 宮嬪, 대신들의 妻子들 모두 사로잡히게 되니

13. 聖皇帝 여러 장군에게 "범하거나 해하지 말라!"며 금하고, 우리의 官員과 太監들로 하여금 지키도록 하였다. 그렇게 큰 恩惠를 미치게 하는 고로, 小國의 君臣, 사로잡힌 자식들, 부인 모두 옛 그대로 회복되니, 서리와 눈이 변하여 봄철이 되고, 메마른 가뭄이 전환되어 適時에 내리는 비된 것 같았다. 小國의 망한 것을 다시 존속케 하였다. 宗社 단절된 것을 다시

14. 잇게 되었다. 동쪽 땅 주위 數千里의 사람 모두 生成하게 한 恩惠를 누리게 되었다. 이는 진실로 옛날의 照例에서 보지 못한 것이도다. 漢水의 상류 三田渡 지역의 남쪽, 곧 聖皇帝의 이르신 곳, 壇 자리가 있다. 우리의 寡君은 部員에게 말하여, 壇 자리를 증축하여 높고 크게 확장시키고, 또 돌을 가져와

15. 碑石을 세워서 영구히 존속케 하고, 聖皇帝의 功德을 天地와 더불게 하라고 旌表하였다. 이는 우리 小國만 대대로 길이 의지하고 살아갈 뿐만 아니라 大國의 어진 명성 威武의 行에 먼 곳으로부터 미루어 모두 귀의

하는 것 또한 이로부터 비롯되는 것이도다. 비록 天地의 큼을 쓰고 日月의 밝음을 그렸다 해도 그것의 萬分의 一에도 비교할 수

16. 없으리라. 조금 요약해 새겨서 旌表하는 것이다. 하늘은 서리와 이슬을 내려 肅殺하기도 하고 蘇生하게도 한다. 聖皇帝 이를 본받아 威嚴과 德을 함께 선포한다.

17. 聖皇帝 동쪽 땅을 정벌한 10만 군사 우르르 하게 많았고, 호랑이와 범 같았다. 西北國 군사 모두 무기를 잡고 앞장서려고 다투는 것, 그 威武가 매우 두려웠도다. 聖皇帝 매우 인자하므로 긍휼히 여겨 내린 勅言, 10행으로 내리신 글 위엄 있으며 온화하였다. 본래 혼미하여 알지 못하므로 禍를 자초하였다.

18. 聖皇帝의 밝은 勅旨 도래하니, 잠에서 비로소 깨어난 것 같았다. 우리의 왕이 이끌고 귀의한 것은 威武에 두려워해서만은 아니며 德에 귀의한 것이다. 聖皇帝 긍휼히 여겨 恩惠 이르게 하고 禮遇하며 좋은 氣色과 웃는 모습으로 무기를 거두고 좋은 말과 가벼운 갖옷 상 내리니, 성 안의 남녀 노래하며 稱頌하는 것이다. 우리 왕이 돌아올 수 있었던 것은 聖皇帝께서 베풀어주신 것이도다.

19. 聖皇帝 우리의 百姓을 살아가라고 군사를 철수시켰다. 우리의 어지럽게 되고 흩어진 것을 긍휼히 여겨 우리에게 農事를 권면하였다. 무너진 나라 원래대로 된 것, 이 새 壇을 세운 연고이도다. 마른 뼈에 다시 살 생겨나게 하고, 겨울 풀의 뿌리가 다시 봄철을 만난 것 같이 되었다. 큰 강의 머리 곁에 높고 큰 碑石을 세우고, 三韓의 땅 萬歲 이어가게 되는 것 聖皇帝의 仁德에 의한 것이도다.

20. 崇德 4年 12月 8日에 세웠다.

[中文](滿文檔案飜譯)

(聖汗功德碑)

1. (聖汗功德碑)

2. 大淸崇德元年冬十二月

3. 寬溫仁聖汗知我違棄盟好, 勃然大怒, 興師來討, 長驅直入, 莫敢抗御. 彼時, 我寡君棲身南漢, 誠惶誠恐, 猶如履待旦. 第五十日, 東南各路兵相繼崩潰, 西北道諸將避入峽谷, 節節敗退, 寸步

4. 難進, 且城內粮盡, 大軍若攻城, 其勢猶如寒風蕩秋葉, 柏火燒禽翎. 然聖汗以不戮爲上, 揚德以重, 降旨開諭曰: '來則得全, 否則遭殃.' 遂命英古尒岱, 馬福塔等將軍

5. 往來游說, 我寡君因召文武諸臣曰: '我與大國和好, 已有十年, 以我之昏憒, 招致天討, 萬姓遭劫, 其罪在我一身.

6. 聖汗不忍殺生, 如此開導, 爲全我祖業, 護我黎庶, 我豈敢違旨耶?' 衆官悅服, 遂率數騎, 請罪于軍前.

7. 聖汗仁愛恩撫, 面敍衷懷, 普施恩澤, 降臣均霑. 禮畢, 卽遣我寡主返都城, 頃撤南進之兵西去. 尚仁撫百姓, 勸勉農耕, 退邇流民, 還其故居, 此非厚澤乎?

8. 敝邦之得罪于貴國, 時已久矣. 己未年, 令都元帥姜弘烈, 往援明兵, 兵敗見擒,

9. 太祖武皇帝僅留姜弘烈數人, 餘皆釋還. 恩澤之大者, 莫過于此也. 然敝邦尚昏庸不明, 是以, 丁卯年,

10. 聖汗命諸將東征, 我國君臣, 皆避入海島, 遣使請和, 聖汗允之, 結爲兄弟國, 全我國土, 遣姜弘烈還. 于是, 禮尚往來, 使節不斷. 然敝邦

11. 自起逆端, 撰寫不遜之文, 申飭邊臣, 爲來使得而携去. 聖汗仍以寬大爲懷, 不曾卽刻發兵, 而先降明旨. 屢屢曉諭用兵日期, 勝過執耳敎誨. 如此,

12. 敝國猶不樂從, 以致我諸臣之過, 更難釋免. 聖汗之大軍, 圍困南漢, 復降聖旨, 遣發偏師, 先取江都, 我君臣之妻子盡被擒獲,

13. 聖汗諭令諸將, 勿得擾害, 幷令官員太監看守. 如此施以沛恩, 使我君臣被浮之妻子, 依然故我 ; 猶如冰雪逢春分, 大旱化時雨, 使我敝邦亡而再生, 宗祀絶而復續,

14. 方圓千里之居民, 盡沐養育之恩, 此實乃古來未見者也. 漢水以東, 三田都以南, 乃聖汗所至之處, 設有壇位, 我寡君特令部員, 擴建壇位,

15. 立碑永志 使聖汗之功德, 與天地共存, 此乃敝邦世代賴以爲生者也, 且遠方諸國之仁德威望, 欲來歸者, 永將由是始矣. 雖作乾坤之弘, 繪日月之輝, 亦萬不及其一也.

16. 今粗雕爲碑者, 天降霜露, 以操萬物之衰蘇, 聖汗應此[原檔殘缺]德幷揚.

17. 聖汗東征[原檔殘缺]軍伍浩蕩, 如虎如貔, 西北諸衆, 皆執器械, 奮勇當先, 其勢可畏也. 然以聖汗之至仁, 蒙降恩旨, [原檔殘缺]勅諭, 威柔幷行. 我等生性昏憒, 不明事理, 自啓禍端,

18. 及奉聖旨, 方如夢初醒. 我君之率衆歸順者, 非僅懾于威勢也, [原檔殘缺]聖汗施恩, 和顏悅色, 賜以[原檔殘缺]良馬・輕端罩城中男婦[原檔殘缺], 我君之得歸, 乃聖汗之所與得也.

19. 聖汗爲我民計, 特此班師, 又仁撫我之流民, 勸勉農耕[原檔殘缺]使我敗亡之國, 得以再生, 乃此新壇之故也. 猶如干骨復蘇, 枯木逢春矣. [原檔殘缺]

20. [原檔殘缺]

[漢文](碑文)[186]

━━━━━━━━━━━━━━━━━━━━━━━━━━━━━━

　　大淸皇帝功德碑[篆書]

1. 大淸皇帝功德碑

2. 大淸崇德元年冬十有二月

3. 寬溫仁聖皇帝以壞和自我始赫然怒以武臨之直擣而東莫敢有抗者時我寡君棲于南漢凜凜若履春氷而待白日者殆五旬東南諸道兵相繼崩潰西北帥逗撓峽內不能進一步城中食且盡當此之時以大兵薄城如霜風之卷秋籜

4. 爐火之燎鴻毛而

5. 皇帝以不殺爲武惟　布德是先乃　降勅諭之曰來朕全爾否屠之有若英馬諸大將承　皇命相屬於道於是我寡君集文武諸臣謂曰予托和好于　大邦十年于茲矣由予惛惑自速　天討萬姓魚肉罪在予一人

6. 皇帝猶不忍屠戮之　諭之如此予曷敢不欽承以上全我宗社下保我生靈乎大

━━━━━━━━━━━━━━━━━━━━━━━━━━━

186 漢文은 滿漢 對譯 譯註 부분과 달리 碑石 원래의 行으로 수록하였다.

臣協贊之遂從數十騎 詣軍前請罪

7. 皇帝乃 優之以禮 拊之以恩一見而 推心腹 錫賚之恩遍及從臣禮罷卽還
我寡君于都城立召兵之南下者振旅而西 撫民勸農遠近之雉鳥散者咸復闕
居詎非大幸歟小邦之獲罪 上國久矣己未之役都

8. 元帥姜弘立助兵明朝兵敗被擒

9. 太祖武皇帝只留弘立等數人餘悉放回 恩莫大焉而小邦迷不知悟丁卯歲今

10. 皇帝命將東征本國君臣避入海島遣使請成

11. 皇帝允之視爲兄弟國疆土復完弘立亦還矣自玆以往 禮遇不替冠蓋交跡不
幸浮議扇動搆成亂梯小邦申飭邊臣言涉不遜而其文爲使臣所得

12. 皇帝猶寬貸之不卽加兵乃先 降明旨諭以師期丁寧反覆不翅若提耳面命而
終未免焉則小邦羣臣之罪益無所逃矣

13. 皇帝既以大兵圍南漢而又 命偏師先陷江都宮嬪王子暨卿士家小俱被俘獲

14. 皇帝戒諸將不得擾害 令從官及內侍看護既而 大霈恩典小邦君臣及其被
獲眷屬復歸於舊霜雪變爲陽春枯旱轉爲時雨區宇既亡而復存宗社已絶而
還續環東土數千里咸囿於 生成之澤此實古昔簡策所稀覯也

15. 於戲盛哉漢水上流三田渡之南卽

16. 皇帝駐蹕之所也壇場在焉我寡君爰命水部就壇所增而高大之又伐石以碑
之垂諸永久以彰夫

17. 皇帝之功之德直與造化而同流也豈特我小邦世世而永賴抑亦 大朝之仁聲
武誼無遠不服者未始不基于玆也顧摹天地之大畫日月之明不足以彷彿其
萬一謹載其大略銘曰

18. 天降霜露載肅載育惟 帝則之竝布 威德

19. 皇帝東征十萬其師殷殷轟轟如虎如豼西蕃窮髮曁夫北落執殳前驅厥靈赫赫

20. 皇帝孔仁誕降恩言十行昭回既嚴且溫始迷不知自貽伊慼 帝有明命如寐之
覺我后祇服相率而歸匪惟怛 威惟 德之依

21. 皇帝嘉之澤洽禮優載色載笑爰束戈矛何以錫之駿馬輕裘都人士女乃歌乃謳
我后言旋

22. 皇帝之賜

23. 皇帝班師活我赤子哀我蕩析勸我稼事金甌依舊翠壇維新枯骨再肉寒荄復春有石巍然大江之頭萬載三韓

24. 皇帝之休

25. 嘉善大夫禮曹參判兼同知義禁府事臣呂爾徵奉敎篆

26. 資憲大夫漢城府判尹臣吳竣奉敎書

27. 資憲大夫吏曹判書兼弘文館大提學藝文館大提學知成均館事臣李景奭奉敎撰

28. 崇德四年十二月初八日立

참고문헌

1. 자료-1
『舊韓末韓半島地形圖』, 『大東輿地圖』, 『東輿圖』, 『朝鮮王朝實錄』, 『梅泉野錄』, 『明淸檔案存眞選輯』, 『丙子錄』, 『三譯總解』, 『承政院日記』, 『陽九日記』, 『燃藜室記述』, 『瀋陽日記』, 『瀋陽狀啓』, 『淸史稿』, 『淸實錄』, 『淸初內國史院滿文檔案譯編』, 『漢淸文鑑』

2. 자료-2
『삼전도비 최초건립위치고증 학술조사 연구용역보고서』, 송파구청, 2008.
『서울金石文大觀』, 서울특별시, 1987.
『서울六百年史(文化史蹟篇)』, 서울특별시, 1987.
『서울지명사전』, 서울특별시, 2009.
『朝鮮金石總覽』, 조선총독부, 1919.

3. 논저
김남윤, 「병자호란 직후(1637~1644) 朝淸 관계에서 '淸譯'의 존재」, 『韓國文化』 제40집, 서울대 규장각한국학연구원, 2007.
金芳漢, 「三田渡碑 蒙文에 關하여」, 『東亞文化』 第4輯, 서울大學校 文理科大學 附設 東亞文化硏究所, 1965.
金聲均, 「三田渡碑竪立始末」, 『鄕土서울』 第12號, 서울특별시사편찬위원회, 1961.
金在善, 「韓國三田渡所立大淸皇帝功德碑考述」, 『淸史硏究』 第3期, 2001.

金種圓, 「丁卯胡亂時의 後金의 出兵動機」, 『東洋史學研究』 第12, 13合輯, 東洋史學會, 1978.

남은경, 「병자호란과 그후의 기록 『심양장계(瀋陽狀啓)』」, 『한국문화연구』 제14호, 이화여자대학교 한국문화연구원, 2008.

盧基植, 「滿洲의 興起와 東아시아 秩序의 變動」, 『中國史研究』 제16집, 中國史學會, 2001.

朴相圭, 「三田渡碑文의 蒙古語에 關한 研究-特히 蒙古語의 轉寫法을 中心으로」, 『人文論叢』7, 경원대 인문과학연구소, 1998.

_____, 『大淸皇帝功德碑文의 研究(상)』, 역락, 2008.

朴恩用, 『滿洲語文語研究(一)』, 螢雪出版社, 1969.

裵祐晟, 「서울에 온 청의 칙사 馬夫大와 삼전도비」, 『서울학연구』 제38호, 서울시립대학교 부설 서울학연구소, 2010.

徐正欽, 「明末 Sarhū(薩爾滸)戰과 그 性格」, 『安東史學』 第1輯, 安東大學校史學會, 1994.

成百仁, 「三田渡碑 滿洲文」, 『東亞文化』 第9輯, 서울大學校 文理科大學 東亞文化研究所, 1970.5.

_____, 『만주어와 알타이어학 연구』, 태학사, 1999.

宋美玲, 「天聰年間(1627-1636년) 支配體制의 確立過程과 朝鮮政策」, 『中國史研究』 제54집, 中國史學會, 2008.

楊海英, 「淸初朝鮮通事考-以古爾馬渾(鄭命壽)爲中心」, 『淸史論叢』, 2001.

이문웅·강정원·선일 편, 『(서울대박물관 소장)식민지시기 유리건판-서울대 규장각한국학연구원 한국학 자료총서 10』, 서울대학교출판부, 2008.

이순우, 『테라우치 총독, 조선의 꽃이 되다(일그러진 근대 역사의 흔적을 뒤지다 1)』, 하늘재, 2004.

李銀順, 「李景奭의 政治的 生涯와 三田渡碑文 是非」, 『한국사연구』 60, 1988.

全海宗, 「丁卯胡亂의 和平交涉에 대하여」, 『亞細亞學報』 第3輯, 亞細亞學術研究會, 1967.

池斗煥, 『인조대왕과 친인척』, 역사문화, 2000.

陳捷先,「三田渡滿文淸太宗功德碑硏究」,『滿學硏究』第一輯, 吉林文史
　　　出版社, 1992.

최동권・강성춘・T.otgontuul,『만문삼국지三譯總解』, 한국학술정보, 2008.

崔鶴根,「所謂 三田渡碑의 滿文碑文 註譯」,『국어국문학』49・50합병호,
　　　국어국문학회, 1970.

_____,『알타이語學論攷 - 文獻과 文法』,玄文社, 1980.

韓明基,「丙子胡亂 패전의 정치적 파장」,『東方學志』119, 延世大學校國
　　　學硏究院, 2003.

_____,「16, 17세기 明淸交替와 한반도」,『明淸史硏究』, 明淸史學會,
　　　2004.

河內良弘 譯註,『內國史院滿文檔案譯註』, 松香堂書店, 2010.

許泰玖,「병자호란 講和 협상의 추이와 조선의 대응」,『朝鮮時代史學報』
　　　52, 朝鮮時代史學會, 2010.

[출전:『만주연구』11, 만주학회, 2011]

제2장

만주어와 역학서

삼역총해 책판(고려대 박물관 소장본)

고려대학교 민족문화연구원 만주학 총서4

청대 만주어 문헌 연구

『老乞大』 의원진찰 장면 분석

『清語老乞大』를 중심으로

1. 서론

『老乞大』는 전통시대 외국어교육을 담당한 譯學書의 하나로, 회화 교재로서의 뛰어난 실용성 때문에 500여 년 동안 사용되었다. 古本 『老乞大』의 발굴 보고 이후 『老乞大』에 대한 국내의 연구는 어학적인 탐구와 문화적 가치에 대한 깊이를 더해가고 있다.[1] 필자는 평소 전통시대 외국어교육과 관련하여 이들 譯學書인 『老乞大』에 관심을 갖고 살펴보던 중 『清語老乞大』의원진찰 장면이 여타 『老乞大』에 비해 다르게 전개된 것에 주목하게 되었다.[2] 본고에서는 『老

---

[1] 『老乞大』라는 명칭과 의미에 대해서는 민영규의 「老乞大 辨疑」(1964)를 비롯하여 송기중, 양오진, 정광 등 여러 논저에서 언급되었다. 『老乞大』에 대한 연구는 정광과 양오진을 비롯해서 최근에는 어휘와 어법 분야로 연구가 심화되는 추세이다.

[2] 『清語老乞大』에는 漢語 『老乞大』 판본에 비해 보다 상세하게 전개된 부분도 있지만, 생략된 부분이나 또는 일부 문장이 수정된 예가 상당수 있다. 『清語老乞大』가 漢語本 『老乞大』의 단순한 대역이 아닌 역자에 의해 수정 보완된 측면을 지녔다는 것에 대해서는 최동권(1987) 참고. 音韻對應이라는 측면에서 국어자료 중심으로 정리된 白應鎭의 『老乞大』(한국문화사, 1997)도 유용하다. 補註: 김유범 교수의 지도로 나온 오민석의 석사논문, 『18세기 국어의 시제체계에 관한 쟁점 연구-『清語老乞大新釋』에 나타난 한국어와 만주어의 대역 관계를 중심으로-』(2013)에서 살펴본 서지와 제이본 간의 대조 부분도 좋은 논의로 보인다.

乞大』에 나타난 의원진찰 장면을 『淸語老乞大』 중심으로 몇 가지 측면에서 분석해 보았다.

2. 『老乞大』의 판본과 구성

현존 漢語『老乞大』의 판본은 古本『老乞大』를 포함하여 여러 판본이 있지만 내용상 크게 4가지로 분류할 수 있다. 李泰洙는 이들을 각각 A 古本『老乞大』, B『老乞大諺解』(同『飜譯老乞大』), C『老乞大新釋』, D『重刊老乞大』로 나누고, 시대별로 보면 古本『老乞大』는 元代本,『飜譯老乞大』는 明初 修改本, 나머지 두 판본은 청대 乾隆 26년에서 60년本年에 속한다고 하였다.3

한편 정광(2002)은 漢語『老乞大』판본을 原本『老乞大』(高麗 忠穆王, 1346년경 편찬), 成宗 대에 漢人 葛貴 등이 산개한 刪改本『老乞大』(1483년 刪改), 金昌祚·邊憲 등이 신석한 『老乞大新釋』(1761년 新釋), 李洙 등이 중간한 『重刊老乞大』(1795년 重刊) 등으로 분류하고 있다.4 이들 판본의 문체와 용어의 시대적 특징을 살펴보기 위하여 서두의 예를 비교하면 다음과 같다.

A) 伴當, 恁從那裏來? 俺從高麗王京來.
B) 大哥, 你從那裏來? 我從高麗王京來.
C) 阿哥, 你打那裏來? 我從朝鮮王京來.
D) 大哥, 你從那裏來? 我從朝鮮王京來.
蒙) 큰兄아 네 어디셔 온다, 내 朝鮮王京셔 왓노라.

---

003 李泰洙,『老乞大四種版本語言硏究』, 北京, 語文出版社, 2003, 10쪽.
004 정광,『譯學書硏究』, 제이앤씨, 2002, 62쪽.

古本『老乞大』　　　　　　　　　『老乞大諺解』

淸) 큰형아 네 어듸로셔 왓노라,　내 朝鮮王京으로셔 왓노라.

A) 古本『老乞大』의 伴當이라는 호칭이나 1인칭대명사 俺 같은
표현은 후대의 大哥, 阿哥 및 我와 대비되며, A) B)의 高麗王京은
C) D) 蒙) 淸)의 朝鮮王京과 좋은 대비가 된다.

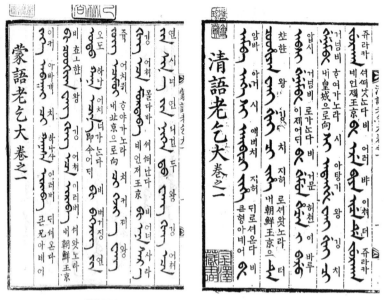

『蒙語老乞大』(左)와 『淸語老乞大』(右) 영인본

　『老乞大』는 高麗(朝鮮) 사람이 중국 大都[北京]로 장사를 하러 가는 과정과 돌아오게 되기까지의 다양한 상황 및 이에 따른 대화를 중심으로 구성되어 있다. 고려 말(1346)에 편찬된 『老乞大』는 『重刊老乞大』(1795)에 이르기까지 450년 동안 판본에 따른 일부 수정을 제외하고는 그대로 유지되었다고 할 수 있는데, 정광은 『老乞大』를 역주하면서 본문을 다음과 같이 크게 6가지로 구분한 바 있다.5

(1) 고려 상인들과 漢人 客商 王氏의 첫 만남
(2) 도중 瓦店에서의 숙박
(3) 大都로 가는 길에 民泊의 哀歡
(4) 大都에서의 장사와 생활

---

005 정광, 「漢語 敎材 ≪노걸대≫의 장면 분석」, 『國語學』 第49輯, 2007.

(5) 사람 사는 도리

(6) 귀국을 위한 준비와 王氏와의 작별 인사

한편 양오진은 『老乞大』의 내용을 문단의 순서에 따라 상권 53화, 하권 54화 총107화로 나누었는데,6 본고에서 살펴보고자 하는 의원 진찰 장면은 각각 (4) '大都에서의 장사와 생활' 〈제84화 무슨 병인 가?〉와 (85) 〈頭痛 治療〉 장면에 해당한다.

3. 『淸語老乞大』의 판본과 특징

『淸語老乞大』는 『三譯總解』, 『八歲兒』, 『小兒論』과 더불어 조선시대 淸語 역관들의 양성 및 譯科試用으로 사용된 만주어 회화학습 교재이다. 현전하는 『淸語老乞大』는, '淸語老乞大新釋'을 목판본으로 간행한 중간본 8권 8책으로 영조 41년(1765)에 청학 역관 김진하 등이 수정하여 箕營에서 간행한 것이다.7

『淸語老乞大』의 저본에 대해 참고할 수 있는 것은 『三譯總解』重刊本에 함께 나오는 숙종 갑신년(1704)의 原 序文이다. 여기에 보면 漢語 『老乞大』를 『淸語老乞大』8권으로 "解" 하였다는 기록이 보이는데, 이를 보면 『淸語老乞大』의 저본은 기존의 漢語本 『老乞大』임을 알 수 있다. 또 번역이 숙종 6년(庚申, 즉위 7년 1680)이라면 이때를 전후해서 참고할 수 있었던 漢語本으로 A 古本 『老乞大』, B 『老乞大諺解』(同『飜譯老乞大』) 등을 거론할 수 있을 것이다.

---

006 양오진, 『漢學書 老乞大 朴通事 硏究』, 제이앤씨, 2008, 85쪽.

007 성백인, 「조선조 청학서 해제」, 『만주어와 알타이어학 연구』, 태학사, 1999, 132쪽.

『淸語老乞大』의 현재 소장 현황으로는 重刊本 '淸語老乞大新釋'이 프랑스 파리동양어학교 도서관(Bibliothèque de l'École des langues orientales vivantes), 영국 대영도서관, 일본 駒澤大學校 濯足文庫에 전하는 것으로 보고되어 있다.[8] 이 가운데 파리동양어학교 소장본은 민영규(1964)에 의해 연세대『인문과학』제11집, 제12집에 수록된 적이 있고, 대영박물관 소장본은 송기중(1998)에 의해 한국어 색인과 함께 홍문각에서 그리고 일본의 濯足文庫本은 정광(1998)에 의해 태학사에서 각각 영인본으로 간행되었다.

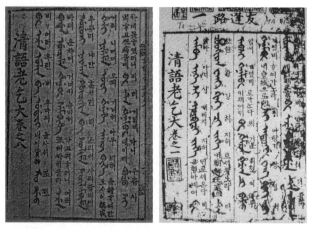

『淸語老乞大』영인본 파리동양어학교본(左)과 대영박물관본(右)

그밖에 고려대박물관에『淸語老乞大』新釋本의 책판이 25판 전하고 있는데, 특히 의원진찰 장면의 일부에 해당하는 권7의 9葉(박물관連番號 D-999)도 남아 있다.[9]

---

008 정광, 앞의 책, 2002, 595-607쪽.
009 정광·윤세영,『司譯院 譯學書 冊版研究-고려대박물관 소장을 중심으로』, 고려대출판부, 1998, 235쪽.

『淸語老乞大』는 총8권으로 구성되어 있다. 이 가운데 의원진찰 장면은 제7권에 등장한다.[10] 제7권의 장면을 내용 단락별로 나누면 13개 장면이 되는데, 이것을 정광의 장면 분류에 준해서 古本『老乞大』와 비교해보면 다음과 같다. 『淸語老乞大』는 古本의 제91화에서 제94화에 해당하는 장면을 한 문단으로 처리하였다고 할 수 있다.

〈노걸대 장면〉

淸語老乞大			古本 老乞大(元代本)	
제7권	제 1화	제4장 大都(北京) 에서의 생활	제81화	수레 곳간 장면
	제 2화		제82화	활쏘기 내기
	제 3화		제83화	중국 요리
	제 4화		제84화	무슨 병인가?
	제 5화		제85화	인생 즐겁게
	제 6화		제86화	아동 교육
	제 7화		제87화	친구 사귀기
	제 8화		제88화	상전 섬기기
	제 9화		제89화	친구 돕기
	제10화		제90화	버린 자식(1)- 방탕한 생활
	제11화		제91화	버린 자식(2)- 좋은 옷
			제92화	버린 자식(3)- 좋은 모자
			제93화	버린 자식(4)- 좋은 띠
			제94화	버린 자식(5)- 좋은 신발
	제12화		제95화	버린 자식(6)- 방탕아 말로

『淸語老乞大』의 의원진찰 장면을 『老乞大』 판본들과 비교해 본 결과 부분적으로 보다 구체적으로 전개된 점이 특징이다.

---

010 『蒙語老乞大』도 『淸語老乞大』와 같이 의원진찰 장면은 제7권에 등장한다.

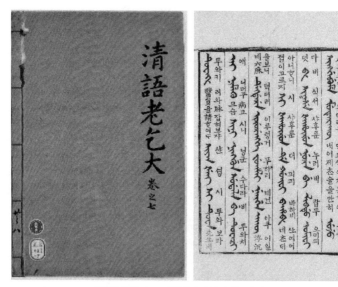

『清語老乞大』제7권 "의원진찰 장면"

"bi majige uju fintame liyeliyembi oktosi be solime gajifi sudala jafabume tuwaki . siyan šeng si tuwa ai nimeku . sini ninggun sudala be tuwaci dekdere irurengge fuhali neigen akū . si šahūrun de goifi bahabi . bi sikse šahūrun nure be labdu omifi singgebume muterakū uju nimeme jetere jaka be gūnirakū . bi sinde nure be subure jeke jaka be singgebure okto be bufi omiha de uthai dulembi šao fei wan . mu hiyang pun ki wan . sin kung wan . bin lang wan . ere geren okto hacin de damu bin lang wan be budalaha amala omi . emu fu de gū sin wandz be furgisu muke de omi . omime uthai dolo aššambi udunggeri aššame dolo untuhun ofi jaka jeki seme gūnici neneme uyan buda be jefu . umesi yebe oho manggi jai an i buda be jefu . enenggi jifi sini sudala be jafame tuwaci da an i neigen ofi dolo umesi getuken sini beye be si endembio sikse ci antaka . inu enenggi sikse ci labdu yebe oho . uttu oci okto omire be joo . je bi saha . jai emu udu inenggi ofi nimeku duleke manggi siyan šeng de baili jafame baniha bume geneki .." (『清語老乞大』7-6b~7-9b)

- 내 젹이 마리 앏하 어즐ᄒ니 醫員을 請ᄒ여 ᄃ려와 脉 잡혀 보쟈. 先
生 네 보라 므슴 病고? 네 六脉을 보니 浮沈이 일졀이 고로지 아니ᄒ
니 네 쳔 디 쏘여 어덧다. 내 어제 쳔 술을 만히 먹고 삭이지 못ᄒ여
마리 앏하 먹을 거슬 싱각지 아니ᄒ노라. 내 네게 술을 씨며 먹은 거
슬 삭일 藥을 주어 먹으면 즉시 ᄒ리리라. 消痞丸 木香分氣丸 神芎
丸 檳榔丸 이 여러 藥 種類에 다만 檳榔丸을 식사한 後에 먹되 혼
服에 三十丸을 生薑湯에 먹으라 먹으며 즉시 속이 動ᄒ써시니 여러
번 動ᄒ여 속이 뷔여 아무것 먹고져 ᄒ여 싱각ᄒ거든 몬져 粥을 먹고
채 낫거든 다시 례ᄉ 밥을 먹으라. 오늘 와셔 네 脉을 잡아 보니 平
常ᄒ여 고로매 속이 ᄀ장 묽앗다 네 몸을 네 모로랴 어제 예셔 엇더
ᄒ뇨? 올타 오늘은 어제예셔 만히 나에라 이러ᄒ면 藥 먹기를 마라.
오냐 내 아노라. 다시 혼 두어 날 되어 病이 ᄒ리거든 先生의게 恩惠
갑하 謝禮 ᄒ라 가마.

『淸語老乞大』 의원진찰 장면에서 여타 『老乞大』에 비해 보다 상
세하게 전개된 부분을 정리하면 다음과 같다.

1) 육맥을 보다
2) 술 깨는 약
3) 빈속이 되다
4) 이튿날 다시 진맥하다
5) 약을 중단하라
6) 알았다

『老乞大』에는 脉을 진맥한다고만 나오는 것에 비해서, 『淸語老乞
大』에는 단지 脉을 본다고 하지 않고 六脈을 본다고 하였다. 또 처
방약을 주면서 술을 깨게 해준다는 점을 보충하고, 속이 비게 되면
음식 생각이 날 것이라고 하였다. 처방 후의 상황도 『老乞大』에는
단지 의원이 와서 어떠냐고 묻는 것에 비해서, 『淸語老乞大』에는

의원이 재차 진맥하여 맥의 부침이 고르게 된 것을 파악하고 환자
에게 네 몸을 모르는가 하고 되묻는다. 환자가 어제보다 많이 좋아
졌다고 하자, 의원은 약을 중단하라고 친절하게 일러주고 상대도 알
았다고 대답을 한다. 이 같은 것을 보면 단지 淸學 교재임에도 불구
하고 건강과 의학에 대한 교재 편찬자의 이해가 상당하고 또 이를
통해 학습자의 의학상식을 돕는 측면도 있음을 알 수 있다.

4. 『淸語老乞大』의원진찰 장면 분석

『淸語老乞大』에 등장하는 의원진찰 장면의 비교 분석을 위하여,
본고에서는 『淸語老乞大』의 해당 부분의 만문을 전사하고 병행 한
글 풀이를 제시하였다. 이들의 비교 분석을 위해 『老乞大』판본으로
는 1) 古本『老乞大』(元代本)의 한문, 2)『飜譯老乞大』의 壬亂 이전의
특징을 지닌 자료, 3)『蒙語老乞大』의 한글 부분을 사용하였다.

4.1 의원진찰 장면 비교 분석

(1) 7-6b

bi majige uju fintame liyeliyembi

내 젹이 마리 앏하 어즐ᄒ니

(내 좀 머리 아프고 어지러우니)[11]

古本『老乞大』는 "我有些腦痛頭眩."『飜譯老乞大』는 '내 져기 더

---

[11] 참고로 괄호 안의 번역은 이해를 돕기 위하여 필자가 현대역으로 다듬은
것이다. 이하 같음.

고리 앓프며 머리도 어즐ᄒᆞ예라.' 『蒙語老乞大』는 '내 져기 골치 앓프고 어즐ᄒᆞ니'로 라고 하여, 대체로 '腦痛頭眩'의 직역에 가까운 표현을 사용하였다. 이 부분의 증세를 살펴보면 "uju fintame liyeliyembi"라고 하였다.[12]

(2) 7-6b/7-7a

oktosi be solime gajifi sudala jafabume tuwaki

醫員 을 請ᄒᆞ여 드려와 脉 잡혀 보쟈

(의원을 청하여 데려와 맥 잡혀보자.)

古本 『老乞大』는 "請大醫來胗侯脈息"이라고 하였고, 『飜譯老乞大』는 "의원 청ᄒᆞ야다가 믹 자펴 보아지라." 『蒙語老乞大』는 "醫員을 請ᄒᆞ여 脉 잡혀 보쟈."로 옮겼다.

(3) 7-7a

siyan šeng si tuwa ai nimeku

先生 네 보라 므슴 病고?

(선생, 네 보라! 무슨 병인가?)

古本 『老乞大』는 "看甚麼病"으로 하였고, 『飜譯老乞大』는 "므슴 병고 보라."로 하였다. 『蒙語老乞大』는 "네 보라. 므슴 病고?"라고 했는데, 흥미로운 것은 앞의 두 한어본과 달리 『蒙語老乞大』는 "치우져 야말 어번친(či üje yamar ebedčin)"이라고 하여, "네(너, 당신)"라는 2인

---

012 『同文類解』에서 uju liyeliyembi는 '마리 어즐ᄒᆞ다[頭暈]'로 나오며, fintambi는 '병알타[害病](=nimeku)'로 풀었다. 『漢淸文鑑』은 fintambi를 '뼈 쑤셔 아프다[刺骨疼]'로 풀었다.

칭 표현을 넣은 점이다. 『淸語老乞大』는 여기서 한 걸음 더 나아가 "선생"이라는 호칭을 붙이고, "당신이 보라!"고 묘사하였다. 이를 통해서 淸語의 경우 醫員을 대하여 직접 부를 때는 "선생"이라는 호칭을 사용하였다는 것도 알 수 있다.

(4) 7-7a

sini ninggun sudala be tuwaci
네   六脉   을 보니

dekdere irurengge fuhali neigen akū
        浮沈이   일절이 고로지 아니ᄒ니

si šahūrun de goifi bahabi
네   츤   더 쏘여 어덧다

(네 육맥을 보니 부침이 일절 고르지 않은데, 네 찬 데에 쏘여 얻었다)

古本 『老乞大』는 "大醫說, 你脈息浮沈, 你敢傷著冷物來." 『飜譯老乞大』는 "의원이 닐오디 네 믹이 부ᄒ락 팀ᄒ락 ᄒᄂ다. 네 렁므레 샹혼ᄃᆺᄒ다." 『蒙語老乞大』는 "醫員이 닐ᄋ되, 네 脉이 쓰락 ᄂ즈락 ᄒ야 혼굴 ᄀᆺ디 아니니 네 츤 거세 病드렷다."라고 하였다. 『淸語老乞大』는 다른 판본들에서 보이는 "의원이 말하기를"이라는 부분이 나오지 않는다. 다만 "너의 육맥을 보다"라는 부분이 보다 구체적으로 묘사되었다.

(5) 7-7a/7-7b

bi sikse šahūrun nure be labdu omifi singgebume muterakū

내 어제 촌 술 을 만히 먹고 삭이지 못ᄒ여

uju nimeme jetere jaka be gūnirakū

마리 앏하 먹을 거슬 싱각지 아니ᄒ노라

(내 어제 찬 술을 많이 먹고 삭이지 못해서, 머리 아프고 먹을 것을 생각치 않는다.)

古本 『老乞大』는 "我昨日冷酒多喫來, 那般呵, 消化不得上頭, 腦痛頭眩, 不思飮食", 『飜譯老乞大』는 "我昨日冷酒多喫了, 那般時, 消化不得, 因此上腦痛頭眩, 不思飮食 내 어제 촌 수울 만히 머고라. 그러면 스디 아니ᄒ여서 이런 전ᄎ로 더고리 앏프고 머리 어즐ᄒ고 음식 ᄉ랑 아니ᄒ오니라." 『蒙語老乞大』는 "내 어지 촌 술 만히 먹엇다. 그적의 能히 삭이지 못ᄒ여 마리 앏프고 어즐ᄒ여 飮食이 슬트라."라고 하였다. 『淸語老乞大』는 "머리가 아프다"고 하는 부분을 "uju nimeme"라고 하여, 앞에 나온 "머리 아프다 uju fintame"라는 표현과의 중복을 피하고 "어지럽다"라는 표현은 생략하였다.

(6) 7-7b

bi sinde nure be subure jeke jaka be

내 네게 술 을 ᄭᅵ며 먹은 거슬

singgebure okto be bufi omiha de uthai dulembi

삭일 藥 을 주어 먹으면 즉시 ᄒ리리라

(내 네게 술을 깨며 먹은 것을 삭이는 약을 주어 먹으면 곧 나으리라)

古本 『老乞大』는 "我這藥裏頭, 與你箇剋化的藥餌, 喫了便敎無事." 『飜譯老乞大』는 "내 이 약듕에 너를 쇼화홀 약을 주리니 머그면 곧

ᄒᆞ야곰 일업스리라." 『蒙語老乞大』는 "내 이 藥類에 느리오는 藥을 네게 주마. 먹은 後에 卽時 나으리라."로 하였다. 『淸語老乞大』는 "내 네게 술을 씨며"라고 하여 술을 깨게 한다는 표현을 삽입하였다.

(7) 7-7b/7-8a

šao fei wan . mu hiyang pun ki wan . sin kung wan .

　　消痞丸　　　　木香分氣丸　　　　神芎丸

bin lang wan . ere geren okto hacin de

　　檳榔丸　　이　여러　藥　種類에

damu bin lang wan be budalaha amala omi

　다만　　檳榔丸　을　식사한　後에　먹되

emu fu de gūsin wandz be furgisu muke de omi

　흔　服에　三十　丸　을　生薑　湯에　먹으라

(소비환, 목향분기환, 신궁환, 빈랑환, 이 여러 약 종류에서 다만 빈랑환을 식사한 뒤에 먹되, 한 번 복용에 30환을 생강탕에 먹으라!)

　　古本 『老乞大』는 "消痞丸, 木香分氣丸, 神芎丸, 檳榔丸, 這幾等藥 裏頭, 堪中服可治飮食停滯, 則喫一服檳榔丸, 食後, 每服三十丸, 生 薑湯送下." 『飜譯老乞大』는 "藥名(消痞丸), 藥名(木香分氣丸), 藥名(神芎丸), 藥名(檳榔丸) 이 여러 등 약듕에 음식 머근것 고틸거슬 머검즉ᄒᆞ니 오 직 빈랑환 ᄒᆞᆫ 복만 머글 거시니, 食後에 머구디 미 ᄒᆞᆫ 복애 셜흔환 식 ᄒᆞ야 싱앙 달힌 므레 ᄂᆞ리우라." 『蒙語老乞大』는 "消痞丸, 木香 分氣丸, 神芎丸, 檳榔丸, 이 여러 藥類에 다만 檳榔丸을 밥 먹은 後 의 먹으라. ᄒᆞᆫ번 먹을 제 미양 셜흔식 生薑 茶에 ᄂᆞ리오라."라고 하 였다.

(8) 7-8a/7-8b

omime uthai dolo aššambi udunggeri aššame

먹으며 즉시 속이 動홀꺼시니 여러 번 動ᄒ여

dolo untuhun ofi jaka jeki seme gūnici

속이   뷔여 아무것 먹고져 ᄒ여 싱각ᄒ거든

neneme uyan buda be jefu umesi yebe oho manggi

　몬져　　　粥　을 먹고 채　 낫거든

jai an i buda be jefu

다시 례ᄉ 밥 을 먹으라

(먹으면서 즉시 속이 동하는데, 여러 번 동하여 속이 비어 무엇을 먹고자 생각하면, 먼저
죽을 먹고 썩 좋아지면, 다시 일상 밥을 먹으라!)

古本『老乞大』는 "喫了時, 便動臟腑, 動一兩行時, 便思量飯喫, 先
喫些薄粥補一補, 然後喫茶飯."『飜譯老乞大』는 "머그면 장뷔 동ᄒ
야 ᄒ두 번 동ᄒ면 곧 밥먹고져 ᄒ야 ᄉ랑ᄒ리라. 몬져 믈근 죽 머
거 보긔혼 후에 음식 머그라."『蒙語老乞大』는 "먹으면 卽時 속이
動ᄒᄂ니 여러번 動ᄒ면 믄득 밥 먹기롤 生覺 ᄒ리라. 몬져 粥을 먹
어 나은 後에 飮食을 任意로 먹으라."라고 하였다. 『老乞大新釋』과
『重刊老乞大』에는 이들과 달리 "먹으면 곳 비 쓸어 뒤볼 썼시니"라
는 부분이 보충되었고, 『淸語老乞大』에는 "속이 뷔여"라는 부분이
첨가되어 있는 것이 다르다. 『淸語老乞大』의 "먹으며"는 만문으로
omime로 나오는데, 이것은 앞에서 "먹으면"이라고 한 만문의 omiha
de와 대비되어 흥미롭다. omime 뒤에 uthai가 이어지면서 "먹는 즉
시" 또는 "먹으면서 그 즉시로"라는 의미가 담겨 있다.

(9) 7-8b

enenggi jifi sini sudala be jafame tuwaci

오늘 와서 네 脉 을 잡아 보니

da an i neigen ofi dolo umesi getuken

平常ᄒ여 고로매 속이 ᄀ장 묽앗다

sini beye be si endembio sikse ci antaka

네 몸 을 네 모로랴 어제 예셔 엇더ᄒ뇨

(오늘 와서 네 맥을 잡아 보니, 평소대로 고르고 속이 썩 맑다. 네 몸을 네가 모르는가?
어제보다 어떠한가?)

古本『老乞大』는 "明日大醫來問, 你較些簡麼?"라고 하였고, 『飜譯
老乞大』는 "이틋날 의원이 와 무로디 네 져그나 됴커녀?" 『蒙語老乞
大』역시 이 부분에서는 여타 판본과 별반 다르지 않다. "明日太醫
來問, 你好些簡麼? 이튿날 醫員이 와 무로되 네 젹이 나으냐?"라고
하였다. 그런데 비교적 간단한 이들 대화에 비해서『淸語老乞大』는
이 부분이 보다 구체적으로 묘사되어 있다. 즉 이튿날 의원이 와서
단지 물어본 것만이 아니고, 재차 진맥을 하고 상태를 구체적으로
확인하여 설명해주고 있다. 심지어 환자 스스로 자신의 몸이 좋아진
것을 느끼지 못하느냐고 반문하기까지 하고 있다. endembio는 "모
로냐"라고 옮겼는데,『漢淸文鑑』의 풀이를 보면 "속일까보냐 ; 瞞得
過麼"로 하였다.『淸語老乞大』는 문맥에 따라 의역한 것으로 보인
다. 또 다른 판본들은 의원이 묻기를 단지 "좋아졌는가?"라고 한 것
에 비하여『淸語老乞大』는 "어제에 비해서 어떠한가?"라고 물음으
로써 구체적인 비교의 대상이 "어제의 몸상태"라는 것도 보여주고
있다.

(10) 7-9a

inu   enenggi sikse ci labdu yebe oho

올타 오늘은 어제예셔 만히 나애라

uttu oci okto omire be joo . je   bi saha

이러흐면 藥   먹기 를 마라 오냐 내 아노라

(옳다, 오늘은 어제보다 많이 좋아졌다. 이러하면 약 먹는 것을 그만두라! 오냐, 내 알았
다.)

　　古本 『老乞大』는 "今日早晨, 纔喫了些粥, 較爭些箇也."라고 하였
고,[13] 『飜譯老乞大』는 "今日早晨, 纔喫了些粥, 較好些了也. 오늘 아
츠민 곳 죽 머구니 져기 됴흐애라."로 하였다. 『蒙語老乞大』 역시
비교적 간단하게 "아춤에 곳 粥 먹고 져기 나앗다."라고 하였다. 이
장면을 『淸語老乞大』는 약간 다르게 각색하였다. 우선 다른 판본들이
대략 "오늘 아침 죽 먹고 적이 좋아졌다"라고 한 것에 비하여 『淸語
老乞大』는 죽 먹는 이야기가 생략되었고 "어제에 비해서 많이 나아
졌다"라고 하여 약간 변화가 생겼다. 또 한 사람의 대사를 양자의
대화 형식으로 고쳐서 "약 먹는 것을 중단하라"는 의원의 처방과
"알았다"는 대화 방식으로 바꾸었다.

(11) 7-9a/7-9b

jai emu udu inenggi ofi nimeku duleke manggi

다시 훈 두어 날 되어 病이   흐리거든

---

013 古本 『老乞大』 "今日早晨, 纔喫了些粥, 較爭些箇也."에 대해서는 역주자에
　　따라 해석을 달리한 예가 보인다.

siyan šeng de baili jafame baniha bume geneki

先生 의게 恩惠 갑하 謝禮 흐라 가마

(다시 한 두어 날 되어 병이 나아지거든, 선생께 은혜 갚고 사례하러 가겠노라.)

古本『老乞大』는 "明日病疴了時, 大醫根底重重的酬謝也", 『飜譯老乞大』는 "릭실 병이 다 됴커든 의원쎄 만히 은혜 갑고 샤례호리이다." 『蒙語老乞大』는 "來日 病이 흐리거든 醫員의게 크게 恩惠 갑하 謝禮흐마."라고 하였다. 대부분 내일이나 이튿날이라는 표현을 사용한 것에 비해서『淸語老乞大』는 "한 두어 날 되어"라고 하여 다소 시간적 여유를 두는 표현을 사용하였다. 여타 판본들은 오늘 죽을 먹고 조금 좋아지고 내일 병이 나으면 크게 은혜 갚아 사례한다고 했는데, 이에 대해서『淸語老乞大』의 편찬자들은 무언가 이 같은 표현이 적절치 않다고 느꼈는지 어제보다 오늘 "많이" 좋아졌다고 하였으며, 나아가 "한 두어 날 되어" 병이 나으면 은혜 갚아 사례하겠다고 신중함을 보여주고 있다. 이 대목만 놓고 본다면『淸語老乞大』의원진찰 장면이 여타 판본에 비해 보다 현실적이고 신중하다고도 할 수 있을지 모르겠다.

4.2 친구 병구완하는 도리

『淸語老乞大』에는 의원진찰과 함께 친구 병구완하는 부분이 등장한다. 그러나 이 부분은 앞의 의원진찰 장면과 달리『老乞大』판본에 비해 상당히 축약되었다. 양오진은 이 부분을 86)-89) 奴婢의 일장 설교로 분류하였는데 정광은 보다 세분하여 이 부분을 제4장 제89화 〈친구는 서로 돕고〉 장면으로 분류하였다.

이 대목의 내용을 살펴보면 ① 너 나쁘고 나 좋다 하여 친구를 부끄럽게 하지 말고, ② 서로 사랑하여 친형제처럼 지내고, ③ 친구가 어려울 때 재물을 베풀어 돕고, ④ 訟事할 적에 구제하고, ⑤ 병들었을 때 병구완하는 도리가 있다. 이 가운데 친구가 병들었을 때 병구완하는 장면을 판본별로 비교하면 다음과 같다.

1) 古本『老乞大』: "有些疾病呵, 休廻避, 與請大醫下藥看治者. 早起晚夕休離了, 煎湯煮水問候者. 若這般厮/當呵, 便有十分病也減了五分. 朋友有些病疾, 廻避著不照/, 那病人想著沒朋友情分, 悽惶呵, 縱有五分病, 添做十分也者."라고 하였고,

2)『飜譯老乞大』: "병ᄒᆞ야 잇거든 에도디 말오. 의원 쳥ᄒᆞ야 약뻐 보ᄉᆞᆲ펴 고티며, 탕 달히며 믈 더이며 병증 무르라. 이러ᄐᆞ시 서르 간슈ᄒᆞ면 곧 열분만ᄒᆞᆫ 병이라도 닷분이나 덜리라. 버디 병ᄒᆞ야 잇거든 네 보ᄉᆞᆲ피디 아니ᄒᆞ면 뎌 병ᄒᆞ니 너교디 버딘 ᄠᅳ디 업세라 ᄒᆞ야 슬허ᄒᆞ면 비륵 오분만ᄒᆞᆫ 병이라도 닷분 맛 병이라도 더어 열분이 도의여 가ᄂᆞ니라."라고 하였다.

3)『蒙語老乞大』: "병 잇거든 ᄲᅥ리지 말고 醫員을 請ᄒᆞ야 藥 뻐 다ᄉᆞ리고 朝夕에 病症 무르라. 이러ᄐᆞ시 보ᄉᆞᆯ피면 十分 病에 五分이 나을 거시오 萬一 보ᄉᆞᆯ피지 아니ᄒᆞ면 뎌 病 든 사름이 恨하야 五分 病이 도로혀 十分이 더ᄒᆞ리라."

4)『淸語老乞大』: "nimeku bihede oktosi be baime gajifi okto omibume dasa. yamji cimari fonjime cihalaha jaka be ulebu. uttu oci we simbe kunduleme ginggulerakū. (7-17b) 病이 잇거든 醫員을 ᄎᆞ자 드려와 藥 먹여 고치고 朝夕에 뭇고 뜻에 마즌 거슬 먹이라. 이러ᄒᆞ면 뉘 너를 디졉ᄒᆞ고 공경치 아니ᄒᆞ리오. (7-17b)

『淸語老乞大』의 본문을 다른 판본과 비교해 보면 위의 내용 가운데 "十分 病이 五分 病된다"는 부분이나 "보살피지 않으면 병이 난친구가 恨하여 五分 病이 더하여 十分 病이 된다"는 대목 등이 삭제되었다. 그 대신『淸語老乞大』는 친구가 병났을 때 잘 보살피면 "누가 너를 대접하고 공경하지 않겠는가?"라는 표현으로 변경된 것이 보인다.

4.3 檳榔丸의 성분 및 효능

『淸語老乞大』의원진찰 장면에는 모두 4가지 藥名과 生薑湯(물)이 등장한다. 이들은 古本『老乞大』이래의 명칭을 그대로 유지하고 있는데,14 외국어교육에서 藥名을 익히도록 하는 실용적인 차원에서 다루어진 것으로 보인다. 이들 4종의 한약재는 消痞丸, 木香分氣丸, 神芎丸, 檳榔丸으로 이들의 대체적인 성분과 효능에 대해서는 정광에 의해 역주에서 다루어진 바 있다. 본고에서는 본문에서 거론된 여러 藥名 가운데 檳榔丸의 성분 및 효능 등에 대해 간략히 살펴보고자 한다.

『老乞大』편찬자들은 당시의 의학 상식 등 실용적인 측면을 고려하여 藥名도 넣어 학습하도록 했는데, 檳榔丸 역시 古本『老乞大』에 이미 소화 기능을 돕는 대표적인 약으로 거론된 것을 보면 고려시대 말에는 이들 약의 효능에 대해 널리 알려지지 않았나 판단된다.15

---

014 新釋本과 重刊本『老乞大』에는 4종 가운데 消痞丸, 神芎丸이 생략되었으며, 木香分氣丸은 木香散氣丸으로 명칭이 바뀌어 檳榔丸과 함께 수록되었다.

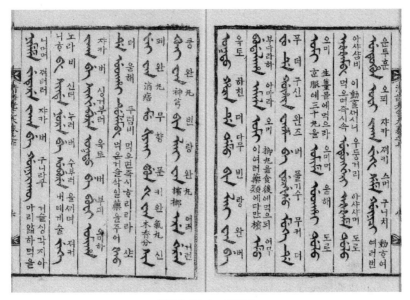

『淸語老乞大』 "藥名"

　정광은 檳榔丸에 대해서 역주에서 "『病機氣宜保命集』(卷中) 內傷
論에 소화불량의 증상이 가벼운 경우 빈랑환을 주로 사용한다'고 하
였으며, '每服 十五丸에서 二十丸에 이르는 것을 米飮과 함께 삼킨
다. 生薑湯도 또한 좋다'는 복용하는 방법을 적어놓았다"고 하였다.

　『素問病機氣宜保命集』(卷中) 內傷論에 傷에는 多少, 輕重이 있는
데, 傷이 가벼운 경우 檳榔丸을 중한 경우 煮黃丸, 厚朴丸을 주로
사용한다고 하였으며, 또 煮黃丸, 瓜蔕丸, 金露丸, 枳實丸 등과 함께
거론하면서 이 가운데 飮食不化, 心腹膨悶의 경우 檳榔丸을 주로
사용한다고 하였다. 여기에 기록된 檳榔丸의 약 성분을 소개하면 다
음과 같다.[16]

---

015 여기에는 金元四大家의 영향이 있지 않았나 생각해 볼 수 있다.
016 본문은 『劉河間傷寒六書』에서 인용하였다. 『素問病機氣宜保命集』의 저자

檳榔[17] 一錢半, 陳皮 去白[18] 一兩, 木
香[19] 二錢半, 牽牛 頭末[20] 半兩

右爲細末, 醋糊爲丸, 如桐子大, 每服十
五丸, 至二十丸, 米飮下, 生薑湯亦可.

檳榔丸의 주요 약재를 보면 檳榔, 陳
皮, 木香, 牽牛이다. 이들을 가지고 檳榔
丸을 제조하는 방법은 "檳榔, 陳皮, 木
香, 牽牛의 일정한 분량을 粉末로 만들
어 醋糊로 丸을 만드는데 크기는 벽오동
씨앗같이 한다"고 하였다. 또 복용은 每
服 15丸에서 20丸을 米飮에 먹는데, 生
薑湯도 또한 可하다고 하였다. 한 가지

『素問病機氣宜保命集』
內傷論 第六 "檳榔丸"
(국립중앙도서관 소장본)

『老乞大』에 등장한 檳榔丸 복용법과 醫書의 내용에서 차이가 있는
데 『老乞大』는 복용 분량을 30丸이라고 하였고, 15~20丸이라고 한

에 대해서는 劉完素와 張元素 이설이 있는데, 이들에 대해서는 조대진·박
찬국, 『素問病機氣宜保命集의 著者에 關한 考察』, 경희대 석사논문, 1998
참고.

017 『東醫寶鑑』에 "性溫, 味辛, 無毒하다. 五臟 六腑의 壁體한 氣를 宜利한다"는
기록이 보인다.

018 陳皮는 오래 묵은 껍질이라는 뜻인데, 橘皮 즉 귤의 껍질을 말한다. 去白은
흰 것을 제거한다는 뜻이다. 『東醫寶鑑』에 "胸中의 滯氣를 다스리려면 속
의 흰 것을 제거해야 하며, 色이 붉은 故로 紅皮라고도 하고 오래된 것일수
록 좋으므로 陳皮라고도 한다"는 기록이 보인다.

019 『東醫寶鑑』에 "性溫, 味辛, 無毒하다. 冷氣脹痛과 癥癖의 塊를 다스린다"는
기록이 보인다.

020 『東醫寶鑑』에 "牽牛子(나팔꽃씨), 性寒, 味苦, 有毒하다. 흰 것은 白丑 검은
것은 黑丑이라 하는데, 어떤 사람이 소를 몰고 와서 바꾸어 갔으므로 이름
하였다"는 기록이 보인다. 頭末은 처음 받은 가루를 말한다.

것이다.[21]

5. 결론

이상에서 의원진찰 장면을 통해 『老乞大』 판본간의 차이를 살펴고, 『淸語老乞大』를 중심으로 장면 분석과 처방약의 한자 표기와 성분 및 효능에 대해서도 간략히 검토하였다. 『淸語老乞大』에 나타난 의원진찰 장면은 의원이 다음날 와서 환자를 다시 진맥하고 확인하는 대목과 환자 스스로 몸이 좋아진 것을 모르겠는가 하고 반문하는 형식을 취하는 등 漢語 『老乞大』의 단순한 번역에 그치지 않고 나름대로 변화를 준 것이 주목된다. 특히 몸이 좋아진 것을 확인한 다음 약을 중단하라는 처방까지 제시함으로써 호전된 몸상태에 따른 약복용에 대해서도 세심하게 배려하고 있다. 이를 볼 때 『淸語老乞大』의 편찬자는 의학에 대해서도 상당한 이해를 보여주고 있음을 알 수 있었다. 앞으로 『老乞大』 제 장면의 판본간 비교 및 문화적 분석이 심화되기를 기대한다.

---

021 복용 분량의 차이는 남녀노소에 따른 차이인지 古本 『老乞大』 편찬 당시 고려사회의 일반적인 처방과 관련된 것인지 아니면 내용처럼 漢人 王氏로 추정되는 이를 감안하여 처방된 것인지 등이 논의될 수 있을 것이다.

참고문헌

1. 영인본

「淸語老乞大」, 『인문과학』 제11/12집, 연세대학교 인문과학연구소, 1964.

『飜譯老乞大』(卷上), 中央大學校出版局, 1972.

『飜譯老乞大』(卷下), 仁荷大學校出版部, 1975.

『老乞大諺解』, 아세아문화사, 1980.

『淸語老乞大新釋』, 태학사, 1998.

『淸語老乞大(韓國語用例索引)』, 홍문각, 1998.

『元代漢語本≪老乞大≫』, 경북대출판부, 2000.

『原本老乞大』, 北京, 外語敎學與硏究出版社, 2002.

『重刊老乞大諺解』, 선문대 중한번역문헌연구소, 2003.

『蒙語老乞大』, 서울대 규장각한국학연구원, 2006.

「(古本)老乞大」, 『漢學書 老乞大 朴通事 硏究』, 제이앤씨, 2008.

2. 논저

季永海, 「淸語老乞大硏究」, 『滿語硏究』 第2期, 2007.

김동소, 「淸語老乞大의 滿洲文語形態音素記述(1)」, 『國語學』, 1972.

_____, 「淸語老乞大의 滿洲文語形態音素記述(2)」, 『國語學』, 1974.

김연주, 『淸語老乞大 어휘연구』, 효성여대대학원 석사논문, 1994.

김정수, 『淸語老乞大의 한글 轉寫法과 그 混亂에 對하여』, 서울대석사논문, 1973.

박상규, 『朝鮮時代淸學書硏究』, 民昌文化社, 1993.

성백인, 「조선조 청학서 해제」, 『만주어와 알타이어학 연구』, 태학사, 1999.

송기중, 「淸語老乞大 解題」, 『淸語老乞大』, 홍문각, 1998.

_____, 「朝鮮時代 女眞學/淸學」, 『알타이학보』 제10호, 한국알타이학회, 2000.

양오진, 「초기 蒙學書에 보이는 몽고어 성분」, 『중어중문학』 제31집, 한국중어중문학회, 2002.

_____, 「蒙文直譯體의 특징과 한국 譯學書의 漢語」, 『중어중문학』 제34집, 한국중어중문학회, 2004.

_____, 「吏文과 『至正條格』의 언어」, 『중국언어연구』 제27집, 한국중국
　　　언어학회, 2008.

_____, 『漢學書 老乞大 朴通事 研究』, 제이앤씨, 2008.

이육화, 「老乞大語彙考-~上‧知他‧怎麼‧根底를 중심으로」, 『中國語文
　　　論叢』 제39집, 중국어문연구회, 2008.

_____, 「老乞大語彙考(四)-較(較爭),爭(不爭)을 중심으로」, 『中國語文論叢』
　　　제43집, 중국어문연구회, 2009.

李泰洙, 『老乞大四種版本語言研究』, 北京, 語文出版社, 2003.

莊吉發 譯, 『淸語老乞大』, 文史哲出版社, 1976.

_____, 「淸語老乞大與漢語老乞大的比較研究」, 『淸史論集』, 文史哲
　　　出版社, 1987.

정 광, 「朝鮮朝 譯科 淸學初試 答案紙에 대하여」, 『韓國語學과 알타이
　　　語學』, 효성여대출판부, 1987.

_____, 『朝鮮朝譯科試券研究』, 대동문화연구원, 1990.

_____, 『淸語老乞大新釋』, 태학사, 1998.

_____, 『譯學書研究』, 제이앤씨, 2002.

_____, 『역주 번역노걸대와 노걸대언해』, 신구문화사, 2006.

_____, 『譯註 老乞大』, 박문사, 2010.

최동권, 「淸語老乞大研究」, 『首善論集』 第11輯, 성균관대, 1987.

_____, T.Otgontuul, 공저, 『(譯註)蒙語老乞大』, 피오디월드, 2009.

최재영‧김초연, 「『老乞大』 4종 판본의 '得', '的' 考察」, 『中國研究』 제42
　　　권, 2008.

최재영‧이현선, 「『老乞大』 4종 版本의 代詞 考察」, 『中國研究』 제46권,
　　　2009.

T.Otgontuul, 『한국어와 만주어 격어미 비교 연구: 청어노걸대를 중심으
　　　로』, 상지대 대학원 석사논문, 2003.

　　　　　　　　　　　　　　[출전: 『古書研究』28, 한국고서연구회, 2010]

『삼역총해』의 한글 번역과 판본학적 고찰

'사룸을 인졍호미 되노냐' 어구를 중심으로

1. 서론

『삼역총해』는 조선시대 청학서의 일종으로 청어 역관, 즉 만주어를 담당하는 역관을 양성하려는 목적에서 간행된 문헌이다. 이 책은 『삼국지연의』의 만문 역본인 『만문삼국지(ilan gurun i bithe)』에서 10회분을 선별하여 만문을 한글로 전사하고 번역한 것이다. 현재 전해 오는 것은 김진하 등이 수정 작업에 참여한 중간본(英祖 50年, 1774)으로, 현재 서울대 규장각을 비롯해서 일본 고마자와(駒澤)대학 아라아시문고(濯足文庫), 영국 대영도서관(卷4는 筆寫), 프랑스 국립동양언어문화대학 등에 소장되어 있는 것으로 보고되었다.[1] 이 가운데 규장각본이 민영규의 해제와 함께 연희대학교 동방학연구소(1956)에서, 홍윤표의 해제로 홍문각(1995)에서 영인 간행되었고, 이와 동일한 내용으로 보이는 자료가 박상규(2007)에서도 소개된 바 있다. 또 이를 로마자로 전사하고 만주어와 한글 색인을 수록한 것으로는 『만문삼국지(三譯總

---

001 고동호, 『韓國의 滿洲語 研究 現況과 課題』, 『만주학 연구의 과제와 현황』, 고대민족문화연구원, 2011, 19쪽.

解)』가 있다.2 이 방면의 연구로는 성백인의 현존 사역원 청학서 연구, 기시다(岸田文隆)의 『삼역총해』저본 고찰을 비롯해서 사역원 책판 연구, 만주어 문어 어법 및 어휘 분야의 연구 등이 있다. 본고에서는 규장각본 『삼역총해』의 한글 번역 가운데 문맥상 모순이 되는 어구를 판본학적 측면에서 규명해 보고자 하였다.

2. 『삼역총해』의 한글 번역과 만문 분석

2.1 제2 「관운장천리독행」의 한글 번역

『삼역총해』제2 「관운장천리독행」의 내용은 관우가 조조 진영에 있다가 유비의 소식을 듣고 그를 찾아가는 장면을 묘사한 부분이다. 그런데 제2의 앞부분에 나오는 한글 번역 조조와 정욱의 대화 부분을 살펴보면 문맥상 자연스럽지 못한 현상이 발견된다. 본고의 논의 대상이 되는 대목을 [1], [2], [3]으로 하고, 조조의 발언을 A, 정욱의 발언을 B로 각각 예시하였다.

[1]

A) ts'oo ts'oo hundume tuttu waka . bi neneme angga aljaha dahame tuttu waliyame gamambi amcafi waha sehe de abkai fejergi niyalma gemu mimbe akdun akū sembi tere ini ejen i jalin de kai . ume amcara .

曹操ㅣ 니로되 그러치 아니타. 내 젼에 허ᄒᆞ여심으로 그러모로 ㅂ

---

002 최동권 외, 『만문삼국지(三譯總解)』, 한국학술정보[주], 2008.

려 드려가게 ᄒᆞ니 쏠아 죽이라 ᄒᆞ면 텬하 사ᄅᆞᆷ이 다 나롤 신 업다
ᄒᆞ리니 제 제 님금을 위홈이라. 쏠오지 말라.

B) ceng ioi hendume yūn cang ni acanjihakū genehengge eitereci doro
akū kai

程昱이 니로되 雲長이 뵈지 아니코 가ᄂᆞᆫ거슨 온가지로 ᄒᆞ여도 녜
업스니라.

[2]

A) ts'oo ts'oo hundume tere juwe jergi jihe bihe bi bederebuhe . mini
buhe aisin menggun suje ulin be gemu minde werihengge yūn cang
yala mingga yan aisin sehe seme gūnin be halarakū . jurgan be
dele ulin be aldangga obuhengge unenggi haha kai . tenteke
niyalma be bi ambula saišambi

曹操ㅣ 니로되 제 두 번 왓거ᄂᆞᆯ 내 믈리쳣다. 내 준 금은 비단 쳘
량을 다 내게 둔 거슨 雲長이 과연 쳔냥 금으로도 싱각을 밧고지
못ᄒᆞᆯ 거시오. 의ᄅᆞᆯ 웃듬으로 ᄒᆞ여 쳘량을 멀리 ᄒᆞᄂᆞᆫ 거슨 진실로
ᄉᆞ나희라. 져런 사ᄅᆞᆷ을 내 크게 착히 너기노라.

B) ceng ioi hendume amala jobolon ohode cenghiyang ume jabcara

程昱이 니로되 후에 근심되거든 승상은 원치 말라.

[3]

A) ts'oo ts'oo hundume yūn cang jurgan be jurcere gūwaliyandara
niyalma waka . tere meni meni ejen i jalin niyalma be dere banici
ombio . yūn cang goro genehekū bi . bi umesi amba dere gaime
fudeki . jangliyoo si neneme genefi ilibu . bi amala jugūn de
baitalara aisin menggun emu fan bolori eture fulgiyan sese noho
gecuheri etuku emge gamafi fudembi tere mimbe erindari gūnikini .

曹操ㅣ 니로되 雲長이 의롤 어긔처 변홀 사룸이 아니라. 제 각각 님금의 위홈이니 사룸을 인정ᄒᆞ미 되ᄂᆞ냐? 雲長이 멀리 가지 아녀시니 내 아조 큰 졍으로 젼송ᄒᆞ쟈. 張遼ㅣ 네 몬져 가셔 머무로라. 내 후에 길 희 쓸 금은 ᄒᆞᆫ 반과 ᄀᆞ을에 닙ᄂᆞᆫ 붉은 금ᄉᆞ 망뇽 옷 ᄒᆞ나 가져가 젼송ᄒᆞ여 제 나롤 쎄쎄 싱각ᄒᆞ게 ᄒᆞ쟈.

B) ceng ioi hendume yūn cang ainahai seme ilirakū
程昱이 니로되 雲長이 아므리 ᄒᆞ여도 머무지 아니리라.

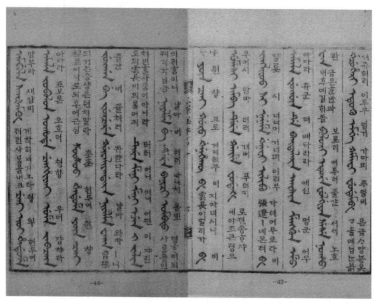

"사룸을 인정ᄒᆞ미 되ᄂᆞ냐"(서울대 奎章閣本『三譯總解』)

이상의 대화를 살펴보면 1-A)에서 "제 님금을 위홈이라 쓸오지 말라."라고 하였고, 2-A)에서 "져런 사람을 내 크게 착히 너기노라." 또 3-A)에서 "내 아조 큰 졍으로 젼송하쟈."고 하는 등 조조가 인정을 베푸는 표현이 등장하는데, 3-A)의 "사룸을 인정ᄒᆞ미 되ᄂᆞ냐?"라고

하는 부분에서만 인정을 용납할 수 없다는 취지의 발언이 나오고
있다.

제2 「관운장천리독행」(2-6a/b)
tere meni meni ejen i   jalin niyalma be dere banici ombio?
제   각각   님금의 위흠이니 사룸 을 인졍흐미 되느냐?

이 같은 발언은 인정을 베풀고자 하는 조조의 전후 발언들과 서
로 모순되는 것이다.3 문제의 원인이 한글 번역에 있는 것인지를 우
선 살펴보기 위해서 『삼역총해』 제9에 나오는 동일한 만문 "niyalma
be dere banici ombio?"의 한글 번역과 비교해 보자.

제9 「관운장의석조조」(9-22a)
gurun i akdahangge fafun kai . niyalma be dere banici ombio?
나라히   밋분 거슨 법이라.   사룸 을 인졍흐면 되느냐?

이를 보면 여기에 나오는 만문 "niyalma be dere banici ombio?"
역시 "사룸을 인졍흐면 되느냐?"라고 하여 인정을 용납할 수 없다는
의미로 사용한 것을 알 수 있다. 따라서 제2 「관운장천리독행」
"niyalma be dere banici ombio?"의 한글 번역이 문맥상 모순의 직접

---

003 원순옥은 「『삼역총해』의 어휘 연구」(2011)에서 "한문을 저본으로 한 만주
어 문장이 한문의 섬세한 내용을 반영하지 못한 것인지 아니면 만주어에도
그러한 뜻이 있는지는 알 수 없으나 만주어를 그대로 번역한 『삼역총해』2
권 6장의 우리말은 문맥에 맞지 않는 문장이 되고 말았다."라고 하여 문맥
상의 모순을 적절히 지적하였다. 補註: 沈伯俊 校注, 『三國志通俗演義』, 文
匯出版社(2008)는 이 대목에 누락이 있는 것으로 보고 다른 한문 판본에
의거하여 增改 수록하였는데, 이 역시 본문의 이상으로 판단된다.

적인 원인이 되지 않음을 알 수 있다.

『삼역총해』 제2 관운장천리독행(2-6a/b)	『삼역총해』 제9 관운장의석조조(9-22a)
niyalma be dere banici ombio?	
사룸을 인정ᄒᆞ미 되ᄂᆞ냐?	사룸을 인정ᄒᆞ면 되ᄂᆞ냐?

2.2 제2 「관운장천리독행」의 만문 분석

『삼역총해』 제2 「관운장천리독행」의 만문 "niyalma be dere banici ombio?"의 한글 번역에 문제가 없음에도 불구하고, 문맥상 그 같은 모순이 발생한다면 여기에 나오는 "niyalma be dere banici ombio?" 라는 만문 자체에 다른 어떤 의미가 있을 가능성이 있는가?

『한청문감』은 dere banjimbi에 대해 "看情面; 안정보다; dere banjimbi 더러 반짐비; derencume tuwambi"로 풀이하고, 이와 유사한 어휘에 "一云 derencumbi"라고 수록하였다.[4] 여기서 말하는 "안정"은 "顔情"을 말하며 "낯빛보다"는 의미이다.[5] 또 『한청문감』에서는 derencurakū 도 수록되어 있는데, 이는 "不狥情; 슷졍 아니타; yaya baita be kafur seme gamame cisu akūngge"로 풀이하였다.[6] 따라서 dere banjimbi는 인정을 두다는 의미에서 크게 벗어나지 않는다.

『신만한대사전』에서도 dere banjimbi는 "狥情, 狥私"라고 풀이하고 있다.[7] 이 역시 사사로운 정을 따른다는 의미이다. 제리 노먼도 dere

---

004 『漢淸文鑑』 卷三(3-7b) 詞訟類 참고.
005 劉昌惇, 『李朝語辭典』, 연세대학교출판부, 1985.
006 『漢淸文鑑』 卷六(6-22a) 忠淸類 참고.

banimbi(=banjimbi)에 대해 "to take 'face' into account; to have a regard for personal relationship, to act from personal motives" 등으로 풀이하였다.[8]

이를 보면 dere banimbi(=banjimbi)는 얼굴(체면)을 봐주다, 사적인 친분으로 처리하다, 인정을 용납하다 등의 의미인 것을 알 수 있다. 이로써 만문 "niyalma be dere banici ombio?"의 한글 번역 "사룸을 인정ᄒ미 되ᄂ냐?"에는 역시 별다른 문제가 없음을 알 수 있다.

3. 『삼역총해』와 만문삼국지 비교

3.1 만문본과의 비교

『삼역총해』 제2의 만문 "niyalma be dere banici ombio?"와 한글 번역 "사룸을 인정ᄒ미 되ᄂ냐?" 모두 그 자체로 문제가 없다면 이들이 사용된 대목에 보이는 문맥상의 모순은 어디에서 기인한 것일까? 이를 위해 『삼역총해』의 저본이었을 것으로 판단되는 『만문삼국지』를 살펴보기로 한다.

『만문삼국지』는 한문본 삼국지연의의 만역본으로 크게 순치 7년 (1650) 만문본과 옹정 연간의 만한합벽본 두 계통이 있으며,[9] 이외에도 숭덕 연간본 등이 있다는 언급이 보인다.[10] 『삼역총해』의 만문

---

007 胡增益 主編, 『新滿漢大詞典』, 新疆人民出版社, 1994.
008 Jerry Norman, *A Concise Manchu-English Lexicon*, university of wasington press, 1978.
009 宋康鎬 譯註, 『만한합벽삼국지』, 박문사, 2010, 15-19쪽.
010 岸田文隆, 『「三譯總解」の滿文にあらわれた特殊語形の來源(≪삼역총해≫

저본에 대해서 기시다(岸田文隆)는 순치 7년 만문본을 근거로 하여 만들어지기는 했지만 그대로 옮긴 것은 아니고 다른 한문 판본인 이탁오본을 참조하면서 부분 수정한 것으로 보았다. 이들 저본에 대한 문헌 계통도는 기시다의 논고를 참고할 수 있다.[11]

청대에 간행되었던 이들 『만문삼국지』를 보면 『삼역총해』와 마찬가지로 "niyalma be dere banici ombio?"라는 문장이 나오며, 또 발언의 주체도 조조이고 전후 문맥상 모순이 나타난다는 점에서도 같다.

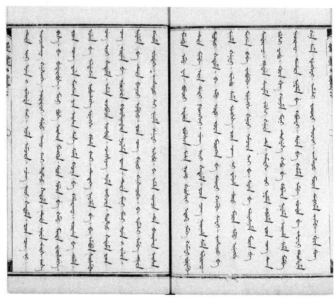

"niyalma be dere banici ombio"(左 8行 부분)
(프랑스 파리국립도서관 Mandchou No.119)

　만문에 나타난 특수 어형의 내원)』(國立亞非語言文化硏究所, 東京外國語大學), 1997, 67쪽.

011·岸田文隆, 「『三譯總解』 底本考」, 『알타이학보』 제2호, 한국알타이학회, 1990, 102쪽.

"ceng ioi hendume .. amala jobolon ohode cenghiyang ume jabcara ..
ts'oo ts'oo hendume yūn cang jurgan be jurcere gūwaliyandara niyama
waka .. tere meni meni ejen i jalin .. **niyalma be dere banici ombio** ..
yūn cang goro genehekūbi .. bi umesi amba dere gaime fudeki ..
jangliyoo si neneme genefi ilibu .. bi amala jugūn de baitalara aisin
menggun emu fan .. bolori eture fulgiyan sese noho gecuheri etuku
emke gamafi fudembi .. tere mimbe erin dari gūnikini .. ceng ioi
hendume .. yūn cang ainaha seme ilirakū .."[12]

이처럼『삼역총해』제2의 "niyalma be dere banici ombio?" 대목이
『만문삼국지』와 마찬가지로 문맥상의 모순을 공유하고 있다면 이러
한 모순은『삼역총해』의 만문이나 한글 번역에 잘못이 있다기보다
는 원래 저본으로 추정되는 만문본에 이미 그 같은 문제가 있었던
것으로 보아야 할 것이다.

3.2 만한합벽본과의 비교

『삼역총해』제2에 나오는 문맥상의 모순은 청학서를 편찬할 때
저본으로 삼았던『만문삼국지』의 원문 오류를 그대로 답습했을 가
능성이 있음을 확인하였다. 또 다른『만문삼국지』인 옹정 연간의 만
한합벽본의 경우도 이와 유사한 현상이 보인다. 만한합벽본은 만문
단어의 철자가 규범적인 것으로 수정되어 있고, 또 더러 누락된 어

---

012 滿文本의 표기와『三譯總解』의 滿文 표기는 일부 다른 부분이 있는데, 이
에 대해서는 岸田文隆, 앞의 논문, 1997 참고. 예문에서는 genehekūbi, erin
dari 등이 보인다.

구들도 있지만 만한합벽본의 만문 역시 기본적으로는 만문본의 전재이므로 동일한 모순이 나타나는 것이다.[13]

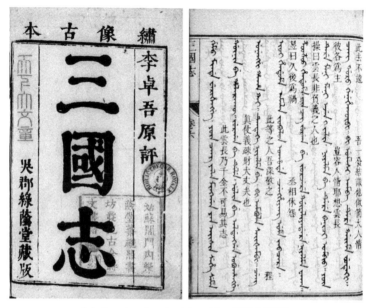

"niyalma be dere banici ombio; 豈容人情耶"
(프랑스 파리국립도서관 Mandchou No.123)

제2 「관운장천리독행」(2-6a/b)

『만한합벽본』

만문: tere meni meni ejen i jalin . niyalma be dere banici ombio?

한문: 彼各爲主, 豈容人情耶?

---

013 岸田文隆, 앞의 논문, 1990, 92쪽.

제9 「관운장의석조조」(9-22a)

『만한합벽본』

만문: gurun i akdahangge fafun kai . niyalma be dere banici ombio?

한문: 王法乃國家之典刑, 豈容人情哉?[14]

이들 만문 "niyalma be dere banici ombio?"에 해당하는 병행 한문을 표로 정리하면 다음과 같다.

『삼역총해』제2 「관운장천리독행」(2-6a/b)	『삼역총해』제9 「관운장의석조조」(9-22a)
niyalma be dere banici ombio?	
豈容人情耶?	豈容人情哉?

이들 병행 한문의 의미는 각각 "豈容人情耶?(어찌 인정을 용납하는가?)" "豈容人情哉?(어찌 인정을 용납하리오?)"로 인정을 용납하지 못하는 것을 말하고 있다. 이처럼 병행 한문 "豈容人情耶?"라는 표현을 보더라도 『삼역총해』제2의 만문 "niyalma be dere banici ombio?"와 한글 번역 "사룸을 인정ᄒᆞ미 되ᄂᆞ냐?"에는 문제가 없음을 알 수 있다.

4. 『삼국지연의』 한문본 분석

『삼역총해』제2에 나타나는 문맥상의 모순이 만문삼국지에 나타난다면 이들의 저본이라고 할 수 있는 한문본에 원인이 있는 것인

---

014 서울대 奎章閣本 삼국지 27책 본에서는 이 부분을 "왕법은 국가의 뎐형(典刑)이니 엇지 인정을 용납ᄒᆞ리오?"라고 한글로 번역한 것이 보인다.

지를 검토해야 할 것이다. 본고에서 한문본을 살펴본 결과 『삼역총해』의 만문 "niyalma be dere banici ombio?"에 해당하는 대목에서 독특한 현상을 발견할 수 있었다. 즉 만문 "tere meni meni ejen i jalin .. niyalma be dere banici ombio?"에 해당하는 한문 "彼各爲主, 豈容人情耶?"가 한문본에 등장하기는 하지만 이 같은 발언을 한 화자가 판본에 따라 다르게 나타난 것이다. 이들을 크게 두 부류로 나눌 수 있는데, 하나는 "彼各爲主, 豈容人情耶?"를 조조의 발언으로 전개한 것이고, 다른 하나는 정욱의 발언으로 전개한 것이다.

4.1 조조의 발언으로 전개된 판본

『삼역총해』제2의 만문 "tere meni meni ejen i jalin .. niyalma be dere banici ombio?"에 해당하는 "彼各爲主, 豈容人情耶?"를 조조의 발언으로 전개한 판본을 살펴보면 가정임오본을 비롯한 일부 판본들이 만한합벽본의 병행 한문과 같은 형태를 보이고 있다.[15]

1) 嘉靖壬午本 53회
程昱曰 久後爲禍, 丞相休悔.
操曰 雲長非負義之人也. 彼各爲主, 豈容人情耶? 想雲長此去不遠, 吾一發結識他, 做箇大人情.(이하 생략)

---

015 萬卷樓本은 "操曰: 雲長非負義之人也. 彼各爲主, 豈容人情哉? 想雲長此去不遠, 吾一發結識他, 做箇大人情"이라고 하여 耶 대신 哉로 한 것을 확인할 수 있다. 이 부분만 놓고 본다면 『삼역총해』제9의 병행 한문에 해당하는 "豈容人情哉?"와 동일한 표현이라고 할 수 있다.

2) 周曰校本 53회

程昱曰 久後爲禍, 丞相休怨.

操曰 雲長非負義之人也. 彼各爲主, 豈容人情耶? 想雲長此去不遠, 吾
一發結識他, 做箇大人情.[16](이하 생략)

3) 李笠翁本 27회

程昱曰 久後爲禍, 丞相休怨.

操曰 雲長非負義人也. 彼各爲主, 豈容人情耶? 想雲長此去不遠, 吾一
發結識他, 做箇大人情.(이하 생략)

이처럼 이들 역시 모두 "彼各爲主, 豈容人情耶?"를 조조의 발언으
로 전개하여 전후 맥락상 모순이 있는 판본들이다. 특히 만한합벽본
의 병행 한문에도 사용되었던 이탁오본도 문맥상 모순이 있다.

李卓吾本 27회 「關雲長千里獨行」

程昱曰 久後爲禍, 丞相休怨.

操曰 雲長非負義之人也. 彼各爲主, 豈容人情耶? 想雲長此去不遠, 吾
一發結識他, 做箇大人情.(이하 생략)

---

016 周曰校本에 대해서 박재연 외, 『新刻校正古本大字音釋三國志傳通俗演義』,
학고방, 2009 참고.

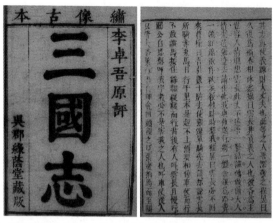

"操曰 雲長非負義之人也. 彼各爲主, 豈容人情耶" (李卓吾原評三國志)

4.2 정욱의 발언으로 전개된 판본

다음은 만문 "tere meni meni ejen i jalin .. niyalma be dere banici ombio"에 해당하는 한문 "彼各爲主, 豈容人情耶?"를 정욱의 발언으로 전개한 판본이다. 본고에서 참고한 판본은 다음과 같다.

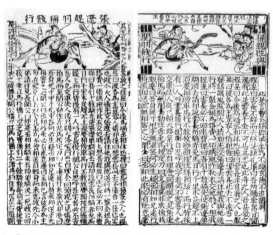

喬山堂本 『三國志傳』(좌) / 余象斗本 『三國志傳評林』(우) (『古本小說叢刊』)

1) 喬山堂本『三國志傳』(明萬曆年間) 英國 옥스퍼드大學藏本

操曰 雲長非負義之人也.

程昱曰 彼各爲主, 豈容人情耶?

操曰 想雲長此去不遠, 吾一發結實他, 做个大人情耶(중략)

2) 余象斗本『三國志傳評林』(明萬曆年間) 日本 早稻田大學藏本

操曰 雲長非負義之人也.

程昱曰 彼各爲主, 豈容人情耶?

操曰 想雲長此去不遠, 吾一發結識他, 做個大人情耶(중략)

3) 聯輝堂本『三國志傳』(明萬曆 33년, 1605) 日本 內閣文庫藏本

操曰 雲長非負義之人也.

程昱曰 彼各爲主, 豈容人情耶?

操曰 想雲長此去不遠, 吾一發結實他, 做個大人情耶(중략)

4) 湯賓尹本『三國志傳』(明萬曆 33년, 1605) 中國 北京圖書館藏本

操曰 雲長非負義人也.

程昱曰 彼各爲主, 豈容人情?

操曰 想雲長去不遠, 做箇大人情, 吾一發結識他(중략)

5) 鄭世容本『三國志傳』(明萬曆 39년, 1611) 日本 京都大學藏本

操曰 雲長非負義之人也.

程昱曰 彼各爲主, 豈容人情耶?

操曰 想雲長此去不遠, 吾一發結實他, 個大人情耶(중략)

이들 판본에서는 조조의 발언으로 나왔던 『삼역총해』 제2의 "niyalma

be dere banici ombio?(사룸을 인정흐미 되느냐?)"에 해당하는 한문이 모두 정욱의 발언으로 전개되고 있다. 실제로 "豈容人情耶?"를 정욱의 발언으로 이해하는 것이 문맥상 자연스럽다고 할 수 있다.[17]

5. 본문의 재구성

청대에 널리 유행하였던 판본으로는 앞에서 소개된 판본들 이외에도 모종강본이 있으나 모종강본은 가정임오본 계통의 삼국지들과 달리 상당 부분 개정된 판본이라『삼역총해』제2의 해당 대목에 직접 대응하는 부분이 보이지 않는다. 문헌 계통상으로도 이 판본은 『삼역총해』제2의 모순 어구와도 직접적인 관련이 없다. 또 본문 문맥상으로도 모순되는 내용이 나오지 않기 때문에 별도의 논의가 필요하지 않다. 참고로 모종강본의 해당 본문을 확인하면 다음과 같다.

毛本『三國志演義』
程昱曰: "(중략) 不若追去而殺之, 以絶後患"
操　曰: "吾昔已許之, 豈可失信, 彼各爲其主, 勿追也. 因謂張遼曰 此
　　　　等人吾深敬之, 想他去此不遠, 我一發結識他, 做個人情."

또 국내에 한글 번역 필사본으로 전하는 장서각 낙선재본과 서울대 규장각본은 가정임오본 계통의 한글 번역으로 알려져 있으므

017『삼역총해』제2의 문맥상 모순이 보이는 曹操의 발언이 이들 漢文本에서는 程昱의 발언으로 나타난다. 그런데 이들이 속한 판본들에 대해서는『三國志演義』문헌 계통 연구에서 차후 보다 검토될 필요가 있다.

로,[18] 이들 원문을 그대로 번역했다면 문맥상 모순이 발생하게 되어 있지만 한글 번역은 번역 과정에서 수정한 것인지 아니면 다른 어떤 판본에 근거하여 수정한 것인지 『삼역총해』 제2의 해당 대목과 일치하는 부분은 보이지 않는다.[19]

서울대 규장각본(27책본)

뎡욱 왈 "오랜 후의 해 되어도 승샹이 뉘웃디 못ᄒ리라"

죄 왈 "운댱은 의롤 져ᄇ릴 사롬이 아니라. 내 ᄉ각ᄒ니 운댱이 멀리 아니 가실 거시니 내가 친히 니별ᄒ야 큰 인졍을 기티리라."[20]

이것은 당시 역자가 "彼各爲主, 豈容人情耶?" 부분을 조조의 발언으로 볼 경우 전후 문맥이 통하지 않는다고 보아서 번역할 때 생략한 것으로도 볼 수 있을 것이나 이들에 대해서는 보다 엄밀한 확인과 문헌 계통의 검토가 필요하다. 이상의 논의를 토대로 『삼역총해』 제2의 장면에서 조조와 정욱의 대화를 문맥상 모순이 없도록 재구성하면 다음과 같다.

---

018 박재연 校註, 『삼국지통속연의』, 이회문화사, 2001, 8쪽.

019 이 같은 원인에 대해서는 보다 엄밀한 논의가 필요하지만, 본고의 범위를 넘어서므로 별도의 논의를 기대한다. 『三國志演義』의 한국 전래와 한글 번역 필사본의 저본 및 이들 문헌의 계통을 확인하는 작업은 근래 朝鮮 活字本(丙子字)의 발굴 소개로 심화되고 있는 추세이다. 박재연, 「새로 발굴된 조선(朝鮮) 활자본(活字本) 『삼국지통속연의(三國志通俗演義)』에 대하여」, 『중국어문논총』 44, 중국어문연구회, 2010 참고.

020 박재연 校註, 앞의 책, 2001, 243쪽.

[1]

A) ts'oo ts'oo hundume (중략) tere ini ejen i jalin de kai . ume amcara

曹操ㅣ 니로되 졔 졔 님금을 위홈이라. ㅅ둘오지 말라.

B) ceng ioi hendume yūn cang ni acanjihakū genehengge eitereci doro akū kai

程묘이 니로되 雲長이 뵈지 아니코 가는거슨 온가지로 ᄒ여도 네 업스니라.

[2]

A) ts'oo ts'oo hundume (중략) tenteke niyalma be bi ambula saĩšambi

曹操ㅣ 니로되 져런 사롬을 내 크게 착히 너기노라.

B) ceng ioi hendume amala jobolon ohode cenghiyang ume jabcara

程묘이 니로되 후에 근심되거든 승샹은 원치 말라.

[3]

A) ts'oo ts'oo hundume yūn cang jurgan be jurcere gūwaliyandara niyalma waka

曹操ㅣ 니로되 雲長이 의롤 어긔쳐 변홀 사롬이 아니라.

B) [ceng ioi hendume] tere meni meni ejen i jalin niyalma be dere banici ombio

[程묘曰] 졔 각각 님금의 위홈이니 사롬을 인졍ᄒ미 되ᄂ냐?

[4]

A) [ts'oo ts'oo hundume] yūn cang goro genehekū bi . bi umesi amba dere gaime fudeki. (중략)

[曹操曰] 雲長이 멀리 가지 아녀시니 내 아조 큰 졍으로 젼송ᄒ쟈.
(중략)

B) ceng ioi hendume yūn cang ainahai seme ilirakū

程昱이 니로되 雲長이 아므리 흐여도 머무지 아니리라.

6. 결론

『삼역총해』 제2 「관운장천리독행」의 대화 내용 가운데 "사름을 인정흐미 되ᄂ냐?" 부분은 전후 문맥상 모순이 보이는 부분이다. 본고에서는 그 원인을 추적하여 『만문삼국지』의 본문과 비교한 결과 만문본과 만한합벽본 모두에 이미 그와 동일한 모순이 있다는 사실을 확인하였다. 또 『만문삼국지』의 저본인 한문본들을 살펴본 결과, 판본에 따라 다르게 전개되었으며 문제의 대목을 조조의 발언으로 볼 경우 전후 문맥상 모순이 발생하므로 정욱의 발언으로 전개한 판본이 합리적이라는 판단도 내릴 수 있게 되었다. 결론적으로 『삼역총해』 제2 「관운장천리독행」에 보이는 문맥상의 모순은 만문과 한글 번역의 문제라기보다는 『만문삼국지』의 저본이었을 것으로 보이는 한문본에 이미 그 같은 문맥상의 착오가 있었기 때문에 발생한 것으로 판단된다.

참고문헌

고동호, 「韓國의 滿洲語 硏究 現況과 課題」, 『만주학 연구의 과제와 현황』, 고려대 민족문화연구원, 2011.

김영근, 「三譯總解 第二의 對譯 및 語法分析」, 『계명어문학』 제7집, 계명어문학회, 1993.

민영규, 「解題」, 『八歲兒·小兒論·三譯總解·同文類解』, 연희대학교 동방학연구소, 1956.

박상규, 「滿洲敎科書 "三譯總解"의 比較言語學的인 한 側面」, 『人文論叢』2, 暻園大學校人文科學硏究所, 1993.

_____, 「朝鮮時代 淸學書 三譯總解의 音譯과 語學的인 側面考」, 『亞細亞文化硏究』제10집, 暻園大學校아시아文化硏究所・중앙민족대학 한국문화연구소, 2006.

_____, 『朝鮮時代 淸學書의 新硏究』, 역락, 2007.

박재연 校註, 『삼국지통속연의』, 이회출판사, 2001.

_____・김민지 校註, 『新刻校正古本大字音釋三國志傳通俗演義』, 학고방, 2009.

_____, 「새로 발굴된 조선(朝鮮) 활자본(活字本) 『삼국지통속연의(三國志通俗演義)』에 대하여」, 『중국어문논총』44, 중국어문연구회, 2010.

성백인, 「現存 司譯院 淸學書와 그 硏究」, 『알타이학보』4, 한국알타이학회, 1994.

성백인, 『만주어와 알타이어학 연구』, 태학사, 1999.

송강호 역주, 『만한합벽삼국지』, 박문사, 2010.

岸田文隆, 「『三譯總解』底本考」, 『알타이학보』2, 한국알타이학회, 1990.

_____, 「『三譯總解』の滿文にあらわれた 特殊語形の來源(≪삼역총해≫ 만문에 나타난 특수어형의 내원)」, 國立亞非語言文化硏究所, 東京外國語大學, 1997.

魏 安, 『三國演義 版本考』, 上海古籍出版社, 1996.

원순옥, 「『삼역총해』의 어휘 연구」, 『우리말글』51, 우리말글학회, 2011.

전재호, 「『三譯總解』語彙索引(1, 2권)」, 『語文論叢』11, 한국문학언어학회(舊경북어문학회), 1977.

정 광・윤세영, 『司譯院 譯學書 冊板硏究』, 고려대학교출판부, 1998.

조규태, 「『三譯總解』滿洲語文語硏究(1)」, 『牧泉兪昌均博士還甲紀念論文集』, 계명대학교출판부, 1984.

최동권 외, 『만문삼국지(三譯總解)』, 한국학술정보(주), 2008.

홍윤표, 「解題」, 『八歲兒・小兒論・三譯總解(合本)』, 홍문각, 1995.

[출전: 『奎章閣』40, 서울대 규장각 한국학연구원, 2012]

제3장

만주어와
불교·기독교 문헌

佛說42章經(프랑스 파리국립도서관)

고려대학교 민족문화연구원 만주학 총서4

청대 만주어 문헌 연구

만문 『반야심경』 역주

1. 서론

본고는 滿文 『般若心經』의 譯註이다. 滿文大藏經의 번역 사업은 乾隆 38년(1773) 乾隆帝의 上諭 이래 진행되었다. 乾隆帝의 滿文大藏 經 序文을 보면 乾隆 55년(1790) 2월 1일로 되어 있으나 12部의 실질 적인 간행은 乾隆 59년(1794)으로 알려져 있다.

滿文大藏經 1部의 온전한 형태는 108개 函과 目錄을 담은 1개의 函으로 되어 있다. 目錄函은 乾隆帝의 序와 번역 작업자의 명단인 名銜 그리고 御譯大藏經 總目이 들어 있는데, 이들은 滿, 漢, 藏, 蒙 의 4종 언어로 기록되어 있다.

大藏經 간행에 사용했던 목판은 西華門 안의 淸字經館에 있다가 1799년 淸字經館 해체 이후 紫禁城 南門인 午門의 한 곳으로 이전 되었다. 그 후 紫禁城 내에서의 이동을 거쳐 1950년에 國立北京故 宮博物院에 보관되었다. 2002년 同 博物院의 목판본을 토대로 20部 를 재간행하기도 하였다.[1]

---

001 Marcus Bingenheimer, 2011, 「A Digital Research Archive for the Manchu Buddhist Canon(滿文大藏經 電子書庫)」, 『만주학연구의 현황과 과제』, 고

滿文『般若心經』의 판본으로는 滿文大藏經인『清文繙譯全藏經』에 들어 있는『般若心經』외에도 北京大學圖書館 所藏 四體合璧本, 일본 東洋文庫 所藏 三體合璧本도 있는데, 이들을 대해서는 林士鉉, 「清代滿文譯本『般若波羅蜜多心經』初探」(2002)이 있다.

본 譯註에 활용한 底本은 臺灣 法鼓佛教學院(Dharma Drum Buddhist College)의 滿文大藏經 電子書庫[Achive] 자료 滿文『般若心經』으로 第52函 上十九(19a)-下二十(20b)에 있는『心經』이다. 滿文大藏經 目錄을 보면 第52函의『心經』은 "eteme yongkiyaha umesi colgoroko eme sure i cargi dalin de akūnaha niyaman i nomun"으로 나와 있다.

『般若心經』은 내용상 크게 두 계통으로 구분하는데, 하나는 序分, 正宗分, 流通分을 포함한 廣本(大本, 長本)이고, 다른 하나는 正宗分만 있는 略本(小本, 短本)이다. 본 譯註에 사용한 滿文『般若心經』은 廣本에 속하는 것이다.

2. 만문대장경 서와 만문『반야심경』역주

滿文大藏經 乾隆御製『清文繙譯全藏經』 序는 다음과 같은 滿, 漢, 藏, 蒙의 4종의 언어로 이루어져 있다.

려대 민족문화연구원 ; 莊吉發, 「國立故宮博物院典藏『大藏經』滿文譯本硏究」, 『清史論集(三)』, 文史哲出版社, 民國 87년 참고.
補註: 安允兒, 「건륭 시기『大藏經』의 滿文 번역과 짱꺄 쿠툭투 3세」, 『明清史硏究』42, 明清史學會, 2014 참고.

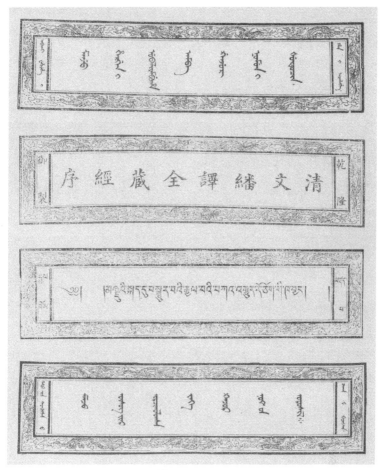

乾隆御製 淸文繙譯全藏經 序(滿, 漢, 藏, 蒙)

본 譯註에서는 上記 滿文大藏經 第52函의 滿文을 사용하였다. 本文의 중간에 玄奘 譯 略本『般若波羅密多心經』을 일부 대비하여 수록하였다.

manju gisun de
만주 말 에

eteme   yongkiyafi colgoroko eme sure i
승리하여 全備하고 超群의2 母3 智 의

cargi dalin4 de akūnaha niyaman5 i nomun ..
저편 언덕 에 닿은 心 의 經

uttu seme . mini donjihangge emu fonde .
이렇게 나의 들은 것6 한 때에

eteme yongkiyafi colgoroko fucihi
승리하여 全備하고 超群의 佛7

radzagirha hecen g'adarigut alin de
　王舍 城 耆闍崛8 山 에

bodisado . geren gelung hūbarak uhei isafi tembihe .
　보살 여러 비구 僧 모두 모여 앉았었다.

---

002 補註: 무리 가운데 뛰어난, 出衆한의 의미이다.
003 補註: 최상의 지혜, 즉 般若를 얻은 이가 佛인데, 般若는 이들 부처님들의
　　어머니라는 의미에서 佛母라고 한다.
004 dalin 물가 언덕 ; 河岸.
005 niyaman 심장, 핵심 ; 心臟, 核心,
006 이와 같이 나는 들었다 ; 如是我聞.
007 世尊, 佛世尊.
008 靈鷲山.

tere fonde eteme yongkiyafi colgoroko fucihi

그　때에 승리하여 全備하고 超群의　佛은

šumin narhūn be genggiyelembi[9] sere samadi de

깊고 비밀함 을　밝게 한다　는 삼매 에

cib seme dosimbihebi .

고요하게 들어있었다.

ineku tere nerginde .

당해 그　즈음에

bodisado . mahasado . arya awalogiya šori .

보살　마하살　관자재[10]는

觀自在菩薩

barandza[11] baramida[12] i

般若　波羅蜜多 의

šumin narhūn doro be sibkime ulhifi[13] .

깊고 비밀한 道 를 궁구하여 깨치고

行深般若波羅蜜多時

---

[9] genggiyelembi 조명하다 ; 照明.
[10] 觀自在菩薩 ; āryāvalokiteśvaro. cf. 觀世音菩薩 .
[11] prajñā.
[12] pāramitā.
[13] ulhimbi 깨치다 ; 曉得, 懂得.

sunja iktan[14] i da banin be inu untuhun seme bahabuha .

五　蘊　의본 성 을 또한　空　　하고 得하였다.

照見五蘊皆空 [度一切苦厄]

tereci　fucihi i adistit i hūsun[15] de .

그로부터 佛의 加護 의 힘　에

jalafungga[16]　šaribudari[17] i

具壽　　사리자　가

bodisado . mahasado . arya awalogida šori de fonjihangge

보살　마하살　　관자재　에게 물은 것

a . sain fulehengge jui . barandza baramida i

오! 선남자여,　般若　波羅蜜多 의

šumin narhūn doro be yabuki seme buyere urse

깊고 비밀한 道 를 행하려 고　원하는 무리는

adarame tacime yabuci acambi seme fonjiha manggi

어떻게　배워 행해야 마땅한가 하고 물으니

---

014 iktan 蓄積, 쌓다 ; 積存, 積蓄.
015 fucihi i adistit i hūsun 佛威力, 佛神威.
016 jalafungga 장수한 이, 有壽的.
017 šaribudari 舍利子, 舍利佛 ; šāriputra.

bodisado . mahasado arya awalogida šori

보살　　　마하살　　　관자재는

jalafungga šaribudari de jabume .

具壽　　사리자 에게 대답하되

a . šaribudari

오! 사리자여,

sain fulehengge juse . sain fulehengge sargan juse .

선남자들[18]　　　　　　　　선여인들

barandza baramida i šumin yabun be yabuki seme

般若　　波羅蜜多 의 깊은 행함 을 행하려　고

buyerele　　urse　uttu obume tuwa .

원하는 모든 무리 이렇게 하여 보라!

tenteke sunja iktan i da banin inu untuhun seme

그러한 五　蘊 의 본 성　또한 空하다 고

yargiyalaci[19] acambi .

실증해야　마땅하다.

---

018 補註: 善根, 즉 '선한 근기를 지닌'이라는 의미이다.
019 yargiyalambi 진실히 하다, 사실을 분명히 하다 ; 核實, 驗實.

dursun[20] uthai untuhun . untuhun uthai dursun inu .

形相　　곧　空,　　　空　곧　形相　이다.

色卽是空　空卽是色

dursun . untuhun ci　encu akū .

形相　　　空　으로부터　다르지　않고

色不異空

untuhun . durun　ci　encu akū .

空　　形相　으로부터　다르지　않다.

空不異色

tereci　serere[21] . gūnire[22] . weilere[23] . ulhirengge[24]

그로부터　受하고,　想하고,　行하고,　　識하는 것

受想行識

gemu untuhun kai .

모두　　空　이도다.

亦復如是

---

020 dursun 형용 ; 體, 形相.
021 serembi 깨닫다, 知覺.
022 gūnimbi 생각하다, 思想 ; 想着.
023 weilembi 일하다 ; 作工.
024 ulhimbi 앞의 주013 참고.

a ． šaribudari　tuttu ofi ．

오! 사리자여, 그러므로

舍利子

eiten　jaka gemu untuhun ．　temgetu banin akū ．

일체의 物 모두　　空,　　　　證票　相　없고25

是諸法空相

banjin akū ．　gukubun akū ．

　生　없고　　　滅　　없고

不生不滅

icihi akū26 ．　icihi akū　　ci　aljarangge inu akū ．

　티　없고　　티　없음 으로부터 떠난 것 또한 없고

不垢不淨

ekiyen akū ．　nonggin akū kai ．

줄어듦 없고 늘어남　없도다.

不增不減

a ． šaribudari　　tuttu　ojoro jakade ．

오! 사리자여, 그렇게 되는 고로

是故

---

025 temgetu banin akū 無相 cf. arbun akū
026 icihi 티, 먼지, 瘢點 ; icihi akū 瑕疵없다.

untuhun de dursun akū .

空　에　形相　없고,

空中無色

serebun akū . gūnijan akū . weilen akū . ulhibun akū .

受함　없고,　想함 없고,　行함 없고,　識함 없다.

無受想行識

yasa akū . šan akū . oforo akū .

눈 없고, 귀 없고,　코　없고,

無眼耳鼻

ilenggu akū . beye akū . gūnin akū .

혀　없고,　몸 없고,　뜻 없고

舌身意

dursun akū . jilgan akū . wa akū .

形相　없고, 소리 없고, 냄새 없고,

無色聲香

amtan akū . aligan[27] akū . jaka akū kai .

맛　없고 감촉함 없고,　物　없도다.

味觸法

---

027 補註: 感受, 感觸. 한역본에서는 觸이다.

yasa i fulehe akū   sere   ci
눈 의 根 없다 하는 것으로부터
無眼界

gūnin i fulehe de   isitala   inu   akū .
뜻 의 根 에 이르도록 또한 없다.
乃至

gūnin i ulhirengge   i fulehe de isitala   inu akū kai .
뜻 의 깨우치는 것 의 根 에 이르도록 또한 없도다.
無意識界

mentuhun akū . mentuhun wajin akū   sere   ci .
어리석음 없고, 어리석음 다함 없다 하는 것으로부터
無無明 亦無無明盡

sakdara . bucere akū . sakdara bucere wajin akū
늙고   죽음 없고, 늙어   죽음 다함 없다
乃至無老死

sere de   isitala   inu gemu akū kai .
하는 데 이르도록 또한 모두 없도다.
亦無老死盡

tuttu ofi jobolon[28] . eiten i banjin[29] .

그러므로 苦, 일체 의 낳음,

無苦集

gukubun . songko[30] gemu akū .

멸함, 자취 모두 없다.

滅道

sure ulhisu[31] akū . bahabun akū . baharekūngge inu akū kai .

智 穎悟 없고, 얻음 없고, 얻지 못함 또한 없도다.

無智 亦無得 以無所得故

a . šaribudari tuttu ofi .

오! 사리자여, 그러므로

bodisado sa bahabun akū turgunde .

보살 들 얻음 없는 까닭에

菩提薩埵

barandza baramida de akdame nikefi .

般若 波羅蜜多 에 믿어 의지하고

依般若破羅蜜多故

---

028 jobolon 憂患, 災難, 禍 ; 苦集滅道의 苦.

029 eiten i banjin 苦集滅道의 集.

030 songko 자취, 흔적, 蹤迹 ; cf. 苦集滅道의 道.

031 『漢淸文鑑』"ulhisu: yaya baita be donjime uthai sarangge ; 領悟"

gūnin de dalibun akū ojoro jakade . gelere ba inu akū .

뜻 에 가로막힘 없게 되는 故로, 두려울 바 또한 없다

心無罣礙 無罣礙 故無有恐怖

calgabun fudasi ci fuhali[32] ukcafi .

違背 悖逆 으로부터 일절 벗어나

遠離顚倒夢想

amba nirwan[33] i ten de isinaha .

큰 涅槃 의 궁극 에 이르렀다.

究竟涅槃

ilan forgon[34] de enggelenjihe geren fucihi .

三 世 에 來臨한 여러 佛

三世諸佛

barandza baramida de akdafi .

般若 波羅蜜多 에 의지하여

依般若波羅蜜多故

---

032 fuhali 永永, 一切 ; 全然.
033 cf. nirvāṇa
034 forgon 시절 ; 時節, 時候 ; 季.

duibuleci ojorakū unenggi hafuka bodi[35]

비교되지 못하는 진실로 通曉한 보리[覺]

得阿耨多羅三藐三菩提

doro be   iletu yongkiyafi fucihi oho .

道 를 드러나게 全備하고 佛이 되었다.

tuttu ofi . barandza baramida I   tarni .

그러므로   般若   波羅蜜多 의 진언[36]

故知般若波羅蜜多

amba ulhisungge[37] tarni . duibuleci ojorakū tarni .

큰   穎悟의   진언 비교되지 못하는 진언

是大神呪 是大明呪 是無上呪

jergileci ojorakū de jergilere tarni .

동등하지 못함   에 동등한 진언

是無等等呪

eiten jobolon be yooni mayambure tarni .

온갖 苦   를 모두 소멸케 하는 진언

能除一切苦

---

035 無上正等正覺.
036 tarni 진언 ; 呪.
037 앞의 주031 참고.

holo waka unenggi[38] seme safi .

거짓 아니라 진실　이라고 알고

眞實不虛

barandza baramida I tarni be tarnilaha . datyata .

　般若　波羅蜜多 의 진언 을 呪하였다. 다음과 같다.

故說般若波羅蜜多呪 卽說呪曰

g'adi g'adi . barang g'adi . barasang g'adi . bodi sowaha[39] .

아제 아제　바라 아제　바라승 아제 모지 사바하

揭諦 揭諦 波羅 揭諦 波羅僧 揭諦 菩提 薩婆訶

a . šaribudari .

오! 사리자여,

bodisado . mahasado sa .

　보살　　마하살　들

tere gese šumin narhūn

그　같은 깊고 비밀한

barandza baramida be 　 tacikini 　 sehe .

　般若　波羅蜜多 를 배우게 하라 하였다.

---

038 unenggi 誠.
039 滿文 音譯으로는 "가디 가디 바랑 가디 바라상 가디 보디 소와하"이다.

tede   eteme   yongkiyafi colgoroko fucihi samadi   ci   aljafi .

그에 승리하여 全備하고 超群의 佛은 삼매 로부터 떠나

bodisado . mahasado . arya awalogida šori de

보살   마하살   관자재   에게

sain seme hendufi . geli   sain .

선하다 고 말하고,   또   선하다.

sain fulehengge juse .

선남자들여,

tere   tuttu inu . tere yargiyan i tuttu   ombi

그것 그렇도다. 그것 진실로 그렇게 되도다.

sini giyanggnaha yaya šumin narhūn

너의   講한   모든 깊고 비밀한

barandza baramida be urebume tacime yabuci .

般若 波羅蜜多 를 익히고   배워 행하면

ineku jidere⁴⁰ fucihi ele   yooni dahame urgunjendumbi .

如來   佛 있는 바 모두 따라서 일제히 기뻐한다.

---

040 ineku jidere 如來.

eteme   yongkiyafi colgoroko fucihi tuttu hese wasimbuha manggi .
승리하여 全備하고 超群의 佛 그렇게 旨   내리시니

jalafungga šaribudari . bodisado . mahasado arya awalogida šori .
具壽   사리자,   보살   마하살   관자재

geren gucuse . jai abkai enduri . niyalma . asuri . g'andari .
여러   벗들 또 天의 神   人   아수라 건달바

jalan de bisirenggele gemu gingguleme dahafi .
세상 에 있는 모든 것 모두 삼가   따르고

eteme yongkiyafi colgoroko fucihi i hese be
승리하여 全備하고 超群의 佛 의 旨 를

iletu   maktame   saišaha .
드러내어 찬양하고 칭찬하였다

enduringge sure i cargi dalin de akūnaha niyaman
聖   智의 저편 언덕 에 닿은   心

sere nomun yongkiyaha ..
하는 經   完備하였다.

第52函『心經』19a

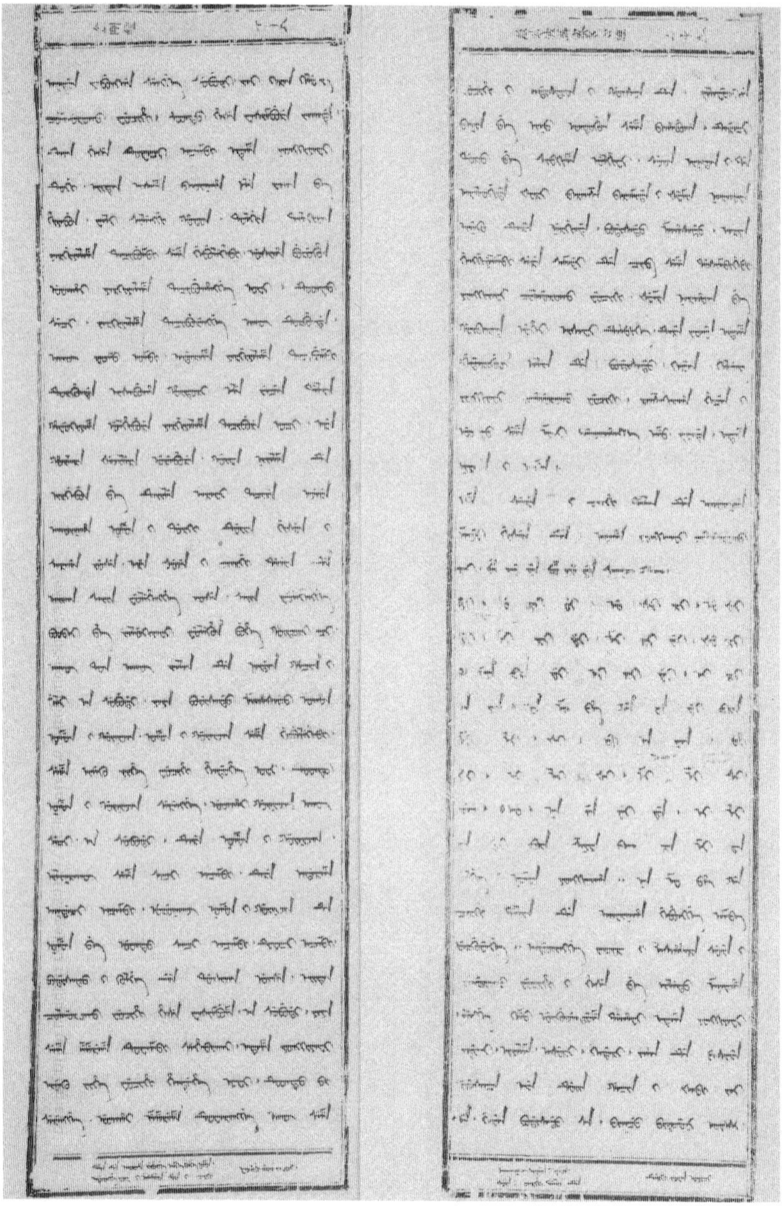

第52函 19b-20a

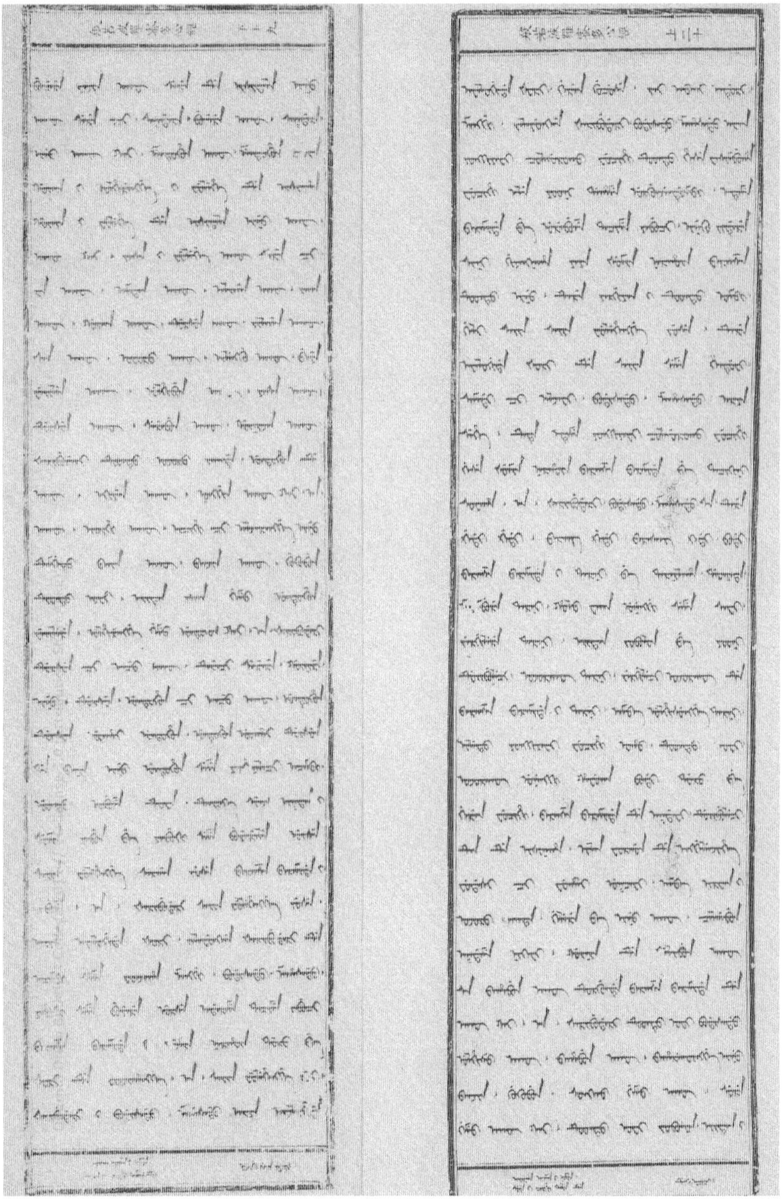

第52函 20b

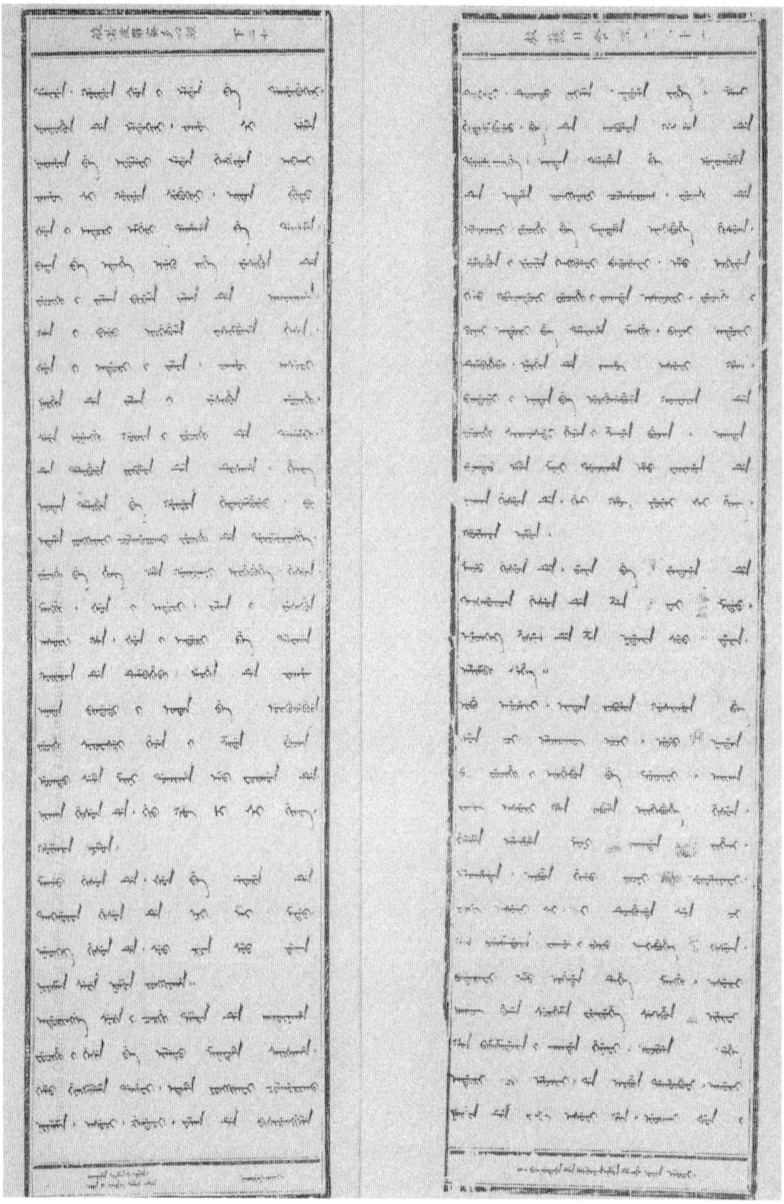

manju gisun de eteme yongkiyafi colgoroko eme sure i
cargi dalin de akūnaha niyaman i nomun ..

uttu seme . mini donjihangge emu fonde . eteme yongkiyafi colgoroko
fucihi . radzagirha hecen g'adarigut alin de . bodisado . geren gelung hū
barak uhei isafi tembihe .

tere fonde eteme yongkiyafi colgoroko fucihi . šumin narhūn be
genggiyelembi sere samadi de cib seme dosimbihebi . ineku tere nerginde .
bodisado mahasado . arya awalogiya šori barandza baramida i šumin narhūn
doro be sibkime ulhifi . sunja iktan i da banin be inu untuhun seme
bahabuha . tereci fucihi i adistit i hūsun de . jalafungga šaribudari i
bodisado . mahasado . arya awalogida šori de fonjihangge .

a . sain fulehengge jui . barandza baramida i šumin narhūn doro be yabuki
seme buyere urse adarame tacime yabuci acambi seme fonjiha manggi .

bodisado . mahasado . arya awalogida šori . jalafungga šaribudari de jabume .

a . šaribudari sain fulehengge juse . sain fulehengge sargan juse . barandza
baramida šumin yabun be yabuki seme buyerele urse uttu obume tuwa .
tenteke sunja iktan i da banin inu untuhun seme yargiyalaci acambi .

dursun uthai untuhun . untuhun uthai dursun inu . dursun . untuhun ci
encu akū . untuhun . durun ci encu akū . tereci serere . gūnire . weilere
. ulhirengge gemu untuhun kai .

a . šaribudari tuttu ofi . eiten jaka gemu untuhun . temgetu banin akū .
banjin akū . gukubun akū . icihi akū . icihi akū ci aljarangge inu akū .
ekiyen akū . nonggin akū kai .

a . šaribudari tuttu ojoro jakade . untuhun de dursun akū . serebun akū .
gūnijan akū . weilen akū . ulhibun akū . yasa akū . šan akū . oforo akū
. ilenggu akū . beye akū . gūnin akū . dursun akū . jilgan akū . wa akū

. amtan akū . aligan akū . jaka akū kai . yasa i fulehe akū sere ci gūnin
i fulehe de isitala inu akū . gūnin i ulhirengge i fulehe de isitala inu akū kai
. mentuhun akū . mentuhun wajin akū sere ci . sakdara . bucere akū .
sakdara bucere wajin akū sere de isitala inu gemu akū kai . tuttu ofi
jobolon . eiten i banin . gukubun . songko gemu akū . sure ulhisu akū .
bahabun akū . baharekūngge inu akū kai .

a . šaribudari tuttu ofi . bodisado sa bahabun akū turgunde . barandza
baramida de akdame nikefi . gūnin de dalibun akū ojoro jakade . gelere ba
ini akū . calgabun fudasi ci fuhali ukcafi . amba nirwan i ten de isinaha .
ilan forgon de enggelenjihe geren fucihi . barandza baramida de akdafi .
duibuleci ojorakū unenggi hafuka bodi doro be yongkiyafi fucihi oho . tuttu
ofi . barandza baramida i tarni . amba ulhisungge tarni . duibuleci ojorakū
tarni . jergileci ojorakū de jergelere tarni . eiten jobolon be yooni
mayambure tarni . holo waka unenggi seme safi barandza baramida i tarni
be tarnilaha . datyata .

g'adi g'adi . barang g'adi . barasang g'adi . bodi sowaha .

a . šaribudari . bodisado . mahasado sa . tere gese šumin narhūn barandza
baramida be tacikini sehe . tede eteme yongkiyafi colgoroko fucihi samadi
ci aljafi . bodisado mahasado arya awalogida šori de sain seme hendufi .
geli sain . sain fulehengge juse . tere tuttu inu . tere yargiyan i tuttu ombi
. sini giyanggnaha yaya šumin narhūn barandza baramida be urebume
tacime yabuci . ineku jidere fucihi ele yooni dahame urgunjendumbi .
eteme yongkiyafi colgoroko fucihi tuttu hese wasimbuha manggi . jalafungga
šaribudari . bodisado . mahasado arya awalogida šori . geren gucuse . jai
abkai enduri . niyalma . asuri . g'andari . jalan de bisirenggele gemu
gingguleme dahafi . eteme yongkiyafi colgoroko fucihi i hese be iletu
maktame saišaha . enduringge sure i cargi dalin de akūnaha niyaman sere
nomun yongkiyaha ..   [출전: 『만주연구』12, 만주학회, 2011]

만문 『신약성서』 역주

산상수훈을 중심으로

1. 서론

만주어 성서는 예수회 소속 푸와로(Fr. Louis de Poirot, S. J. 1735~1813) 신부와 러시아 동방정교회의 S. V. 리포브초브(Stepan Vaciliyevich Lipovtsov, 1770~1841)에 의해 이루어진 번역본이 전하고 있다.[1]

본고에서 소개하는 만주어 성서는 리포브초브가 번역한 『신약성서』이며, 이 가운데 마태복음 5, 6, 7장, 즉 산상수훈(山上垂訓) 부분으로 팔복(八福)과 주기도문(主祈禱文)을 함께 살펴볼 수 있다.[2]

본 역주에 사용한 저본은 대영성서공회(British & Foreign Bible Society)에

---

[1] 만주어 성서의 주요 판본과 소장 사항에 대해서는 김동소, 「Tungus語 聖書에 關해서」, 『알타이학보』9, 한국알타이학회, 1999 ; 김동소, 「最初 中國語・滿洲語 聖書 譯成者 賀淸泰 神父(P. Louis de Poirot, S. J.)」, 『알타이학보』 제13호, 2003 참고. 특히 푸와로 신부의 만주어 성서에 대해서는 『만주어 마태오 복음 연구』에 상세하게 소개되었다. 리포브초브의 만주어 『신약성서』에 대해서는 薛蓮(송강호 역), 「만주어 『신약전서』-중국 대련도서관 소장본-」, 『성경원문연구』 30, 2012 참고.

[2] 만주어 주기도문에 대해서는 김동소, 「3種의 滿文主祈禱文」, 『알타이학보』 5, 한국알타이학회, 1995 참고.

서 간행한 만한대역본『*musei ejen isus heristos i tutabuha ice hese* (吾主耶穌基督新約聖書)』(Shanghai, 1911년) 권1이고,3 이와 함께 호주의 웨스턴 시드니대학 케니 왕 박사가 디지털 작업한 리포브초브의 만주어『신약성서』(1869년 이전 간행) *musei ejen isus heristos i tutabuha ice hese* 그리고 중국 중앙민족대학교 소장본인 만한대역본『*musei ejen isus heristos i tutabuha ice hese* (吾主耶穌基督新約聖書)』를 참고하였다.

역주 방식은 한국어와 어순이 유사한 만주어의 특성상 행간 대역 방식을 택하였으며, 원문에는 없지만 소제목을 붙여서 참고하는데 편리하도록 하였다.4 본 역주를 통해서 성서 번역학 분야 연구자 뿐만 아니라 만주어에 관심을 지닌 일반 연구자들에게도 만주어의 문체와 어휘 등 고유한 특색을 검토하는 계기가 되기를 기대한다.

특히 리포브초브의 번역을 통해서 푸와로 신부의 만주어 성서와 번역 양상을 비교하는 부분은 성서번역학 측면에서도 여러 가지 유용한 시각을 제공할 것으로 본다. 참고로 본문의 만주어 로마자 전사는 묄렌도르프 방식을 사용하였다.5

---

003 본 역주에 사용한 저본은 대구가톨릭대학교 국어국문학과(現 명예교수) 김동소 선생님께서 제공해주신 자료이다.

004 소제목 [ ] 부분은 성서 독자들의 편의를 위하여 현행 개역개정판(대한성서공회, 2011년 4판 28쇄)을 참고하였음을 밝혀둔다.

005 P. G. von Möllendorff, *A Manchu Grammar with analysed texts*, Shanghai, American Presbyterian Press, 1892.

2. 마태복음 산상수훈 역주

2.1 주요 용어

만주어 성서에 사용된 주요 용어에 대해서는 과거 김동소, 설련,[6] 연규동[7] 등의 연구를 참고할 수 있는데, 본고에서는 마태복음 5, 6, 7장에 보이는 음역과 의역을 중심으로 살펴보았다.

신약성서 출전	만주어	로마자	의미
마태복음 5:1		isus * 음역	예수
마태복음 5:12 5:17 7:12 7:20		porofiyeta * 음역	선지자
마태복음 5:22 5:29 5:30		geyengna * 음역	지옥
마태복음 5:35		iyerusalim * 음역	예루살렘

---

006 薛蓮(송강호 역), 앞의 글, 2012. 본 논문에서는 다음의 예를 고찰하였다. 선지자 porofiyeta 복음 ewanggelium 천사 anggel 안식일 sabbata inenggi 제사장 lama 제자들 šabisa 향유 ilahai simen i muke

신약성서 출전	만주어	로마자	의미
마태복음 6:2		sinagoga * 음역	회당
마태복음 6:24		mammona * 음역	재물
마태복음 6:28		kila ilha * 백합화의 의역	들장미꽃
마태복음 6:29		solomong * 음역	솔로몬

007 연규동, 「A Translation of the Bible in Manchu-with Focus on Christian Terms-(성경의 만주어 번역-그리스도교 관련 어휘를 중심으로-)」, 『인문과학』100(연세대학교, 2014)에서는 첫째, 원어를 음역한 것 anggel, purofiyeta 등. 둘째, 이미 있던 단어나 표현을 이용한 것 abkai ejen "하늘의 주인, 천주", oboro be alimbi "씻음을 받다" 등. 셋째, 설명구로 옮긴 것 ceni weile ci uksalafi joolimbi "그들의 죄에서 풀어 몸값을 지불하다", gemu beyei yabuha ehe babe aliyame unggi. sain de bederembi "모두 자신이 행한 악한 일을 뉘우쳐 내버리고 선으로 돌아가다" 등. 넷째, 새로운 단어를 만든 것 haheri "고자" 등의 예들을 고찰한 바 있다.

2.2. 마태복음 5, 6, 7장 역주

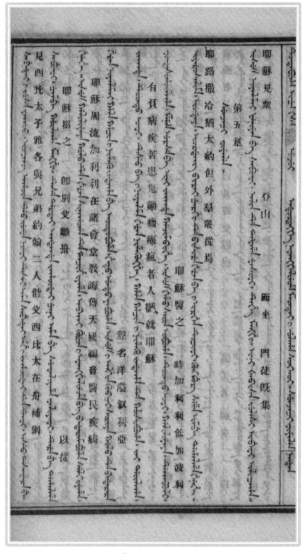

만한대역본 『신약성서』 마태복음 5장
(중국 중앙민족대 소장본)

sunjaci fiyelen 다섯째 장

[복이 있는 사람]

5:1

isus   niyalmai feniyen be sabufi .

예수께서 사람의   무리8 를 보시고,

alin de tafame wesifi . tehe manggi .

산 에   오르시어   앉으시니,

ini   šabisa   julesi   ibefi   ilicaha ..

그의 제자들이 앞으로 나와서 일제히 섰다.

5:2

isus   angga neifi cembe tacihiyame hendume .

예수께서 입을 열어 그들을   가르쳐   말씀하시되,

5:3

sukdun eberingge hūturingga kai .

　氣 나약한 자는 복 있는 자이다.9

abkai   gurun teseingge kai ..

하늘의 나라10가 그들의 것이다.

5:4

songgorongge hūturingga kai .

우는 자는   복 있는 자이다.11

tese urunakū nacihiyara be alime gaimbi ..

그들은 반드시 위로함 을 받아 가진다.

5:5

nomhon ningge hūturingga kai .

양순한   자는 복 있는 자이다.12

tese urunakū ba na be sirame bahambi ..

그들은 반드시 土 地 를 이어   얻는다.

5:6

jurgan be bairengge . uthai urure   kangkara niyalma

義 를 구하는 자,13 곧 굶주리고14 목마른 사람이

jetere omire be baire gese oci . hūturingga kai .

먹고 마시는 것을 구함 같으면 복 있는 자이다.

tese   urunakū tesubume bahambi ..

그들은 반드시 풍족하게 얻는다.15

---

010 abkai gurun은 天國을 말한다. 역주에서는 모두 직역해서 '하늘의 나라'라
고 하였다.
011 哀慟者福矣.
012 溫柔者福矣.
013 饑渇慕義者福矣.
014 푸와로 신부의 번역은 'yadahūsara'이다.
015 푸와로 신부의 번역은 'ebibumbi'이고, 번역은 '배부르리라'이다. 김동소, 앞

5:7

giljangga niyalma hūturingga kai .

용서하는 사람은 복 있는 자이다.[16]

tese   urunakū   jilara   be alime gaimbi ..

그들은 반드시 자애로움 을 받아 가진다.

5:8

mujilen bolgo ningge hūturingga kai .

마음이 깨끗한 자는 복 있는 자이다.[17]

tese   urunakū abkai ejen be hargašambi ..

그들은 반드시 하느님[18]   을 우러러 본다.

5:9

hūwaliyambume yaburengge hūturingga kai .

　화목하게　　　하는 자는 복 있는 자이다.[19]

tese   urunakū abkai ejen i   juse   sembi ..

그들은 반드시   하느님 의 자녀들 하리라.

의 책, 2011, 122쪽.

016 矜恤者福矣.

017 淸心者福.

018 abkai ejen은 직역하면 '하늘의 주인'으로 天主를 말하며, 개신교의 하나님
이라는 표현에 해당한다. 역주에서는 만주어 원래 의미에 준해서 '하느님'
으로 표기하였다. 푸와로 신부에서는 'Deus'라고 하였고, 번역은 '주님'으로
하였다. 김동소, 앞의 책, 2011, 122쪽.

019 和平者福矣.

5:10

jurgan be tuwakiyara turgunde

義 를 지키는 까닭에

adunggiyame siharangge hūturingga kai .

학대하여 추궁받는 자는 복 있는 자이다.[20]

abkai gurun teseingge ofi kai ..

하늘의 나라가 그들의 것이기 때문이다.

5:11

suwembe akšulame toome . adunggiyame akabume .

너희를 비방하고 욕하며 학대하고 구박하며

eiten ehe be banjibume mini jalin balai suwende

온갖 惡 을 낳게 하며 나로 인해 함부로 너희를

nikebure de . suwe hūturingga kai ..

질책하면 너희는 복 있는 자이다.[21]

5:12

urgunjendu . sebjelendu .

함께 기뻐하고 즐거워하라!

seweni jalin abkai ninggude amba šangnahan bi .

너희를 위해 하늘의 위에 큰 賞이 있다.

---

020 爲義而見窘逐者福矣.

021 爲我而受人詬詈窘逐惡言誹謗者福矣.

suweni onggolo bihe geren porofiyeta be
너희의 이전에 있던 여러 선지자 를

inu   tuttu   sihame adunggiyahabi ..
또한 그렇게 추궁하고 학대하였다.

[소금이요 빛이라]

5:13

suwe oci . abkai fejergi i dabsun kai .
너희는   하늘의 아래 의 소금이다.

dabsun da amtan be ufaraci .
소금이 원래 맛   을 잃으면

ai   be jafafi . tere be hatuhūn obumbi .
무엇 을 가지고, 그것 을 짜게   하겠는가?

tere gese dabsun eiten de   baitakū ofi .
그 같은 소금은 온갖 것에 쓸모없으므로

damu tule tucibufi niyalmai bethe i fejile waliyara dabala ..
다만 밖에 내어서 사람들의 발 의 아래에 버릴 따름이다.

5:14

suwe   geli abkai fejergi de elden kai ..
너희는 또 하늘의 아래 에서 빛이다.

alin i ningggude ilibuha hoton daldaci ojorakū ..
산 의 위에   세운   城은 숨기지 못한다.

5:15

ayan dengjan be dabufi . tetun   i fejile sindara kooli akū .
밀납 등잔 을 켜서   그릇22 의 아래에 두는 법 없다.
damu dobukū23 de sisifi booi dolo bisirengge de   fosokini .
다만   횃대   에 두고 집의 안에 있는 자 에게 비추게 하라!

5:16

suweni elden tere dengjan i adali geren niyalmai juleri eldekini .
너희의 빛을 그   등잔 과 같이 여러 사람의 앞에 빛나게 하라!
ereni   geren niyalma suweni sain baita be sabufi .
이로써 여러 사람이 너희의 선한 일 을 보고
abka de bisire   suweni ama be tukiyeme maktakini .
하늘 에 계시는 너희의 아버지 를 칭찬하고 칭송케 하라!

[예수와 율법]
5:17

suwe ume mimbe kooli . jai geren porofiyeta i tutabuha
너희는   나를 율법   또 여러   선지자 가 남겨둔
bithe be ashūme encu demun be ilibure jalin isinjiha seme
글 을 폐기하고 異端   을 세우기 위해 왔다 고

---

022 푸와로 신부에서는 hiyase tetun이고, 번역은 말[斗]이라고 하였다. 김동소,
    앞의 책, 2011, 123쪽.
023 푸와로 신부에서도 횃대[鷹架子]의 의미로 번역하였다. 김동소, 앞의 책,
    2011, 123쪽.

tubišeme bodoro .　　　　mini jihengge erei jalin　waka .
추측하여 헤아리지 말라! 내가 온 것은 이를 위함이 아니다.
elemangga terebe akūmbume tuwakiyara jalin kai ..
도리어　그것을 온전히 하여 지키려　함이다.

5:18

bi　suwende yargiyan be　alara . abka　na　dulembi .
내가 너희에게 진실　을 고하니, 하늘과 땅은 지나간다.
damu kooli bithe de bisirelengge yooni wacihiyabure onggolo .
다만 율법 서 에 있는 것은 모두　완성되기　이전에
udu emu jijun emu tonki seme　ainahai　dulembini ..
비록 일　획　일　점 이라도 어찌하여 지나가겠는가?

5:19

tuttu ofi kooli bithe de bisire ser sere ajige hacin i dorgici
그러므로 율법 서 에 있는 세세한 작은 조항 의 안에서
emke be jurcefi . kemuni geren niyalma be tacibume
하나 를 그르치고 여전히 여러　사람　을 가르치며
jurcere　de　isiburengge　bici .
그르치는 데 이르게 하는 자 있으면
enteke　abkai gurun de urunakū umesi ajige sembi .
이렇듯 하늘의 나라 에서 반드시 몹시 작다 하리라.
eiten be tuwakiyeme mutefi .
모든 것을 지키기　가능하고

kemuni niyalma be tacibume muterengge bici .

여전히 사람 을 가르칠 수 있는 자 있으면

enteke abkai gurun de urunakū amba sembi .

이렇듯 하늘의 나라 에서 반드시 크다 하리라.

5:20

bi suwende alara . aikabade suweni tuwakiyara jurgan .

내 너희에게 고하니, 만약에 너희가 지키려는 義

bithei niyalmai . jai farisei i tuwakiyara jurgan ci fulu ome

서기관[24]이 또 바리새인 이 지켜는 義 보다 뛰어나지

muterakū oci ainaha seme abkai gurun de dosinjirakū sembi ..

못하면 단연 하늘의 나라 에 들어가지 못한다 하리라.

[노하지 말라]

5:21

ume wara seme julgei niyalma de sehengge be suwe donjihabi .

살인하지 말라 고 옛적의 사람 에게 말한 것 을 너희가 들었다.

warangge bici . urunakū beidebumbi ..

살인하는 자 있으면 반드시 심판받는다.

5:22

bi hono suwende alara . yaya niyalma jili fiktu akū

내 오히려 너희에게 고하니, 무릇 사람이 노여움을 까닭 없이

---

024 bithei niyalma: 선비, 士 ; 글하는 사람, 文人 등의 의미이다.

ini duwali de ushara oci . urunakū beidebumbi .

그의 동류25 에 화내게 되면 반드시 심판받는다.

ini duwali be . baitakū niyalma seme hendurengge bici .

그의 동류 를 쓸모없는 사람26 하고 말하는 자 있으면

urunakū ambarame beidebumbi .

반드시 크게 심판받는다.

ini duwali be . hūlhi27 seme hendurengge bici .

그의 동류 를 멍청이 라고 말하는 자 있으면

urunakū tuwai geyengna28 de tuhebumbi sembi ..

반드시 불의 지옥 에 떨어진다 하리라.29

5:23

tuttu ofi . aikabade wecere karan de doroi jaka be benefi .

그러므로 만약에 제단 에 예물 을 보내고

tere nerginde tere emu niyalmai sinde kušulere be gūninjaha de .

그 즈음에 그 한 사람이 네게 편안치 않음 을 생각하면

---

025 푸와로 신부에서는 'deo', 번역은 '동생'이다. 김동소, 앞의 책, 2013, 125쪽.
026 '라가'라는 욕설을 번역한 표현이다.
027 hūlhi 糊塗, 흐리다 ; 바보, 멍청이[욕설]
028 게헨나(gehenna, 그리스어 γέεννα)의 음역이다. 어원적으로 히브리어 '힌놈(hinnom)의 아들의 골짜기'라는 표현에서 유래하였다고 한다.
029 푸와로 신부에서는 'na i gindana i tuwa be alifi deijibumbi', 번역은 '지옥의 불을 받아 태워진다.'이다. 김동소, 앞의 책, 2013, 125쪽.

5:24

uthai doroi jaka be wecere karan i juleri sindafi .
즉시　예물　을　제단　의 앞에　두고
neneme tere niyalmai jakade genefi . terei emgi hūwaliyaka manggi .
먼저　그　사람　한테 가서 그와 함께　화목한 뒤
teni　marifi . sini doroi jaka be alibu ..
비로소 돌아가서 너의　예물　을 바처라!

5:25

sini kimungge niyalmai baru　jūgun yabure sidende
너의　원수진 사람과 더불어　길　가는 사이에
hūdun hūwaliyasun be　gaisu . akūci .
속히　화목함　을 취하라! 아니하면
kimungge niyalma simbe beidere　hafan de　gamafi .
원수진　사람이 너를 심판하는 관원 에게 데려가고
beidere　hafan gindana be tuwakiyara　da　de afabufi
심판하는 관원은 감옥 을　지키는 우두머리 에게 맡겨서
gindana de maktara ayoo ..
감옥 에 던질까 싶다.

5:26

bi　sinde yargiyan be　alara　sinde emu jiha funcerengge bici .
내가 너에게 진실 을 고하니, 네게 한 푼 남는 것 있으면

ainaha seme gindana ci   tucirakū   sembi ..
　단연　　감옥 에서 나오지 못한다 하리라.

[간음하지 말라]
5:27

ume weri hehe de lature   seme .
　다른　여인 을 간음하지 말라 고
julgei niyalma de sehengge be suwe donjihabi .
옛적의 사람 에게 말한 것 을 너희가 들었다.

5:28

bi   hono   suwende   alara . yaya niyalma
내 오히려 너희에게 고하니, 무릇 사람이
hehe be hayadame yasalara oci .
여인 을 음탕하게　눈짓하면
uthai mujilen i   dolo   tede emgeri latume yabuha sembi ..
　곧　　마음 의 속에서 그를　이미　간음 하였다 하리라.

5:29

aikabade sini   ici   yasa simbe hūlimbure oci .
　만약에 너의 오른 눈이 너를　　미혹케 하면
uthai tere be korime gaifi . sinci   goro   faha .
즉시 그것 을 파내 가지고, 네게서 멀리 던지라!

sini gulhun beye geyengna de tuhebure anggala .

너의 온 몸이 지옥[30] 에 떨어지기 보다는

emu yasa eden ojoro de isirakū .

한 눈이 불구 되는 것에 미치지 못한다.

5:30

aikabade sini ici gala simbe hūlimbure oci .

만약에 너의 오른 손이 너를 미혹케 하면

uthai lasha sacifi . sinci goro faha .

즉시 끊어 베고, 네게서 멀리 던지라!

sini gulhun beye geyengna de tuhebure anggala .

너의 온 몸이 지옥[31] 에 떨어지기 보다는

emu gala eden ojoro de isirakū ..

한 손이 불구 되는 것에 미치지 못한다.

5:31

yaya ini sargan be bošome hokoro de .

무릇 그의 아내 를 내쫓고 이혼할 적에

tede hokoro bithe bu seme inu henduhe babi ..

그에게 이혼하는 문서 주라 고 또한 말한 바 있다.

---

030 푸와로 신부에서는 'na i gindana', 번역은 '지옥'이다. 김동소, 앞의 책,
   2013, 126쪽.
031 푸와로 신부에서는 'tuwai jobolon', 번역은 '불의 재앙'이다. 김동소, 앞의
   책, 2013, 126쪽.

5:32

bi hono suwende alara . yaya ini sargan be .
내 오히려 너희에게 고하니, 무릇 그의 아내 를

aika tere hūlhame lature weile necihe ba akū oci . hokoro de .
만약 그가 몰래 간음하는 죄를 범한 바 없는데   이혼하면

enteke terebe lature weile necire de isibumbime .
이렇듯 그를 간음하는 죄 범하는 데 이르게 하며

kemuni hokoho hehe be sargan gaihangge
여전히 이혼한 여인 을 아내 취한 자

inu lature weile necimbi sembi ..
또한 간음하는 죄 범한다 하리라.

[맹세하지 말라]

5:33

ume gashūre be jurcere .   kemuni abkai ejen i juleri
   맹세   를 어기지 말고, 늘상   하느님 의 앞에서

gashūka[32] babe yooni wacihiya seme .
 맹세한 바를 전부 다하라 고

julgei niyalma de hunduhengge be suwe inu donjihabi ..
옛적의 사람 에게   말한 것 을 너희 도 들었다.

---

[32] cf. gashūha

5:34

bi   hono suwende   alara .   gashūre   be umesileme naka ..
내 오히려 너희에게 고하니, 맹세하는 것을 극도로   그쳐라![33]
abka be jorime gashūci ojorakūngge .
하늘 을 가리켜 맹세하지 못하는 것
tere   abkai ejen i soorin   ojoro turgun ..
그것이 하느님 의 보좌[34] 되는 까닭이다.

5:35

na be jorime gashūci ojorakūngge .
땅 을 가리켜 맹세하지 못하는 것
tere abkai ejen i bethei fehuhen ojoro turgun ..
그것이 하느님 의 발의   발판   되는 까닭이다.
iyerusalim hecen be jorime gashūci ojorakūngge .
 예루살렘   城   을 가리켜 맹세하지 못하는 것
tere   amba han i gemun hecen ojoro turgun ..
그것이 大 황제의 京   城   되는 까닭이다.

5:36

beyei uju   be jorime   gashūci ojorakūngge .
자신의 머리 를 가리켜 맹세하지 못하는 것

---

033 절대로 맹세하지 말라는 의미이다. 푸와로 신부에서는 ai hacin i gashūn
    ume gashūre, 번역은 '어떤 종류의 맹세도 하지 말라'이다. 김동소, 앞의
    책, 2013, 127쪽.
034 원문 soorin은 자리[位]를 말한다.

terei　　funiyehei　dorgici hono emke seme
그것의　머리카락의 안에서 조차　하나　라도

eici šanggiyan eici sahaliyan ningge obume muterakū ojoro turgun ..
혹　　희고　혹　검은　것이　되지　못하게 되는　까닭이다.

5:37

damu inu inu . waka　waka seme suweni gashūre gisun okini .
다만　예　예, 아니다 아니다 하고 너희의　맹세할 말 하게 하라!

ere gisun ci tulgiyen fulu sehengge bici .
이　말　이외에　가득 말한 것 있어도

uthai ehe be　iledulerengge　　sembi ..
곧　惡 을 드러내는 것이라 하리라.

[악한 자를 대적하지 말라]
5:38

yasa de yasa weihe de weihe toodame weile ara seme .
눈 에는 눈　이 에는 이　되갚고35　죄 지으라 고

henduhengge be suwe donjihabi ..
　말한 것　을 너희는 들었다.

5:39

bi　hono suwende alara .
내 오히려 너희에게 고하니,

---

035 toodambi: 빚갚는[償還] 것을 말한다.

suwembe gidašara niyalma de   eljerakū sere anggala .

너희를 업신여기는 사람 에게 저항하지 아니할 뿐 아니라

elemangga sini   ici šakšaha be forirengge de

　도리어 너의 오른 뺨36 을 치는 자 에게

hashū ergi šakšaha be forofi alibu ..

　왼 쪽   뺨 을 돌려 바쳐라!

5:40

geli sini baru yamun i   fejile temšeme .

또 너를 향해 衙門37 의 아래에서 다투며

sini gahari be bahaki serengge de .

너의 적삼 을 얻고자 하는 자 에게

uthai sijigiyan suwaliyame bu ..

즉시 도포38 아울러서 주라!

5:41

geli simbe hacihiyame emu ba i on be

또 너를   재촉하여 1 리의 노정 을

sasa yabu seme hacihiyarengge bici

함께 가자 고   재촉하는 자 있으면

---

036 ici šakšaha: 오른 뺨. 여기에서는 쪽을 뜻하는 ergi가 보이지 않는다.
037 yamun: 관청이나 관공서를 말한다.
038 sijigiyan: 겉자락과 소매가 길게 나 있는 옷(adasun wahan bisire golmin etuku)

uthai juwe ba i on be terei sasa yabu ..

즉시 2 리 의 노정 을 그와 함께 가라!

5:42

sinde bairengge de bu .

네게 구하는 자 에게 주라!

sinde juwen gaiki serengge de ume marara sembi ..

네게 빌어 가지고자 하는 자 에게 거부하지 말라 하도다.

[원수를 사랑하라]

5:43

sini gūlika niyalma de hajila . sini kimungge be ubiya seme

'너와 뜻맞는 사람 과 친교하고, 너와 원수된 자 를 미워하라!' 고

henduhengge be suwe donjihabi ..

　말한 것 　을 너희는 들었다.

5:44

bi hono suwende alara . kimungge bata be gosi .

내 오히려 너희에게 고하니, 원수인 적 을 사랑하라!

suwembe firurengge be tukiyeme makta .

너희를 원망하는 자 를 높이고 칭찬하라!

suwembe ubiyarangge de sain i karula .

너희를 미워하는 자 에게 좋게 보답하라!

suwembe adunggiyame siharangge i jalin jalbari sembi ..
너희를 학대하고 추궁하는 자 를 위해 기도하라 하도다.

5:45

uttu ohode . abka de bisire suweni ama i juse ome mutembi ..
이러하면 하늘 에 계신 너희의 아버지 의 자식들 되기 가능하다.
tere šun de hesebufi . sain ehe niyalma be ilgarakū gemu fosombi .
그 해 에 명하시어, 선하고 악한 사람 을 구별 않고 모두 햇빛 비추고
jurgangga jurgan akūngge de bireme aga wasimbumbi ..
의롭고 의롭지 아니한 자 에게 두루 비를 내리신다.

5:46

suwe aikabade suwembe hairarangge be hairara oci .
너희가 만약에 너희를 아끼는 자 를 아끼면
ereci encu hacin i šangnara be ereci geli ombio ..
이와 다른 종류 의 賞주기 를 기대하면 또 되겠는가?
šulehen be bargiyara niyalma i yaburengge uttu waka semeo ..
세금 을 거두는 사람 이 행하는 것 이렇지 않다 하느냐?

5:47

aikabade suweni gucuse de teile haji be isibure oci .
만약에 너희의 벗들 에게 만 친함 을 베풀면
ainahai sain baita yabumbini .
어떻게 좋은 일 행하겠는가?

šulehen be bargiyara niyalma i yaburengge inu　uttu　waka semeo ..
세금　을 거두는 사람39 이　행하는 것 또한 이렇지 않다 하느냐?

5:48

abka de bisire suweni　ama　ten i unenggi ojoro jakade .
하늘 에 계신 너희의 아버지 지극히 진실　하신　고로
suwe inu alhūdame unenggi ojoro be kice ..
너희 또한 본받아　진실　되기 를 힘쓰라!

---

039 푸와로 신부에서는 'fudali hala', 번역은 '거역하는 족속'이다. 김동소, 앞의
    책, 2013, 129쪽.

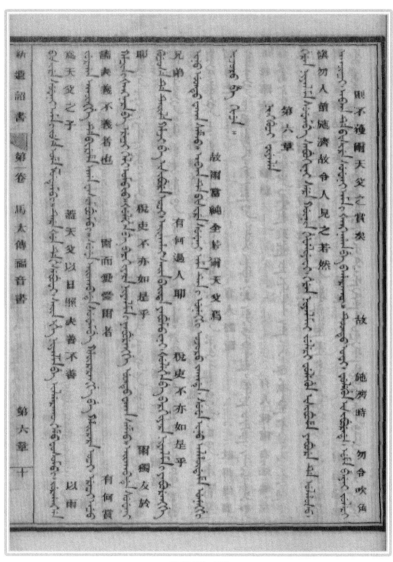

마태복음 6장

ningguci fiyelen 여섯째 장

[구제함을 은밀하게 하라]

6:1

geren niyalma suwembe sabukini sere gūnin hefeliyefi .

여러 사람 그들로 보게 하자 는 뜻 품고,

geren niyalmai juleri fulehun isibume yabure de olhošo .

여러 사람의 앞에서 혜택 베풀어 행할 적에 조심하라!

akūci . abka de bisire suweni ama i šanggnaha be baharakū ..

않으면, 하늘 에 계신 너희의 아버지 의 賞준 것 을 얻지 못한다.

6:2

tuttu ofi . fulehun isiburede .

그러므로 혜택 베풀 적에,

ume beyei juleri buleri fulgiyeme . araha cira niyalma be alhūdara .

자신의 앞에서 나팔 불지 말고, 꾸민 낯빛의 사람 을 본받지 말라!

gašan sinagoga jai giyai de fulehun isibume yaburengge .

마을 회당40 또 거리 에서 혜택 베풀어 행하는 것은

cohome geren niyalma cembe sain seme algimbukini sere jalin ..

특별히 여러 사람이 그들을 좋다 고 소문내려 하는 때문이다.

bi suwende yargiyan be alara .

내 너희에게 진실 을 고하니,

---

ce   teisu šangnaha be emgeri bahabi ..
그들은 상응하여 賞준 것 을 이미 얻었다.

6:3

si fulehun isiburede .
너는 혜택 베풀 적에

sini hashū gala ici gala I arara be sarkū oci   acambi ..
너의 오른 손은 왼 손 이 하는 것을 알지 못해야 마땅하다.

6:4

sini   šelere baita butu   okini .
너의 보시하는 일 은밀하게 하라!

butu   be bulekušere sini ama sinde iletu karulambi . sembi ..
은밀함 을 통찰하시는 너의 아버지 네게 분명히 갚으시리라 한다.

[너희는 이렇게 기도하라]
6:5

jalbarire de . ume araha cira   urse be alhūdara .
기도할 적에   꾸민 낯빛의 무리 를 따르지 말라!

tese sinagoga jai giyai de ilicafi jalbarire de amuran ojorongge .
그들 회당   또 거리 에서 서서 기도하기 를 좋게 여기는 것은

cohome geren niyalma tesebe sabukini sere jalin ..
특별히 여러 사람이 그들을 보게 하자 는 때문이다.

bi suwende yargiyan be alara .

내 너희에게 진실 을 고하니,

ce teisu šanggnaha be emgeri bahabi ..

그들은 상응해 賞준 것 을 이미 얻었다.

6:6

si jalbarire de . dorgi boode dosifi . uce be dasifi .

너는 기도할 적에 안 방에 들어가 방문 을 닫고

somishūn de bisire sini ama de jalbari .

은밀한 데 계시는 너의 아버지 께 기도하라!

somishūn be bulekušere sini ama iletu sinde karulambi ..

은밀함 을 통찰하시는 너의 아버지 분명히 네게 갚으시리라.

6:7

jalbarire de . ume fulu gisureme . geren aiman i urse be alhūdara .

기도할 적에 가득 말하지 말고, 여러 부락 의 무리 를 본받지 말라![41]

tese fulu gisun de hūdun acabun bi seme gūnimbi ..

그들은 가득한 말 에 속히 부응함 있다 고 생각한다.

6:8

suwe ume ceni adali ojoro .

너희는 그들과 같이 되지 말라!

suweni ama suweni baire onggolo suwende oyonggo babe sambi kai ..

너희의 아버지는 너희가 구하기 전에 너희에게 중요한 바를 아신다.

---

041 여러 부락의 사람들은 이방인들을 말한다.

옛 주기도문의 한 모습
(출전: China illustrata)

6:9

suwe damu tuttu jalbarime baisu .

너희는 다만 그렇게 기도하여 구하라!

abka de bisire musei   ama .

하늘 에 계신 우리의 아버지여,

ama   i colo gingguleme tukiyakini[42] .

아버지 의 칭호를   삼가 칭찬하게 하소서!

6:10

ama   i gurun enggelenjikini .

아버지 의 나라가 임하소서!

ama   i hese abka de yabubure songkoi na de yabubukini ..

아버지 의 旨[43]가 하늘 에서 행하여지는 대로 땅 에서 행해지게 하소서!

6:11

meni inenggidari baitalara jemengge be enenggi mende šangnara .

우리가 날마다 사용하는 음식 을 오늘 우리에게 賞주시고

6:12

mende   edelehe urse be meni   guwebure be tuwame .

우리에게 흠 있는 무리 를 우리가 용서하는 것을 보시고

---

042 cf. tukiyekini

043 hese에는 勅旨, 上諭 등의 의미가 있는데 푸와로 신부의 hese를 김동소에서
는 '뜻'으로 번역하였다. 김동소, 앞의 책, 2011, 141쪽.

meni　　ama　de　edelehe　babe　guwebure .
우리가 아버지 께 흠 있는 바를 용서하시고

6:13

membe　endebure　bade　　　isiburakū .
우리를 과오 범하는 곳에 이르지 않게 하시고
elemangga　ehe　ci　　uksalara　be　bairengge .
도리어　　惡 에서 벗어나기 를 구하는 것입니다.
cohome　gurun . toose . ten　i　derengge
특별히 나라와 권세와 지극한 영예
enteheme　ama　de　bi　sere　　turgun . ameng .
영원히 아버지 께 있다 하는 까닭입니다. 아멘!

6:14

suwe　aikabade　geren　niyalmai　endebuku　be　guwebure　ohode .
너희가 만약에 여러 사람의 허물 을 용서하게 되면
abka　de　bisire　suweni　ama　suweni　weile　be　inu　guwebumbi ..
하늘 에 계신 너희 아버지는 너희의 죄 를 또한 용서하신다.

6:15

aikabade　geren　niyalmai　endebuku　be　guweburakū　ohode .
만약에 여러 사람의 허물 을 용서해주지 않으면
suweni　　ama　　suweni　weile　be　inu　　guweburakū　kai ..
너희의 아버지께서 너희의 죄 를 또한 용서해주지 않으시리라.

[외식으로 금식하지 말라]

6:16

suwe bolgomime targara de .

너희는　　　재계할[44]　적에

ume araha cira　ursei　gese munahun ojoro .

　꾸민 낯빛의　　무리와 같이 無聊하게 하지 말라!

tese　　hihūn budun i arbun be tuyemburengge .

그들이 무료하고 따분한 모습 을 드러내는 것은

cohome beyei bolgomime targara be

특별히 자신의　　　재계함　　　을

geren niyalma de tuwabuki serengge kai ..

　여러　 사람 에게 보이고자 하는 것이다.

bi　suwende yargiyan be alara .

내가 너희에게 진실　을 고하니,

ce　　　teisu šangnaha be emgeri bahabi ..

그들은 상응하는 賞준 것 을　이미　얻었다.

6:17

si bolgomime targara de .

너는　　　재계할　　적에

sini　uju　be dasatafi . sini dere be obu ..

너의 머리 를 빗고　　너의 얼굴 을 씻으라!

---

044 齋戒하다는 의미이다. 푸와로 신부에서는 šayolambi, 단식(금식)의 의미로
　　풀었다. 김동소, 앞의 책, 2013, 142쪽.

6:18

cohome sini bolgomime targara be geren niyalma de tuwaburakū
특히　　너의　　재계하는 것을　　여러　　사람 에게 보이지 말라!
damu somishūn de bisire sini ama i juleri iletu okini .
다만　은밀한 데 계시는 너의 아버지 의 앞에서 드러나게 하라!
somishūn be bulekušere sini ama iletu sinde karulambi ..
은밀함　을 통찰하시는 너의 아버지께서 분명히 네게 갚으시리라.

[보물을 하늘에 쌓아 두라]

6:19

ume ere jalan de ulin nadan be isabure .
이 세상 에서　　재물　을 모으지 말라!
ere jalan i ulin be umiyaha jembi . sebden gokirambi
이 세상 의 재물 을 벌레가 먹고　　銅綠이 손상하고
hūlha fetefi . hūlhame gamambi ..
도적이 파서　　훔쳐　가져간다.

6:20

damu abkai ninggude ulin nadan be isabu .
다만 하늘의 위에　　재물　을 모으게 하라!
tubade umiyaha jeme . sebden gokirame .
그곳에는 벌레가 먹고　銅綠이 손상하고
hūlha feteme . hūlhame gamame muterakū kai ..
도적이 파고　　훔쳐　　가져갈 수 없다.

6:21

ya bade suweni ulin nadan bici .

어느 곳에 너희의　재물　있으면

tubade suweni mujilen bi sere turgun .

그곳에 너희의 마음 있다 하는 까닭이다.

6:22

yasa serengge . beye de elden be isibure　yasa .

눈 이라는 것　몸 에　빛　을 이르게 하는 눈

tuttu ofi　sini yasa genggiyen oci .

그러므로 너의　눈이　밝으면

beye gubci eldengge ombi ..

몸　전부 빛나는 것 된다.

6:23

sini yasa dushun oci . beye gubci farhūn ombi .

너의 눈이 어두우면　몸　전부 어둡게 된다.

tuttu ofi . sini beyede bisire elden hono farhūn ojoro bade .

그러므로 너의 몸에 있는　빛　조차 어둡게 되는 바에

farhūn be geli ai　hendure .

어두움 을 또 말해 무엇하겠는가?

6:24

juwe ejen be uileme muterengge akū .

두 주인 을 섬길 수 있는 자는 없다.

eici emke be ubiyame . emke be hairambi .

혹 하나 를 미워하고 하나 를 아끼거나

eici emke de gūnin akūmbume .

혹 하나 에 마음을 다하고

emke be heoledembi sere turgun .

하나 를 게을리 하는 까닭이다.

suwe inu abkai ejen jai mammona be sasa uileci ojorakū ..

너희 또한 하느님 과 재물[45] 을 함께 섬기지 못한다.

6:25

tuttu ofi . suwende alarangge . suwe aibe jembi . aibe omimbi seme .

그러므로 너희에게 고하는 것, 너희는 무엇을 먹을까, 무엇을 마실까 하고

suweni mujilen be jobobure be joo .

너희의 마음 을 근심케 하는 것을 그만두라!

aibe etumbi seme . suweni beye be inu jobobure be joo .

무엇을 입을까 하고 너희의 몸 을 또한 근심케 하는 것을 그만두라!

mujilen jeku ci wesihun wakao . beye etuku ci ujen wakao ..

마음이 음식 보다 귀하지 않은가? 몸이 옷 보다 중하지 않은가?

---

045 mammona 라틴어 재물의 神을 말한다. 푸와로 신부에서는 mammona의 음
역이다. 김동소, 앞의 책, 2013, 144쪽 각주14) 참고.

6:26

suwe   abka de deyere gasha be tuwa .

너희는 하늘 에   나는   새   를 보라!

ce   uttu   userakū .   hadurakū . calu de bargiyarakū bicibe .

그들 이렇게 뿌리지 않고, 베지 않고, 창고 에   거두지   않지만

damu abka de bisire suweni ama   hono   cembe   ujire   bade .

다만 하늘 에 계신 너희의 아버지 오히려 그들을 기르는 바에

suwe oci . gasha ci udu ubu . fulu   ojoro be ai   hendure .

너희 는   새 보다 몇 갑절 낫게[46] 됨 을 말해 무엇하랴?

6:27

suweni   dolo gūnin akūmbure . beyei mutun   de

너희의 가운데 염려 지극히 하여 몸의   크기[47] 에

emu mayan[48] i golmin be nonggime muterengge   bio ..

한   자   의 길이 를 보태게 할 수 있는 자 있는가?

6:28

etuku I jalin inu   ainu   gūnin fayambini .

옷 을 위해 또한 어찌하여 마음 쓰는가?

suwe   bigan i   kila ilha be tuwa .

너희는 들판 의 들장미 꽃[49] 을 보라!

---

046 fulu: 餘裕
047 mutun: 身料 ; 身量, 尺寸
048 mayan: 자[尺], 규빗
049 푸와로 신부에서는 yudzan이다. 김동소, 앞의 책, 2011, 144쪽. 김동소 선

tere udu   kicerakū fororakū bicibe .

그것 비록 힘쓰지 않고 길쌈도 않지만

damu muturengge giltari niowari ojorongge wakao ..

다만 성장하는 것 찬란하게 되는 것 아닌가?

6:29

bi hono suwende alara .

내 오히려 너희에게 고하니,

solomong han ten i derengge ambarame miyamimbicibe .

솔로몬 왕이 지극히 영화로운 것 크게 단장하더라도

damu tere ilhai dorgici emke de hono tehereme mutehekū .

다만 그 꽃의 안에서 하나 에 조차 상응하지 못한다.

6:30

aikabade eneggi banjire cimari hija de maktara

만약에 오늘 자라고 내일 풀무 에 던질

bigan i orho be abkai ejen   uttu fiyangga obure bade .

들판 의 풀 을 하느님께서 이렇게 빛깔좋게 하는 바에

ai . akdun cinggiya ningge . suwembe ai   hendure ..

오, 믿음이 부족한 자여, 너희들을 말해 무엇하겠는가?

생님의 傳言에 의하면 푸와로 신부의 한문본에는 玉簪花이다.

6:31

tuttu ofi . suwe aibe jembi . ainci aibe omombi .
그러므로 너희는 무엇을 먹을까, 생각건대 무엇을 마실까
ainci aibe etumbi seme . ume joboŝome gūnire .
생각건대 무엇을 입을까 하고, 근심하여 생각하지 말라!
adarame seci .
어떻게 한즉

6:32

emu de oci . geren aiman i niyalmai
첫째 로 는 여러 부락 의 사람이[50]
facihiyaŝame bairengge damu erebe kai .
진력하여 구하는 것 다만 이것이도다.
jai de oci . abka de bisire suweni ama .
둘째 로 는 하늘 에 계신 너희의 아버지
ere gemu suwende oyonggo ojoro be sambi kai .
이 모두 너희에게 긴요하게 됨 을 아신다.

6:33

tuttu ofi . suwe neneme abkai ejen i gurun .
그러므로 너희는 먼저 하느님 의 나라
geli abkai ejen i jurgan be baisu .
또 하느님 의 義 를 구하라!

---

050 이방인

tereci   amasi eiten suweni jakade isinjimbi ..

그로부터 이후로 전부 너희 한테 이르러 온다.

6:34

tuttu ofi . ume cimari i babe jobošome gūnire .

그러므로 내일 의 일을 염려하지 말라!

cimaha inenggi teisu baita be kicembi kai ..

내일에 상응하는 일 을 힘써야 한다.

yaya inenggi de teisu suilara babi ..

무릇 그날 에 상응하는 수고로운 일 있다.

마태복음 7장

nadaci fiyelen 일곱째 장

[비판하지 말라]

7:1

suweni beye   beideburakū   seme
너희의 자신 심판받지 않겠다 고51
ume beidere   adarame seci .
심판하지 말라! 어떻게 한즉

7:2

ya   hacin i beiden de beideci .
어떤 종류 의 죄 에 심판하면
ineku hacin i beiden de beidebumbi .
같은 종류 의 심판 에 심판받는다.
ya   hacin i miyalin baitalame miyalici .
어떤 종류 의 잣대 사용하여 측량하면
ineku hacin i miyalin baitalame suwende miyalibumbi .
같은 종류 의 잣대 사용하여 너희를 측량하게 된다.

7:3

ainu   niyalmai yasai dolo bisire cikeku   be
어찌하여 남의 눈의 안에 있는 속껍질52 을

---

051 푸와로 신부에서는 suwe beidere be aliki serakū oci라고 하였다. 김동소,
     앞의 책, 2013, 158쪽.
052 cikeku: (나무의) 內皮

yasa hadahai tuwambi . sini beyei yasai dolo bisire
눈 물끄러미 보고 너의 몸의 눈의 안에 있는
moo i cikten be umai sererakū
나무 의 줄기 를 전혀 깨닫지 못하는가?

7:4

sini yasai dolo moo i cikten bimbime .
너의 눈의 안에 나무 의 줄기 있으면서
kemuni niyalmai baru . takaso[53] . bi sini yasa ci
여전히 사람을 향해 잠시 내 너의 눈에서
cikeku be tatame kaire[54] seme . henduci ombio ..
속껍질 을 빼내어 가지겠다 고 말하면 되는가?

7:5

ai . araha cirai niyalma . neneme sini beyei yasa ci
오, 꾸민 낯빛의 사람이여, 먼저 너의 몸의 눈 에서
moo i cikten be tatame gaisu manggi .
나무 의 줄기 를 빼내어 가진 뒤
amala tere niyalmai yasa ci cikeku be
나중에 그 사람의 눈 에서 속껍질 을
adarame tatame gaici ojoro be sabumbi ..
어떻게 빼내어 가질 수 있는지 를 보리라.

---

053 takasu의 의미로 풀었다.
054 gaire의 의미로 풀었다.

ume enduringge jaka be indahūn de bure .

　거룩한　물건55 을　　개 에게 주지 말라!

ume suweni nicuhe be ulgiyan i julergi maktara .

　너희의　진주56 를　돼지 의 앞에 던지지 말라!

ce　nicuhe be bethei fehutefi šuwe forofi

그들 진주 를 발로　밟고 곧장 돌이켜

suweni beye be saime bucebure　ayoo ..

너희의 몸 을 물어 죽이려 할까 싶다.

[구하라 찾으라 문을 두드리라]

7:7

gahūšame baicina . uthai bahambi

　간절히 구하여라! 즉시 얻으리라.

baime　　suime　yabucina . uthai ucarambi

여기저기 구하러 다니어라! 즉시 만나리라.

duka toksicina . uthai neibumbi ..

　문 두드리라! 즉시 열리게 되리라.

---

055 enduringge jaka: 聖物
056 푸와로 신부에서는 boošī, 즉 보석이라고 하였다. 김동소, 앞의 책, 2011,
　　158쪽.

7:8

gahūšame bairengge   bahambi .

간절히   구하는 자는 얻으리라.

baime suime   yaburengge   ucarambi .

여기저기 구하러 다니는 자는 만나리라.

duka toksirengge de   neibumbi sere turgun ..

문 두드리는 자 에게   열린다 하는 까닭이다.

7:9

jui   efen be baire   de . tede wehe bure .

아들이 떡 을 구하는 데, 그에게 돌을 주고

7:10

nimaha be baire de . meihe bure   ama .

물고기 를 구하는 데,   뱀을 주는 아버지

maka suweni dorgide bio ..

혹여 너희의   안에 있는가?

7:11

tuttu ofi . suwe   udu ehe bicibe .

그러므로 너희가 비록 惡 하더라도

damu suweni jusa[57] de   sain jaka bume bahanara bade .

다만 너희의 아이들 에게 좋은 물건 주려 구하러 가는 터에

---

[57] cf. juse

abka de bisire suweni ama .

하늘 에 계신 너희의 아버지

inde　　bairengge de kesi isibure be　　ai hendure ..

그분께 구하는 자 에게 은혜 베푸는 것을 어찌 말하랴.

7:12

tuttu ofi . suwe niyalma be suwende

그러므로 너희는 사람들 이 너희에게

eitende cihangga babe　　isibu　seci .

범사에　바라는 바를 베풀어라 한즉

suweni beye inu　niyalma de cihangga babe isibu .

너희의 자신 또한 사람들 에게 바라는 바를 베풀어라!

kooli yoso . jai geren porofiyeta i tacihiyan

　　율법　　또 여러　선지자 의 가르침

ereci　　tucinerakū ofi　kai ..

이로부터 벗어나지 않기 때문이다.

[좁은 문]

7:13

hafirhūn[58] duka de dosime yabu .

　좁은　　문 으로 들어가라!

onco duka leli jugūn gukure bade　yarumbi .

너른　문 너른 길은 망하는 곳으로 인도한다.

---

[58] cf. hafirahūn

damu onco duka leli jugūn terei yaburengge geren ..

다만 너른 문 너른 길은 그리로 다니는 자 여럿이다.

7:14

banjire de isibure duka absi hafirhūn jugūn absi isheliyen kai ..

사는 데 이르게 하는 문 몹시 좁고 길이 몹시 비좁도다.

dule tere be baime baharangge komso nikai ..

결국 그것 을 찾아서 얻는 자 적으니라.

[열매로 그들을 알리라]

7:15

suwe geren holo porufiyeta[59] de olhošo ..

너희는 여러 거짓 선지자 를 조심하라!

tese suweni jakade jidere de oilo honin i gese nomhon bicibe .

그들 너희 한테 올 적에 겉은 양 과 같이 양순 하지만

dolo niohe i gese doksin

속은 이리 와 같이 난폭하다.

7:16

ceni   yabun be kimcime tuwaha de . uthai bahafi . sambi kai ..

그들의 행동 을 자세히 살펴보면 즉시 얻어 알 수 있다.

bula   de mucu . senggete de ilhakū tubihe

가시[60] 에 포도, 엉겅퀴[61] 에 꽃 없는 과실[62]

---

[59] cf. porofiyeta

ainahai bargiyambini ..
어찌하여 거두겠는가?

7:17

tuttu　yaya sain moo　de　inu　sain tubihe banjimbi .
그렇게 무릇 좋은 나무 에서 또한 좋은 열매　생긴다.
ehe　moo　de　inu　ehe tubihe banjimbi ..
나쁜 나무 에서 또한 나쁜 열매　생긴다.

7:18

sain　moo　de　ehe tubihe banjire .
좋은 나무 에서 나쁜 열매　생기고
ehe　moo　de　sain tubihe banjire doro akū ..
나쁜 나무 에서 좋은 열매　생기는 도리 없다.

7:19

sain tubihe banjirakū yaya moo be sacifi .　tuwa de maktambi ..
좋은 열매 생기지 않는 모든 나무 를 찍어서 불　에　던진다.

---

060 bula: 荊棘
061 senggete: 蒼耳子
062 ilhakū tubihe: 無花果

7:20

erei adali holo porofiyeta i yabun be kimcime tuwaha de .

이와 같이 거짓 선지자 의 행위 를 자세히 살펴보면

utthai cembe bahafi sambi kai ..

즉시 그들을 가히 알 수 있다.

7:21

minde ejen . ejen seme hendurengge .

내게 주여, 주여 하고 말하는 자

leksei gemu abkai gurun de dosici ojorongge waka .

다같이 모두 하늘의 나라 에 들어가게 되는 것 아니다.

abka de bisire mini ama i hese be

하늘 에 계신 나의 아버지 의 旨 를

akūmbume yaburengge teile tubade dosimbi kai ..

극진하게 행하는 자 만이 그곳에 들어간다.

7:22

tere inenggi de geren gemu mini baru .

그 날 에 여럿이 모두 나를 향하여

ejen . ejen . be jidere unde baita be doigonde ulhibuhangge .

'주여, 주여, 우리가 오지 않은 일 을 미리 깨닫게 한 것

ejen i colo de mutebuhangge wakao . hutusa be bošome tucibuhangge .

주 의 칭호로 가능한 것 아닌가요? 귀신들 을 쫓아 내게 한 것

ejen i colo de akdafi yabubuhangge wakao .

주 의 칭호 에 의지해 행하게 한 것 아닌가요?

an ci encu geren ferguwecuke baita be mutebuhangge .

보통 보다 다른 여러 놀라운 일 을 가능하게 한 것

ejen i colo de akdafi šanggabuhangge wakao seme hendurede .

주 의 칭호 에 의지해 賞주게 한 것 아닌가요?' 하고 말할 적에

7:23

cende hese wasimbume . bi fuhali suwembe takarakū .

그들에게 旨 내리되, '나는 전혀 너희를 알지 못한다.

doro akū be yaburengge minci jailame gene sembi ..

道 없는 것을 행하는 자 나로부터 피하여 가라!' 하리라.

7:24

tuttu ofi . mini ere gisun be donjire .

그러므로 나의 이 말 을 듣고

geli tere be dahame yabure yaya niyalma be

또 그것 을 따라서 행하는 모든 사람 은

wehe i ninggude boo ilibuha mergen haha de duibulembi .

돌 의 위에 집을 세운 지혜로운 남자 에 비유된다.

7:25

tere boo wehei ninggude ilibuha be dahame .

그 집은 돌의 위에 세웠으므로

aga agame . bira bilteme . edun dame .

비   오고   하천 넘치고   바람 불고

šuwe seme terebe birerede .   tere   ulejehekū ..

전적으로   그것과 충돌할 적에 그것은 무너지지 않았다.

7:26

mini ere gisun be donjire .

나의 이   말 을 듣고

terebe dahame yaburakū yaya niyalma be

그것을 따라서 행치 않는 모든 사람   은

inu yonggan i ninggude boo ilibuha

또한 모래 의   위에 집을 세운

bodohon akū   haha de duibulembi ..

지모[63]   없는 남자 에 비유된다.

7:27

aga agame . bira bilteme edun dame tere be   gidara de .

비   내리고 하천 넘치고 바람 불어 그것 을 무너뜨릴 적에

terei ulejehengge faijuma   ten de isinaha . sehebi ..

그것의 무너진 것 좋지 않은 극한 에 이르렀다 하였다.

---

063 bodogon: 智謀

[무리들이 가르치심에 놀라다]

7:28

isus   ere gisun be wajiha manggi .

예수께서 이 말 을 마치고 나니

geren   gemu ini tacihiyara be ferguwembihe ..

사람들은 모두 그의 가르치는 것을 놀라워하였다.

ini   cembe tacihiyarangge   .

그가 그들을 가르치는 것

uthai tooseleme tacihiyaha be dahame .

곧   권위있게   가르쳤으므로

tuttu bithei niyalma . jai ferisei sere tacin i ursei

그래서   서기관   또 바리새인 이라는 학자들의

tacihiyara ci cingkai encu bihe ..

 가르침 과는 현저히 달랐었다.

3. 결론

이상에서 만주어 『신약성서』 마태복음 5, 6, 7장의 산상수훈을 통해서 만주어로 번역된 성서를 살펴보았다. 만주어로 번역된 용어 가운데 주요 표현을 살펴보면 선지자(porofiyeta), 지옥(geyengna), 회당(sinagoga) 등의 경우 대부분 음역을 취하여 번역한 것을 볼 수 있고, 무화과와 같이 그 뜻을 취하여 '꽃 없는 과실(ilhakū tubihe)'이라고 풀어서 번역한 예도 있다. 또 서기관에 해당하는 것을 만주어 번역에서는 글하는 사람(文人, bithei niyalma), 눈 속의 '티'나 '들보'라고 한 것은 나

무의 '속껍질(內皮, cikeku)'과 나무의 '줄기(moo i cikten)' 등으로 번역하였다. 이러한 예들은 모두 만주어 번역을 통해서 살펴볼 수 있는 것으로 만주어성서가 성서 번역학에 기여할 수 있는 부분이라 하겠다.

참고문헌

김동소, 「Tungus語 聖書에 關해서」, 『알타이학보』9, 한국알타이학회, 1999.

_____, 「最初 中國語・滿洲語 聖書 譯成者 賀淸泰 神父(P. Louis de Poirot, S. J.)」, 『알타이학보』13, 한국알타이학회, 2003.

_____, 『만주어 마태오 복음 연구-루이 드 푸와로 신부의 만주어 성경 연구(1)』, 지식과 교양, 2011.

_____, 『만주어 에스델기』, 지식과 교양, 2013.

薛蓮(송강호 역), 「만주어 신약성서-중국 대련도서관 소장본」, 『성경원문연구』30, 2012.

연규동, 「A Translation of the Bible in Manchu-with Focus on Christian Terms-(성경의 만주어 번역-그리스도교 관련 어휘를 중심으로-)」, 『인문과학』100, 연세대학교, 2014.

제4장

만주어와 한문번역

『欽定四庫全書』論語

고려대학교 민족문화연구원 만주학 총서4

청대 만주어 문헌 연구

만주어 문헌으로 보는 한문고전 번역

『번역고문』 제갈량의 문장을 중심으로

1. 서론

淸代는 滿洲族이 통치한 시대로 이 시기에는 많은 漢籍이 滿洲語로 번역되었다. 이는 淸朝가 漢籍을 번역함으로써 자신들의 滿洲語를 文化語로 격상시키기 위한 의도가 있었다.[1] 그런데 이렇게 탄생한 다수의 滿洲語文獻은 滿洲族의 漢族文化 흡수에 큰 역할을 담당했지만 다른 한편으로 淸代에 활동하던 서양 선교사들이 儒家經典 등 中國의 傳統文化에 쉽게 다가갈 수 있게 하는 역할을 하기도 하였다.[2] 滿洲語 文法書의 저자인 묄렌도르프(P. G. von Möllendorff, 穆麟德, 1847-1901) 역시 滿洲語文獻의 가치에 주목한 바 있는데, 그는 "학식 있는 귀족들의 면전에서 작성된 것이므로 한문 원서의 뜻을 확실히 표현했고, 따라서 훌륭한 문인들의 주석과 다름없는 가치를 갖는 셈이다. 만주어는 중국어를 배우기보다 훨씬 쉽기 때문에 이러한 만주어 번역서는 한문 문장을 명확히 이해하는데 큰 도움을 준다."고 하

---

[1] 成百仁, 「청조의 청문감 편찬」, 『새국어생활』 제9권 제1호, 1999, 145쪽.
[2] 季永海, 「淸代滿譯漢籍硏究」, 『民族飜譯』 第3期, 中央民族大學, 2009.

였다.3 이처럼 滿洲語文獻은 漢文飜譯에 있어서, 辭典類 못지않은 또 하나의 유용한 공구서 역할을 담당할 수 있을 것으로 생각한다.4

현재 서울대학교 중앙도서관 고문헌실에는 滿漢合璧本인 『飜譯古文』이 소장되어 있는데, 『飜譯古文』에는 司馬遷의 『史記』를 비롯해서 諸葛亮의 「出師表」, 李密의 「陳情表」, 王羲之의 「蘭亭集序」 그리고 韓愈 柳宗元, 蘇東坡 같은 唐宋古文家의 작품이 일부 또는 전체가 수록되어 있다. 본고에서는 『飜譯古文』에 수록된 諸葛亮의 文章을 중심으로 滿洲語文獻이 어떻게 漢文飜譯에 기여할 수 있는지 그 가능성을 살펴보고자 하였다.5

2. 『번역고문』의 서지사항

본고에서 활용한 滿洲語文獻은 서울대중앙도서관 소장 『飜譯古文』으로 이 가운데 『三國志演義』의 명재상이자 지략가로도 널리 알려진 諸葛亮의 文章이다. 서울대중앙도서관 소장 『飜譯古文』에 대해서는 기존의 논의를 참고하면 다음과 같다.

"『飜譯古文』16권 16책, 1851년(3900 24): 권1에서 권4까지는 『左傳』에서 발췌한 古文을, 권5는 司馬遷을 권6은 王羲之, 陶淵明 등의 글을

---

003 김동소, 「만주 문자와 만주어 문헌에 대하여」, 『만주어 마태오 복음 연구 (1)』, 지식과교양, 2011, 23쪽.
004 한문번역과 관련된 공구서에 대해서는 한국고전번역원, 『동아시아 한문번역과 관련 공구서 현황과 과제』, 2011 참고.
005 滿洲語 번역뿐만 아니라 滿漢 對譯本의 경우 번역에 사용한 漢文 底本이 기존 文獻에서 드물게 보이는 예도 있어서 판본학적인 가치도 살펴볼 수 있다.

滿洲語로 번역한 책이다. 書匣의 題簽은 『合璧古文』이다. 咸豊元年 (1851) 孟保의 서문이 있는 槐蔭山房 藏板이다."[6]

필자가 확인해 본 결과 題簽과 속표지에 모두 "合璧古文"이라고 되어 있으며 '咸豊元年歲次辛亥孟夏 定軒孟保謹識'이라고 기록되어 있는데, 참고로 諸葛亮의 작품이 들어 있는 권5의 목록을 제시하면 다음과 같다.

　古文卷第五目錄 上
　　漢
　　　司馬遷
　　　　五帝本紀贊
　　　　孔子世家贊
　　　　伯夷列傳
　　　　管晏列傳
　　　　太史公序

　古文卷第五目錄 下
　　　諸葛亮
　　　　隆中對
　　　　出師表
　　　　後出師表
　　　　自表後主
　　　　戒子書

본고에서는 이들 가운데 「(前)出師表」, 「隆中對」, 「自表後主」 총 3 편을 소개하였다. 참고로 본문의 漢文 부분은 『飜譯古文』의 對譯

---

006 김주원, 「서울대학교 도서관 소장 만주어 몽골어 문헌에 대하여」, 『알타이학보』 제22호, 한국알타이학회, 2012, 23쪽.

漢文을 수록하였고, 滿洲語는 묄렌도르프 방식에 준하여 로마자로
전사하였다.7

3. 『번역고문』 제갈량의 문장 역주

3.1 만주어 「융중대」 역주

諸葛亮의 「隆中對」는 『飜譯古文』권5에 수록되어 있다. 「隆中對」
는 달리 「草廬對」라고도 하는데, 劉備가 諸葛亮을 방문했을 때, 諸
葛亮이 劉備에게 천하 정세를 분석하고 들려준 내용을 배경으로 하
고 있다.

합벽고문 "**隆中對**"
(중국 중앙민족대 소장본)

---

007 P. G. von Möllendorff, *A Manchu Grammar with analysed texts*, Shanghai,
American Presbyterian Press, 1892.

[隆中對]

lung jung ni bade　　jabuhangge .
隆　　中　의 지역에서 대답한 것

dung jo ci ebsi . baturu kiyangkiyan[8] sasa　dekdefi .
董卓　이래로 영웅　호걸이　일제히 일어나서
jeo giyūn be kamcime ejelehengge . toloho seme　wajirakū[9] .
州郡　을 병합하고 장악한 자　세어도 마치지 못합니다.
ts'oots'oo be yuwan šoo de duibuleci . gebu buya geren komso .
曹操　를　袁紹　에 비교하면　이름 작고 무리 적습니다.

tuttu seme ts'oots'oo　yuwan šoo be etefi .
그렇지만　曹操가　袁紹　를 이기고
yadalinggū be etenggi obume mutehengge .
약함　을 강성　하게 할 수 있었던 것은
abkai erinde teile akū . inu niyalmai bodogon kai .
天時로만　아니고, 또한 사람의　智謀입니다.

te ts'oots'oo tanggū tumen geren be isabufi .
지금 曹操가　百萬　군중 을 모으고
abkai jui be hafirame goloi beise be fafulambi .
天子 를　끼고　諸侯　를 호령합니다.
ere yargiyan i terei baru　dacun　be temšeci ojorakū .
이는 진실로 그와 더불어 날카로움 을 다투지 못합니다.

---

008 baturu kiyangkiyan 漢文本은 豪傑이다.
009 toloho seme wajirakū 漢文本은 不可勝數이다.

sun kiowan ulai dergi ba be ejelefi . ilan jalan oho .

孫權은   江東   지역 을 차지하고 3 대 되었습니다.

gurun haksan bime irgen dahahabi[10] .

나라는 험준 하며 백성은 따르고 있고,

mergen mutengge baitalabuhabi .

賢者와 유능한 자를 등용하였습니다.

terei baru ishunde wehiyeci ojoro dabala . kiceci ojorakū .

그와 더불어 서로 도울 수 있을 뿐   도모할 수 없습니다.

ging jeo i ba amasi han šui miyan šui muke de nikenehebi .

荊州 의 땅은 북으로 漢水   沔水   물 에 의지하였고,

aisi julergi mederi de akūnahabi . dergi u gurun i ujan de acahabi .

利益은 남쪽 바다 에 이르렀고, 동으로 吳 나라 의 地境 에 접했고,

wargi   ba šu i bade hafunahabi .

서쪽으로 巴蜀 의 땅에 통하였습니다.

ere cooha baitalara gurun[11] . terei ejen tuwakiyame muterakū .

이는 군사 사용하는 나라로 그의 주인이 능히 지키지 못합니다.

ere   ainci   abka jiyanggiyūn de burengge kai .

이는 생각건대 하늘이   장군   께 주는 것입니다.

jiyanggiyūn aika gūnin bio .

장군께서는 혹여 뜻이 있으십니까?

---

010 gurun haksan bime irgen dahahabi 漢文本 國險而民附이다.
011 ere cooha baitalara gurun 漢文本은 此用武之國이다.

i jeo i ba haksan beki bime . huweki usin minggan ba isikabi .
益州 의 땅은 험하고 견고 하며 비옥한 전답이 千 里에 이릅니다.
ere abkai iktambuha ba[12] .
이것은 하늘이 축적케 한 땅입니다.
g'aodzu han ede akdafi han doro be mutebuhebi .
高祖 황제 이에 의지해 帝業 을 이루었습니다.

lio jang farhūn yadalinggū . jang lu amargi de bi .
劉璋은 어둡고 허약하고, 張魯는 북쪽 에 있습니다.
irgen geren gurun bayan[13] bime . gosime birulere be sarkū .
백성이 많고 나라가 부유 해도 인애하고 위무할 줄을 모릅니다.
mergen mutere urse . genggiyen ejen be bahara be gūnimbi .
지혜롭고 능력있는 무리는 밝은 주인 을 얻을 것을 생각합니다.

jiyanggiūn han i uksun i enen bime .
장군은 漢 의 宗室 의 후예 이며
akdun jurgan duin mederi de ileturehebi .
信義가 四海 에 드러났습니다.
baturu kiyangkiyan be bireme bargiyame
영웅 호걸 을 두루 거두시고

---

012 ere abkai iktambuha ba 漢文本은 天府之土이다. 滿洲語 iktami에는 蓄積하
다, 物이 쌓이다는 의미가 있다. 天府之地 같은 표현에 대해서 『신증동국
여지승람』 제39권, 전라도(全羅道) 남원도호부(南原都護府)에 "옥야백리천
부지지(沃野百里天府之地) 황수신(黃守身)의 〈광한루기(廣寒樓記)〉에, '남
원(南原)은 옛 이름이 대방(帶方)인데 산천이 수려하고 기름진 들판이 백
리에 뻗쳐 있으니 실로 천연의 부고이다.'"라고 하여 天府之地를 천연의 부
고라고 번역한 예가 보인다.
013 irgen geren gurun bayan 漢文本은 民殷國富이다.

kangkaha gese saisa be gūnimbi .

목마른 것 같이 현자를 생각합니다.

aikabade ging jeo i jeo be yooni bahafi haksan hafirahūn be karmame

만약에   荊州   益州를 전부 얻어서 험하고 협애함 을 보호하고

wargi geren aiman14 be hūwaliyambume .

서쪽 여러 부락 을 화목하게 하고

julergi i yuwei i niyalma be bilure .

남쪽   彛越 의 사람 을 위무하고

tulergi de sun kiowan de sain i falime .

밖 으로 孫權 에게 잘 결속하고

dorgi de dasan i baita be dasara .

안 에서   政 의 事 를 다스리고

abkai fejergi de kūbulin tucici . emu dergi jiyanggiyūn de .

天의 下 에 변화 나타나면 한 上   將   에게

ging jeo i cooha be kadalabufi . wan lo i baru forobure .

荊州 의 군사 를 관할케 해서 宛洛 을 향해 향하게 하고

jiyanggiyūn i beye i jeo i geren be gaifi .

장군   의 몸 益州 의 군중 을 이끌고

cin cuwan i ba be tucire ohode . tanggū halai irgen we gelhun akū

秦川 의 땅 을 나서면   百 姓의 무리 누가   감히

šoro   de buda tampin de nure tebufi15 .

광주리 에 밥, 병 에 술 담아서

---

014 wargi geren aiman 漢文本은 西戎이다.
015 šoro de buda tampin de nure tebufi 漢文本은 簞食壺漿이다.

jiyanggiyūn be okdorakū ni .

　장군　　을 맞이하지 않겠습니까?

unenggi uttu oci . da i doro16 mutebuci ombi .

　진실로 이러하면　霸 의 業　　이룰 수 있고

han gurun yendebuci ombikai ..

　漢　나라는　흥하게　됩니다.

　　이상의 번역을 살펴보면 滿洲語 번역의 특색을 볼 수 있는데, 예를
들어 '國險而民附'를 滿洲語로는 'gurun haksan bime irgen dahahabi'
라고 하였다. 이 부분에 대한 국내 번역을 보면 '나라가 튼튼하고'라
고 했는데,17 滿洲語 'haksan'의 의미에 따르면 '나라의 지세가 험하
다'는 의미이다. 즉 바로 천혜의 요새지와 같은 험준한 지세 덕분에
외부로부터의 침입이 쉽지 않다는 구체적인 의미가 드러난다.

　　또 '簞食壺漿'에 대한 국내 번역은 '대그릇에 담은 밥과 병에 넣은
장으로써'라고 했는데, 滿洲語에서는 "soro de buda tampin de nure
tebufi'이다. 이는 '광주리[篋子]에 밥, 병에 술 담아서'라고 하여 장이
아닌 술[nure]이라는 구체적인 의미가 드러나 있다. 그 뿐만 아니라
arki가 아닌 nure라고 하여 소주 종류가 아닌 누룩으로 발효한 黃酒
계통의 술이라는 것도 알 수 있다.18

---

016 da i doro 漢文本은 霸業이다.
017 김원중, 『정사 삼국지 촉서』, 민음사, 2007, 111쪽.
018 滿文에서는 黃酒는 'nure'이고 燒酒는 'arki'이다.

3.2 만주어 「출사표」 역주

「出師表」는 蜀漢 後主 建興 5年, 魏明帝 太和 元年(AD 227년)에 蜀漢의 諸葛亮이 北征에 오르며 後主인 劉禪에게 올린 글이다. 「出師表」라는 명칭으로 나타난 것은 『昭明文選』이 가장 이른 것으로 알려져 있으며, 諸葛亮의 「出師表」는 이를 읽고 눈물을 흘리지 않는 이는 충신이 아니라는 말이 있을 정도로 널리 회자된 문장이다. 「出師表」의 本文은 陳壽의 『三國志』를 비롯해서 『昭明文選』, 『資治通鑑』, 『古文眞寶』, 『古文觀止』 등에 전하는데, 다만 이들 간에는 문자의 출입이 있다.19

합벽고문 "出師表"
(중국 중앙민족대 소장본)

---

019 李漢祚, 「出師表에 대하여」, 『人文論集』21, 고려대학교 문과대학, 1976, 17쪽. 이밖에 『三國志演義』에도 出師表가 수록되어 있는데, 『三國志演義』에 수록된 「出師表」 역시 演義 판본 자체에 따라 문자의 출입이 있다.

[出師表]

ju g'o liyang . cooha tucire jalin wesimbuhe bithe .

　諸葛亮이　　　군사　내기 위해　상주한　글

nenehe han[20] fukjin doro[21] neime　dulin dulin ojoro onggolo .

　先帝께서　　　創業　여시고 절반　되기　전에

aldasi　beye　urihe[22] ..　te abkai fejergi ilan ubu[23] de .

중도에 몸이 崩御하셨습니다. 이제 天의　下　삼　분　으로

i jeo i ba mohome cukuhebi .

益州 의 땅 곤궁하고 곤핍해졌습니다.

ere yargiyan i tuksicuke olhocuka taksire　gukure　ucuri kai .

이는 진실로　위태롭고　두렵고 존속하고 멸망하는 즈음입니다.

tuttu seme dalire karmara ambasa[24] . dorgi de heolederakū

그렇지만 가리고 보호하는 신하들이　안 에서 게으르지 않고

tondo　mujingga saisa[25] . beye be tulergi de onggohongge .

충성되고 뜻있는 현자가　몸 을　밖 에서　잊은 것

---

[020] nenehe han 漢 昭烈帝 劉備를 가리킨다. 後主는 劉備의 아들인 劉禪.

[021] fukjin doro 創業, fukjin에는 開創, 創始, 基盤, 土臺 등의 의미가 있다.

[022] beye urihe 漢文本은 崩殂이다. 陳壽, 『三國志・蜀書・先主傳』에는 "夏四月 癸巳, 先主殂于永安宮, 時年六十三"이라고 하여 殂를 사용하였다.

[023] ilan ubu 漢文本은 三分이다. 滿洲語 번역에서는 ubu(몫)를 사용한 것이 보 인다.

[024] dalire karmara ambasa 漢文本은 侍衛之臣이다.

[025] tondo mujingga saisa 漢文本은 忠志之士이다. 士는 기존 대부분의 번역본 에서 將帥 내지 將士라는 의미로 풀었다. 그런데 滿洲語 saisa는 보통 賢者, 學者, 儒 등을 가리킨다. 이 같은 예로는 君子(ambasa saisa), 烈士(jilingga

cohome nenehe han i jiramin gosiha be gūnime .
특별히 　　先帝　　께서 두텁게 인애하신 것을 생각하고
ejen[26] de karulaki serengge kai .
폐하 께 보답하고자 하는 것입니다.

giyan i enduringge donjin[27] be neime badarambufi .
응당 　성스러운 들음 　을 여시며 확장하시고
nenehe han i werihe erdemu be eldembume .
　先帝 　께서 남기신 　덕 　을 빛나게 하시고
mujingga saisai[28] sukdun be yendebume huwekiyebuci acambi .
뜻있는 현자의 　기운 을 흥하게 하고 고무시켜야 마땅합니다.
balai gūnin i cihai weihukeleme arbušame . duibuleme yarure de
함부로 뜻 임의로 가벼이 하여 거동하시고, 비유하고 인도할 적에
jurgan be ufarabume . tondoi tafulara jugūn be sici ojorakū ..
의로움 을 잃게 하고, 忠으로 諫하는 길 을 막으면 안됩니다.

---

saisa), 志士(mujingga saisa), 隱士(somiha saisa) 등이 있다. 이처럼 士를
saisa로 번역한 것이 滿文本의 특색이다. 『만한삼국지』에서는 saisa를 豪傑
이라는 의미로도 풀었다.
026 ejen 主君을 말한다. 譯註에서는 폐하로 옮겼다.
027 enduringge donjin 漢文本은 聖聽이다.
028 mujingga saisa 漢文本은 志士이다.

gurung ni dorgi yamun i dorgi[29] serengge . yooni emu beye .

宮　의 안　衙門 의 안　이라는 것　전부　한　몸

sain ehe ningge be wesibure wasibure de[30] encu obuci ojorakū

좋고 나쁜 것 을 올리고 내리는 데 다르게 하면 안 됩니다.

aikabade jemden be deribure fafun be necire .

만약에　폐단 을 시작하고 법 을 침해하고

jai tondo sain be yabure urse bici .

또 忠과　善　을 행하는 무리 있으면

tušan i hafasa de afabufi . weile šangnaha be gisurebume .

직임 의 관리들 에게 맡겨서　罪와　賞내린 것을 말하게 하고

ejen i necin genggiyen dasan be iletuleci acambi .

폐하 의 공평하고 밝으신 다스림 을 드러내야 마땅합니다.

haršame dokolome dorgi tulergi fafun be encu obuci ojorakū .

편들고　총애하여 안과 밖의 법 을 다르게 해서는 안 됩니다.

ši jung hafan ši lang hafan g'o io jy . fei wei . dung yūn se .

侍中　벼슬 侍郎　벼슬 郭攸之　費褘　董允　등

ese gemu akdun jingji . mujin seolen tondo gulu[31] urse .

이들 모두 신실 진중하고 마음과 사려가　忠純한　무리입니다.

tuttu nenehe han sonjome tukiyefi . ejen de werihe .

그래서 先帝께서 선발하여 높이고, 폐하 께 남기셨습니다.

---

[029] gurung ni dorgi yamun i dorgi 漢文本은 宮中府中이다.
[030] sain ehe ningge be wesibure wasibure de 漢文本은 陟罰臧否이다.
[031] mujin seolen tondo gulu 漢文本은 志慮忠純이다.

mentuhun i gūnin gurung ni dorgi baita be . amba ajige akū .

미련한 자의 생각 宮 의 안 일 을, 크고 작음 없이

gemu hebešefi . amala jai selgiyeme yabubuha de .

모두 논의하시고, 뒤에 다시 전유하시어 행하게 하면

urunakū edebuhe melebuhe be jombume niyeceteme .

반드시 결여되고 누락된 것 을 일깨우며 보충하고

ambula tusa ojoro babi .

크게 이익 되는 바 있습니다.

만한합벽 삼국지연의
(프랑스 파리국립도서관 소장본)

jiyanggiyūn hiyang cung . banin yabun bolgo necin .

장군 向寵은 성품 행실이 깨끗하고 공평하고

coohai baita be hafu ulhihebi . seibeni cendeme baitalafi .

군사의 일 을 꿰뚫어 깨쳤습니다. 옛적에 시험하여 쓰시고

nenehe han　mutembi seme maktame henduhe bihe .

先帝께서　　유능하다 고 칭찬하여 말씀하셨었습니다.

tuttu ofi　geren　gisurefi . hiyang cung be tukiyefi

그러므로 여럿이 논의하고,　　向寵　을 들어서

uheri dalaci sindaha .　mentuhun i　gūnin .

전체 수장 삼았습니다. 미련한 자 의 생각으로

kūwaran i baita be gemu hebešehede

　영　의 일 을 모두 논의하시면

urunakū coohai urse[32] be hūwaliyasun hūwangga obume .

반드시 군대의 무리 를　　화목하게　　하고

fulu　　eberi　de　teisu be bahabume mutembi[33] .

뛰어나고 열등함 에 상응함 을 얻게 할 수 있습니다.

mergen amban be hanci .　buya niyalma be aldangga obufi .

현명한 신하 를 가까이 하고 소　인　을　멀리　해서

tuttu nenehe han gurun mukdeme yendehebi .

그래서　前漢　나라　흥성하였습니다.

buya niyalma be hanci . mergen amban be aldangga obufi .

소　인　을 가까이 현명한 신하 를　멀리　해서

tuttu amaga han gurun ungkebume efujehebi .

그래서　後漢　나라 뒤엎어지고 무너졌습니다.

---

032 coohai urse 漢文本은 行陣이다.
033 fulu eberi de teisu be bahabume mutembi 漢文本은 優劣得所이다.

nenehe han i bisire fonde . amban mini baru

先帝 께서 계실 적에 　신　 저와 더불어

ere baita be leolehe dari . hūwan di han ling di han　i jalin

이　 일　을 논할 적마다 　桓帝 황제 靈帝 황제 로 인해

cibsime　sejileme　akame　fancarakūngge　akū bihe .

원망하고 탄식하고 애통하고 분해하지 않은 것 없었습니다.

ši jung . šang šu . jang ši . ts'an giyūn hafasa .

侍中　　尚書　　長史　　參軍　 관리들

ese gemu akdun　 sain jurgan i jalin bucere ambasa .

이들 모두 신실하고 좋고 의　를 위해 죽는 신하들입니다.

buyerengge　han　 gosire　akdara ohode .

원하는 것은 황제께서 인애하여 믿게 되시면

han gurun i mukdere be . inenggi bilafi　aliyaci　 ombi .

漢 나라 의 홍성함 을　 날　 정해서 기다리면 됩니다.

amban bi　 daci　bosoi etuku[34] etufi .

　신 저는 본래 무명의 옷　 입고

beye nan yang ni　bade usin weileme .

직접　　 南陽　의 땅에서 농사 지으며

ainame　facuhūn　jalan de　ergen jalgan be karmame .

어찌해서 어지러운 세상 에서 생명　 목숨 을 보호할까 하고

---

034 bosoi etuku 漢文本은 布衣이다.

goloi beise i donjire sara be baihakū bihe .

諸侯들 이 듣고 아는 것을 구하지 않았었습니다.

만문 삼국지연의
(프랑스 파리국립도서관 소장본)

nenehe han amban mimbe fusihūn albatu serakū .

先 帝께서 신 저를 낮고 천하다 여기지 않으시고

nememe beyebe gocifi[35] . elben i boode

도리어 몸을 굽혀서 띠풀 의 집에

amban mini jakade ilan mudan acanafi[36] .

신 저 한테 세 번 만나러 오시어

---

[035] nememe beyebe gocifi 漢文本은 猥自枉屈이다.
[036] elben i boode amban mini jakade ilan mudan acanafi 漢文本은 三顧臣於草
廬之中이다.

amban minde   ne   jalan i baita be fonjire jakade .

신   저에게 지금 세상 의 일 을 물으시는 고로

tereci   hukšeme   gūnime .

그로부터 감격스레 생각하고

uthai nenehe han de hūsun buki seme angga aljaha .

마침내 先 帝 께 힘 쓰자 고 응낙했습니다.

amala   ungkebume efujere be ufarafi[37] .

나중에 뒤엎어지고 무너짐 을 당하고

cooha gidabuha ucuri tušan be alifi .

군사   패한   즈음 직무를 받고

tuksicuke suilacuka bade hesei takūraha .

위태롭고 수고로운 곳에 旨로 파견하여,

ede isibume orin emu aniya oho .

이에 이르러 스무 한   해 되었습니다.

nenehe han amban mini ginggun olhoba be safi .

先帝께서는   신   저의 공경함 조심함 을 아시고

tuttu   urire   nerginde amban minde amba baita be afabuha .

그래서 붕하시는 즈음에 신 저에게 큰   일 을 맡기셨습니다.

hese be aliha ci ebsi . inenggi dobori akū   jobome   gūnime .

旨 를 받은 이래로   낮   밤 없이 근심하며 생각하고

---

afabuha   de acabume muterakū ofi .

맡겨주신 데 부응하지 못하게 되어

nenehe han i genggiyen be gūtuburahū seme .

　先帝　의　 밝으심　을 욕되게 할까 하고

tuttu sunja biyade lu šui bira be doofi .

그래서 5 월에 瀘水　강　을 건너고

orho banjirakū   bade šumin dosika .

풀 자라지 않는 곳에 깊이 들어갔습니다.

te   julergi ba toktoho . cooha uksin yongkiyaha .

이제 남쪽의 땅 평정하였고, 군사 갑옷 완비하였습니다.

geren cooha be huwekiyebume gaifi .

여러 군사 를 권장하여   이끌고

amasi jung yuwan i babe toktobure ohode .

북으로   中原 의 지역을 평정하게 되면

lata   moyo be akūmbume[38] .

느리고 둔함 을 진력하고

jalingga ehe be geterembume necihiyefi .

간특한 악 을   제거하고 평정해서

han gurun be dahūme mukdembume .

漢 나라 를 다시 흥성케 하고

fe du hecen de bederebuci ome hamire .

옛 都城 에 거의 귀환할 수 있게 됩니다.

---

038 lata moyo be akūmbume 漢文本은 竭駑鈍이다.

ere amban mini nenehe han de karulame .

이는 신 제가 先帝 께 보답하고

ejen de tondo be isibure tušan teisu .

폐하 께 충성 을 이르게 하는 직분입니다.

jai acara be tuwame nonggire ekiyeniyere[39] .

또 마땅함을 보아서 더하고 줄이고

tondo gisun be akūmbume wesimburengge .

충성된 말 을 극진히 하여 상주하는 것은

g'o io jy . fei wei . dung yūn sei baita .

郭攸之 費褘 董允 등의 일입니다.

buyerengge ejen hūlha be dailara

원하옵기는 폐하께서는 도적 을 정벌하고

dahūme mukdembume mutere be amban minde afabureo .

다시 홍성케 하는 것을 신 저에게 맡겨주십시오.

muterakū oci . amban mimbe weile arafi .

이루지 못하면 신 저를 罪 주시고

nenehe han i enduri fayangga de alaki .

先帝 의 神靈 께 고하소서

aikabade erdemu be yendebure gisun akū oci .

만약에 德 을 홍하게 하는 말이 없으면

g'o io jy . fei wei . dung yūn sei

郭攸之 費褘 董允 등의

---

039 acara be tuwame nonggire ekiyeniyere 漢文本은 斟酌損益이다.

heolen be weile arafi .   tesei   waka be algimbu .

태만함 을   罪 주시고, 그들의 잘못 을 소문내십시오!

ejen inu   beye bodome . sain doro be fujululame fonjime .

폐하 또한 몸소 헤아려   좋은 도리 를   자문하시고

tusangga gisun[40] be kimcime gaime .

유익한   말   을 살펴서 취하시고

nenehe han i delhentuhe hesei bithe be šumilame gūnici   acambi .

先帝 께서 유언하신 칙지의   글 을   깊이 생각하셔야 합니다.

amban bi   kesi be   alifi alimbaharakū hukšeme gūnimbi .

신 저는 은혜 를 받고 견딜 수 없이 감격스레 생각합니다.

te   goro fakcame ofi . wesimbure bithe arara de songgome[41] .

이제 멀리 떠나게 되어, 상주하는 글   쓸 적에   울며

absi   gisurehe be   sarkū   oho[42] ..

어찌 말했는지 를 모르게 되었습니다.

---

[040] tusangga gisun 漢文本은 雅言이다. 이 부분에 대해 국내 번역은 바른 말, 좋은 말 또는 훌륭한 말 등으로 번역하였다. 朝鮮時代 淸學書『漢淸文鑑』에서는 tusangga를 利害의 利, 즉 有益하다는 뜻으로 풀었다.

[041] songgome 漢文本은 涕零이다.

[042] absi gisurehe be sarkū oho 漢文本은 不知所言이다. 滿洲語로는 gisurehe라고 하여 已然之詞, 즉 旣然形을 사용한 것이 주목된다. 이렇게 본다면 무엇을 아뢰었는지를 모르게 되었다는 의미로의 풀이가 가능하다. 이는 국내 대부분의 한글 번역이 '무엇을 아뢸지를'이라고 한 것과 좋은 대비가 된다. 조선시대 역학서인『삼역총해』에도 不知所言 대목이 등장하는데, 滿文 原文 역시 gisurehe gisun의 旣然形으로 번역한 것이 보인다.

3.3 만주어 「자표후주」 역주

諸葛亮의 「自表後主」 역시 『飜譯古文』 권5에 수록되어 있다. 「自表後主」에는 뽕나무 800그루와 척박한 전답 열다섯 이랑이 전부라는 諸葛亮의 검소한 삶이 잘 드러난 글이다. 陳壽의 『三國志』에도 전하나 『飜譯古文』의 본문과 약간 차이가 있다. 「自表後主」는 달리 「遺表」, 「臨終遺表」 등의 명칭이 있다. 이에 대해서 상세한 것은 『諸葛亮集』을 참고할 수 있다. [43]

[自表後主]

beyei   jalin heo ju de wesimbuhe bithe .
자신의 일로 後主 께   상주한   글

hujufi   gūnici . amban mini salgabuha banin moyo sijirhūn de .
엎드려 생각하면, 신 저의 타고난   성품 둔하고 곧음 에
jobocuka suilacuka erin be ucaraha[44] .
근심하고 고생하는 때 를 만났습니다.

---

043 諸葛亮 著, 段熙仲, 聞旭初 編校, 『諸葛亮集』, 中華書局, 1960 1판, 2010 6次 印刷, 13쪽.
044 jobocuka suilacuka erin be ucaraha 漢文本은 遭時艱難이다.

cooha ilifi amasi dailame . gungge be mutebure onggolo .
군사 일으켜 북으로 정벌하고   공 을 이루기도   전에
gūnihakū ufuhu niyaman i nimeku bahafi[45] .
뜻하지 않게 폐 심장 의 병   얻어
ergen yamji cimari oho[46] .
목숨이 저녁 아침이 되었습니다.

damu buyerengge ejen mujilen be bolgo buyen be komso obume .
다만 원하는 것은 폐하는 마음 을 깨끗하고 욕심 을 적게 하시고
beyebe bargiyatame irgen be gosireo[47] .
몸을 단속하시고 백성 을 인애하소서.
nenehe han de hiyoošun i doro be isibureo .
  先   君 께   孝順 의 道 를 이르게 하소서.
abkai   fejergi jalin gosin mujilen be tebureo .
하늘의 아래를 위해 어진 마음 을 두소서.

somime tehe urse be tukiyeme baitalafi .
숨어서 살던 무리 를 높여서 쓰시고
mergen sain   be   dosimbureo .
현자 선량한 자를 나아가게 하소서.

---

[045] ufuhu niyaman i nimeku bahafi 漢文本은 病在膏肓이다. 폐와 심장에 병이
들었다는 '병이 깊다'는 뜻이다.
[046] ergen yamji cimari oho 漢文本은 命垂旦夕이다.
[047] beyebe bargiyatame irgen be gosireo 漢文本은 約己愛民이다.

jalingga　　acuhiyan urse be bošome nakabufi .

간사하고 참소하는 무리 를 내쫓아 그치게 하시고

geren i tacin be jiramilarao[48] .

衆人 의 풍속 을 후대하소서.

cengdu hacen de amban mini boo i nimalan moo jakūn tanggū .

成都　　城 에 신 저의 집 의 뽕 나무 8 백

hingke　　usin tofohon delhe bi .　　juse omosi i eture jetere de .

좋지 않은 전답 열다섯 이랑 있습니다. 자손들 이 입고 먹는 데

funcetele elgiyen　ohobi .　amban mini beye tulergi de bifi .

남도록 풍족하게 되었습니다. 신 저의 몸은 밖 에 있고

enculeme　　baitalara　　fayara ba akū[49].

따로 행하여 사용하고 소비하는 바 없습니다.

erin de acabume eture jeterengge be . gemu alban ci　gaimbi .

때 에 맞춰서 입고 먹는 것 을 모두 官 에서 취합니다.

ereci　　encu banjire hethe be jušuru jurhun i gese ilibuhakū[50] .

이로부터 따로 생기는 家産 을 尺寸 과 같이 세우지 않았습니다.

amban mini bucehe inenggi . dorgi de suje funcebume .

신 제가 죽은 날 안 에 비단 남게 하고

tulergi de ulin iktambume ejen be urgederakū ..

밖 에 전답 축적시켜서 폐하를 저버리지 않겠습니다.

---

048 geren i tacin be jiramilarao 漢文本은 以厚風俗이다.

049 enculeme baitalara fayara ba akū 漢文本은 別無調度이다.

050 ereci encu banjire hethe be jušuru jurhun i gese ilibuhakū 漢文本은 不別治生, 以長尺寸이다. 이 부분은 漢文本의 충실한 對譯에 가깝다. 家産을 尺寸, 즉 적은 數値라도 늘리지 않았다는 의미이다.

4. 결론

이상에서 『飜譯古文』에 수록된 3편의 諸葛亮의 文章을 통해 이들 滿洲語文獻이 漢文飜譯에 기여할 가능성을 탐색해 보았다. 漢文에서는 비교적 복잡한 어휘들도 滿洲語로는 평이하게 옮겨진 예가 많은데, 예를 들어 '簞食壺漿'은 'soro de buda tampin de nure tebufi' '民殷國富'는 'irgen geren gurun bayan' 하는 식으로 풀어서 번역되었기 때문에 이해하기가 쉽다. 특히 漢文 '國險而民附'를 滿洲語로는 'gurun haksan bime irgen dahahabi'라고 하여 천혜의 요새지와 같은 험준한 지세 덕분에 외부로부터의 침입이 쉽지 않다는 의미를 드러냈다. 또 漢文의 '簞食壺漿'에 대해서도 'soro de buda tampin de nure tebufi'라고 하여 병에 담은 것이 '술'이라는 것을 구체적으로 드러냈다.

「出師表」의 경우에도 '雅言'을 국내 대부분의 번역에서는 '바른 말, 좋은 말' 또는 '훌륭한 말' 등으로 번역하였으나 滿洲語 'tusangga'의 뜻을 보면 '利害의 利,' 즉 '有益하다'는 뜻이 보다 구체적으로 드러나 있어 번역에 좋은 참고가 된다. '不知所言' 역시 滿文本의 특색이 잘 드러난 대목이다. 이처럼 해당 대목의 譯註에서 살펴본 것처럼 滿洲語로 번역된 文獻의 장점을 살려서 漢文 번역에 활용한다면 기존 번역의 오류와 오역을 바로잡고 보다 나은 번역을 하는데 일조할 수 있을 것으로 기대한다.

참고문헌

1. 자료

『三國志』, 『昭明文選』, 『資治通鑑』, 『古文眞寶』, 『古文觀止』

2. 논저

季永海, 「淸代滿譯漢籍硏究」, 『民族飜譯』 第3期, 中央民族大學, 2009.

김동소, 『만주어 마태오 복음 연구(1)』, 지식과교양, 2011.

김주원·정제문·고동호, 「滿文 詩經의 飜譯 樣相 硏究」, 『알타이학보』 19, 한국알타이학회, 2009.

김주원, 「서울대학교 도서관 소장 만주어 몽골어 문헌에 대하여」, 『알타이학보』 22, 한국알타이학회, 2012.

成百仁, 「청조의 청문감 편찬」, 『새국어생활』 제9권 제1호, 국립국어연구원, 1999.

李漢祚, 「出師表에 대하여」, 『人文論集』 21, 고려대학교 문과대학, 1976.

諸葛亮 著, 段熙仲·聞旭初 編校, 『諸葛亮集』, 中華書局, 1960 1판, 2010 6쇄.

한국고전번역원, 『동아시아 한문번역과 관련 공구서 현황과 과제』, 2011.

P. G. von Möllendorff, *A Manchu Grammar with analysed texts*, Shanghai, American Presbyterian Press, 1892.

제5장

만주어와 북경어

「淸文啓蒙」
(국립중앙도서관 소장본)

고려대학교 민족문화연구원 만주학 총서4

청대 만주어 문헌 연구

『淸文啓蒙』의 滿洲式 漢語에 대한 考察

1. 서론

淸代 滿洲族의 入關(1644)과 더불어 滿洲語는 北京을 중심으로 漢語와 긴밀한 접촉을 갖게 되었다. 언어학적으로 漢語는 語順이 중요한 문법적 기능을 나타내는 孤立語(Isolating Language)로서 주어·동사·목적어의 SVO 형태를 취하는데,[1] 滿洲語는 語順에서 일반적으로 술어가 목적어의 뒤에 오는 SOV 형태를 취한다.[2] 이처럼 이질적

---

[1] 중국어[漢語]의 語順은 기본적으로 SVO이지만, 일부 방언에는 SOV 형식을 기본 구문으로 선호하여 사용하는 경우도 있다. 崔玲愛는 제리 노만(Jerry Norman)의 설에 근거하여 중국어가 본래는 동족어인 티베트어와 같은 SOV였는데, 인접한 SVO 어순의 남방언어들의 영향을 받아 SVO로 변화한 것이며, 갑골문에서 이미 확고한 SVO순인 것으로 보아 이른 시기에 이 같은 변화가 이루어졌다고 보았다. 崔玲愛, 『중국어란 무엇인가』, 통나무, 1998, 53쪽 참고.

[2] 滿洲語도 그렇지만 契丹語·女眞語 역시 膠着語이기 때문에 孤立語인 漢語와 달리 활발한 어미변화를 수반한다. 따라서 膠着語가 지닌 이러한 형태변화와 어법형식을 漢語로 표현하는 데는 많은 어려움이 뒤따랐을 것이다. Eerdunbateer(額爾敦巴特爾), 「거란대자연구현황과 과제」, 『거란연구의 현황과 연구방향』, 북방문화연구소, 2009, 172쪽 참고.

인 두 언어는 상호 교류 과정에서 적지 않은 영향을 주고받았는데, 그 결과 滿洲族이 漢語를 배우고 익히는 과정에서 '모국어의 간섭현상'에 따른 과도기적 표현인 滿洲式 漢語가 나타났다.3 우리는 그 같은 흔적을 淸代 滿洲語 관련 문헌에서 찾아볼 수 있는데, 본고에서는 淸代 滿洲語 학습에서 일종의 교과서 역할을 했던 『淸文啓蒙』을 중심으로 註釋 漢語에 나타난 淸代 滿洲式 漢語에 대해 살펴보도록 한다.

2. 『淸文啓蒙』 註釋 漢語의 言語的 背景

『淸文啓蒙』은 淸代 雍正 8년(1730) 滿洲族 舞格4이 저술한 滿洲語 학습서로 본문 구성은 滿洲語와 이를 풀이한 漢語가 병기된 滿漢合璧本이다. 이 책은 1632년 有圈點 만주자로 滿洲語가 기록되기 시작한 지 100년 정도 경과한 뒤의 저작이지만 滿洲語 文語의 본격적인 정제사업이 이루어지는 1708년의 御製淸文鑑과 1771년의 御製增訂淸文鑑의 과도기에 저작된 대표적인 滿洲語 文語의 어학서이다.5 그런데 滿洲語 학습서인 이 책에는 滿洲語뿐만 아니라 당시의 口語로 풀이한 漢語가 있어서 淸代 18세기의 漢語를 규탐할 수 있는 좋

---

003 趙杰은 『北京話的滿語底層和輕音兒化探源』(北京燕山出版社, 1996)에서 北京 內城의 만주족이 사용하던 '滿語京語'는 소멸한 것이 아니라 '滿式漢語'라는 과도기를 거쳐 '京腔北京話'로 변한 것으로 보았다.

004 舞格이 滿洲族이라는 것은 "長白舞格壽平著述"이라고 한 것으로 증명된다. 淸代 滿洲族 文人들은 관습적으로 長白山을 가리키는 '長白'으로 本籍을 나타냈다.

005 성백인, 「滿洲語 音韻史硏究를 爲하여-淸文啓蒙 異施淸字 硏究(其一)」, 『만주어와 알타이어학 연구』, 태학사, 1999, 426쪽 참고.

은 자료가 되고 있다.

『淸文啓蒙』二酉堂本   『淸文啓蒙』
(日本 內閣文庫)   (A, Wylie의 영역본)

『淸文啓蒙』
(서강대 로욜라도서관 소장본)

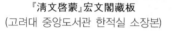

『淸文啓蒙』宏文閣藏板   『淸文啓蒙』文盛堂藏板
(고려대 중앙도서관 한적실 소장본)   (서울대 중앙도서관 고문헌자료실)

　『淸文啓蒙』의 판본에 대해 살펴보면 국립중앙도서관의 三槐堂本,
永魁齋本을 비롯해서 서울대 중앙도서관 고문헌자료실의 三槐堂本,
文盛堂本 등이 전하고 있는데, 文盛堂本의 경우 滿洲語로는 'yung
kui jai dzang ban'이라고 하여 永魁齋藏板이라고 한 것이 보인다.6
　『淸文啓蒙』의 구성을 검토하면 목차 부분에 '滿漢字淸文啓蒙'이
라고 나오며, 『淸文啓蒙』文盛堂藏板을 기준으로 總目을 보면 다음
과 같다.

---

006 이밖에 고려대학교 중앙도서관의 宏文閣本, 서강대학교 로욜라도서관의
　　三槐堂本 등도 서지 목록에서 확인되었다. 『淸文啓蒙』판본 상황에 대해서
　　는 池上二良, 「ヨーロッパにある滿洲語文獻について」, 『滿洲語硏究』, 汲
　　古書院, 1999 참고.

『淸文啓蒙』總目 卷1~卷4
(서울대 文盛堂藏板)

　그러나 국립중앙도서관의 永魁齋本은 總目 부분에 권3, 권4가 중
복되었으며, 특히 뒤에 나오는 권3의 내용은 앞에 나온 권2의 내용
을 담고 있다. 또 권4에서 순서가 바뀌었으며, 권5와 권6의 목차가
추가로 들어있다.7

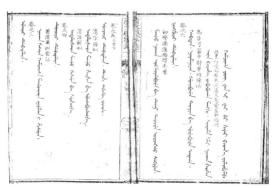

『淸文啓蒙』[總目 卷5, 卷6 부분]
(永魁齋藏板, 국립중앙도서관)

---

007 『淸文啓蒙』은 卷1~卷4인데, 국립중앙도서관 永魁齋本은 목차 부분에 卷3,
　　卷4가 중복되고 卷5, 卷6의 목차가 수록된 것이 특이하다. 여기에 대해서
　　는 성백인, 1999, 앞의 책을 참고할 수 있다.

	서울대 文盛堂藏板	국립중앙도서관 永魁齋藏板	
권1	ujui debtelin 卷之一 manju hergen i juwan juwe uju . emteli hergen . holboho hergen i jy nan 滿洲十二字頭單字聯字指南 manju acan mudan i hergen 切韻淸字 manju tulergi emteli hergen 滿洲外單字 manju tulergi holboho hergen 滿洲外聯字 manju acan mudan i hergen be acabure arga 淸字切韻法 mudan encu i manju hergen 異施淸字 manju hergen ararade fi nikere nenden ilhi 淸書運筆先後	ujui debtelin 卷之一 manju hergen i juwan juwe uju . emteli hergen . holboho hergen i jy nan 滿洲十二字頭單字聯字指南 manju acan mudan i hergen 切韻淸字 manju tulergi emteli hergen 滿洲外單字 manju tulergi holboho hergen 滿洲外聯字 manju acan mudan i hergen be acabure arga 淸字切韻法 mudan encu i manju hergen 異施淸字 manju hergen ararade fi nikere nenden ilhi 淸書運筆先後	
권2	jai debtelin 卷之二 nikan gisun kamciha manjurara fiyelen i gisun 兼漢滿洲套語	jai debtelin 卷之二 nikan gisun kamciha manjurara fiyelen i gisun 兼漢滿洲套話	
권3	ilaci debtelin 卷之三 manju bithei gisun de aisilara mudan i hergen 淸文助語虛字	ilaci debtelin 卷之三 manju bithei gisun de aisilara mudan i hergen 淸文助語虛字	ilaci debtelin 卷之三 nikan gisun kaciha manjurara fiyelen i gisun 兼漢滿洲套話
권4	duici debtelin 卷之四 adališara manju hergen be ilgabuhangge 淸字辨似 adališara manju gisun	duici debtelin 卷之四 adališara manju hergen be ilgabuhangge 淸字辨似 adališara manju gisun	duici debtelin 卷之四 adališara manju gisun be suhengge 淸語解似 adališara manju hergen

	서울대 文盛堂藏板		국립중앙도서관 永魁齋藏板
	be suhengge 淸語解似 此書行後尙有初學滿漢 繙繹本要馬步弓箭中射 準頭練法兼漢淸文義彙 直解淸文語類捷錄必讀 數種續出	be suhengge 淸語解似 此書行後尙有初學滿漢 繙繹本要馬步弓箭中射 準頭練法兼漢淸文義彙 直解淸文語類捷錄必讀 數種續出	be ilgabuhangge 淸字辨似
권5			sunjaci debtelin . dergi dulimba fejergi 卷之五 上中下 manju nikan ubaliyambure be teni tacire oyonggo sekiyen 初學滿漢繙繹本要
권6			ningguci debtelin 卷之六 gabtan . niyamniyan . goibure toyon be urebure arga 馬步弓箭中射準頭練法 ere bithe yabubuha manggi . sirame geli nikan hergen kamciha cing wen i fei jy giyei bithe folobumbi 此書行後尙有兼漢滿淸文義彙直解續刊

　표에도 보는 것처럼 국립중앙도서관『淸文啓蒙』永魁齋藏板의 總目은 권5, 권6이 추가되어 있는 독특한 현상을 볼 수 있다.

　『淸文啓蒙』전4권 가운데 본고에서 다루게 될 註釋 漢語는 권2의 「兼漢滿洲套話」 부분인데,8 권2의 목차를 보면 滿洲語로 'nikan gisun kamciha manjurara fiyelen i gisun'이라고 되어 있다. 본문의 내

용은 대화 형식으로 이루어진 滿洲語會話이다. 『淸文啓蒙』권2의 滿洲語會話는 전부 50여 항목으로 구성되어 있는데, 註釋으로 실린 漢語는 文言이 아닌 淸代 滿洲族이 사용한 滿洲式 漢語이다. 이들 註釋 漢語의 성격에 대해서 作忠堂主人 程明遠의 序文을 보면 이렇게 소개되어 있다.

『淸文啓蒙』序
(국립중앙도서관 永魁齋藏板)

cing wen ki meng bithe serengge ． mini gucu šeo ping siyan šeng ni
fisembume arafi ． booi tacikū de tacibuhangge ． ede sume sindaha
nikan gisun ． udu umesi muwa cinggiya bicibe ．

淸文啓蒙一書乃吾友壽平先生著述以課家塾者也． 其所註釋漢語, 雖甚
淺近

(『淸文啓蒙』書라는 것은 나의 벗 壽平 先生이 述說하여 써서 家塾에서 가르친 것이다.
여기 풀어 놓은 漢語는 비록 매우 거칠고 淺薄하지만)

---

008 판본에 따라서 '兼漢滿洲套話'가 '兼漢滿(洲)套語'로 나오는 것도 있는데, 본
고에서 예문은 국립중앙도서관 永魁齋本을 따랐다.

이처럼 序文에서 註釋 漢語가 '甚淺近'하다고 했는데, 序文의 끝에서도 이 책은 집안에서 아이들을 가르치기 위해 만든 것이라 풀이한 언어가 文雅하지 않다고 밝혔다.

『淸文啓蒙』作忠堂主人 程明遠 題
(서울대 文盛堂藏板)

suhengge yooni buya calgari gisun. muwa albatu bime fiyan akūngge.

所註皆係俚言鄙語廳俗不文

(풀이한 것은 모두 자잘하고 迂闊한 말, 거칠고 비속하며 文雅하지 않은 것)

3. 『淸文啓蒙』 滿洲式 漢語의 語順

『淸文啓蒙』「兼漢滿洲套話」에 실린 註釋 漢語는 淸代 滿洲族이 漢人들과 접촉하면서 배우고 사용한 滿洲式 漢語의 특징을 잘 보여주고 있다. 이들 滿洲式 漢語는 滿洲族의 모국어인 滿洲語의 사용 습관이 목표어인 漢語에 영향을 끼쳐서 발생한 과도기적 표현들이다. 목표어에 영향을 끼치는 모국어의 이 같은 간섭현상은 語音, 語

彙, 語順 등 여러 방면에서 발생하는데,9 滿洲語의 영향을 받은 이들 滿洲式 漢語를 먼저 '有'와 '把字句' 같은 語順 특징을 중심으로 살펴본다.

3.1 bi와 有

오늘날 '現代 漢語'를 배우는 한국인들은 종종 무의식중에 모국어인 한국어의 語順을 목표어인 漢語에 적용해서 말하는 모습을 드러낸다. 예를 들어 '나는 사과 사먹을 돈이 없다'는 것을 漢語로 표현할 때 한국인들은 '나(我) 사과(蘋果) 사먹다(買吃) (的) 돈(錢) 없다(沒有)'의 순서로 말하거나 '나(我) 사먹다(買吃) 사과(蘋果) (的) 돈(錢) 없다(沒有)' 또는 '나(我) 사과 사먹다(買蘋果吃) (的) 돈(錢) 없다(沒有)'라고 말하는데, 이를 통해서 알 수 있듯이 '없다'는 술어에 해당하는 '沒有'를 모두 마지막에 위치시키고 있다.10

이는 올바른 現代 漢語 표현이 아닌 일종의 '病句'로 알타이어 계통의 한국어 語順이 漢語의 語順에 무의식적으로 영향을 끼친 좋은

---

009 언어접촉으로 인해 발생하는 언어변화에 대해 한어와 관련된 일반적인 논의로는 吳安其, 「語言接觸對語言演變的影響」, 『民族語文』 第1期, 2004를 참고할 수 있다.

010 '없다'에 해당하는 '沒有'의 語順뿐만 아니라 '사과 사먹다'에 해당하는 漢語 '買蘋果吃'의 語順 역시 알타이어 계통인 蒙語・淸語와도 다르다. 『淸語老乞大』를 보면 '밥 사먹고'(4-11a)라는 표현이 나오는데, 滿洲語로 '부다 우다머 져피'라고 하여 漢語의 '買飯喫'이나 '買飯吃'과 語順이 다른 것을 볼 수 있다. 鄭光 編著, 『淸語老乞大新釋』, 태학사, 1998, 濯足文庫 영인본 265쪽 참고. 또 奎章閣本 『蒙語老乞大』에도 "부다 후달두지 이던"이라고 하여 漢語와 語順 차이를 보인다. 참고로 "나는 사과 사먹을 돈이 없다(我沒有錢買蘋果吃)"는 例文은 世界漢語敎學 理事 宋在祿 선생님의 견해를 반영한 것이다.

예라고 할 수 있다.[11] 위의 경우 이를 現代 漢語로 표현하면 '나(我) 없다(沒有) 돈(錢) 사다(買) 사과(蘋果) 먹다(吃)'의 순서가 되어 '我沒有錢 買蘋果吃'가 바른 표현이 된다.

〈한국식 한어 비교〉

韓國語	韓國式 漢語	現代 漢語
나는 사과 사먹을 돈이 없다	我 蘋果 買吃 的 錢 沒有	我沒有錢買蘋果吃
	我 買 吃 蘋果 的 錢 沒有	
	我 買 蘋果 吃 的 錢 沒有	

語順에서 술어가 후미에 위치하는 알타이어적인 이 같은 현상은 元의 수도였던 大都를 중심으로 사용한 당시의 口語 漢語에서도 유사한 예를 찾아볼 수 있다. 元代 漢語는 몽고어의 영향을 받은 현상이 나타나는데,[12] 한국에서 발굴 보고된 『元代漢語本≪老乞大≫』[13]를 보면 漢語의 語順에서 술어 '有'가 문장의 후미에 위치하고, 處所를 나타내는 賓語가 동사 앞에 위치하는 예들이 나타난다.

---

011 물론 이 같은 현상은 반대의 경우도 성립이 가능하다. 漢語 사용자의 한국어 학습 시에 나타나는 모국어의 간섭현상에 대해서는 김경천, 「중국어화자의 한국어 쓰기 오류실태 - 모국어 간섭현상을 중심으로」, 『中國文化硏究』 제13집, 2008 참고.

012 알타이어인 몽고어가 漢語에 끼친 영향에 관한 논의로는 文盛哉, 「근대중국어의 S'O'(也)似 비교구문 연구」, 『中國文學』 第60輯, 2009 ; 祖生利, 「元代直譯體文獻中的"麼道"」, 『民族語文』 第4期, 2004 참고.

013 정광·남권희·梁伍鎭, 「元代漢語≪舊本老乞大≫-新發掘譯學書資料≪舊本老乞大≫」, 『元代漢語本≪老乞大≫』, 경북대학교출판부, 2000.

● 存在를 나타내는 有의 위치

賣的好弓有麽(≪舊老≫27뒤, 28앞)

(팔 좋은 활 있는가?)

這店裏賣毛施布的高麗客人李舍有麽(≪舊老≫20앞)

(이 '店'에 모시 베 파는 고려 손님 李氏 있는가?)[14]

● 處所를 나타내는 有[在]의 위치

店在那裏, 兀那[15]西頭有(≪舊老≫19뒤)

('店'은 어디에 있는가? 저 서쪽에 있다.)

● 處所 賓語 來의 위치

過的義州, 漢兒田地裏來, 都是漢兒言語(≪舊老≫2앞)[16]

(義州 지나서 漢人의 땅에 오니 모두 漢語이다.)

　　淸代 滿洲族이 사용하던 漢語에도 이와 유사하게 술어와 목적어
의 위치가 도치되는 등 語順의 변화가 나타난다. 『淸文啓蒙』 「兼漢
滿洲套話」의 註釋 漢語에도 이 같은 표현들이 등장한다.

---

014 조선시대 『淸語老乞大』에서는 "이 店에 모시 뵈 프는 朝鮮 사롬 李哥 잇ᄂ
　　냐"로 『蒙語老乞大』에서는 "이 店에 모시 뵈 프는 朝鮮ㅅ 사롬 李개 잇ᄂ
　　냐"로 옮긴 것이 보인다.

015 鄭光은 『元代漢語本≪老乞大≫』, 경북대학교출판부, 2000, 121쪽에서 "'兀
　　那'에 대해 가장 일반적인 근칭인 몽고문어의 'ene(this)'를 음차한 것으로
　　몽고어가 혼입된 예의 하나로 볼 수 있지 않을까 한다."고 하였다. '兀那'는
　　李泰洙, 『老乞大-四種版本語言硏究』(語文出版社, 2003)에 의하면 A本(舊本
　　老乞大)에만 총8회가 나오는 것으로 확인되었다. 그런데 흥미로운 것은 漢
　　語 西北方言에 지시대명사 '兀'이 보이며, 이것은 알타이어 계통인 突厥語
　　지시대명사 'o'의 영향으로 파악될 수 있다는 섬이다. 이에 대한 논의로는
　　張維佳・張洪燕, 「遠指代詞"兀"與突厥語」, 『民族語文』 第3期, 2007 참고.

016 漢語式 표현이라면 동사 '來'가 '漢兒田地裏' 앞에 위치하는 것이 일반적이다.

『清文啓蒙』卷2 2-52b

meni booi niyalma de ume nure omibure.

別給我們家人酒呵[17]

(우리 집의 사람에게 술 마시게 하지 말라!)

　　註釋 漢語에 사용된 '酒呵'는 목적어・동사의 구조인데, 이는 現代 漢語의 '喝酒'에 해당하는 것이다. 목적어가 먼저 나오는 滿洲語의 語順에 영향을 받은 전형적인 滿洲式 漢語라고 할 수 있다.[18] 『淸文啓蒙』의 註釋 漢語 가운데 '有' 문장 역시 후미에 위치한 滿洲語 술어 'bi'의 영향을 받은 것으로 現代 漢語의 일반적인 술어 위치와 다른 모습을 보여주고 있다.

『淸文啓蒙』 卷2
(서울대 文盛堂藏板)

---

017 이와 유사한 예로 "morin dahalara urse de nure omibu . buda ulebu. 給跟馬的人們酒呵飯吃"도 있다. 여기서 呵는 現代 漢語의 喝에 해당하는 것으로 '마시다'는 의미이다.

018 趙志忠, 『滿學論稿』, 遼寧民族出版社, 2004, 242쪽.

이하 예문의 앞에 등장하는 번호는 『清文啓蒙』 卷2의 해당 페이지와 앞뒷장(a,b)이며, 괄호안의 한국어 번역은 滿洲語 예문을 번역한 것이다. 또 병행 漢語는 모두 『清文啓蒙』 권2에 등장하는 註釋 漢語들이다.

2-2a   eimere kooli bio .
　　　 厭煩的規矩有麽
　　　 (싫어할 리 있는가?)

'厭煩的規矩有麽' 같은 표현은 술어에 해당하는 동사 '有'가 滿洲語의 영향을 받아서 맨 뒤에 위치한 전형적인 滿洲式 漢語이다. 現代 漢語로 표현한다면 '哪有厭煩的道理呀!'가 되어서 술어 '有'가 앞으로 위치한다.

2-2b   ere gese kooli akū baita geli bini .
　　　 這樣無理的事也有呢
　　　 (이같이 도리 없는 일 또 있는가?)

2-7a   ere gese angga ubašaku niyalma geli bini .
　　　 這樣口嘴反覆的人也有呢
　　　 (이같이 말 번복하는 사람 또 있는가?)

2-18b bi hukšeme gūnirakū sere doro bio .
　　　 我不感念的理有麽
　　　 (내가 감격스레 생각하지 아니 할 도리 있는가?)

2-46a uthai soktoho sere doro geli bio .
　　　 就說醉了的理也有麽
　　　 (곧 취했다고 할 이치 또 있는가?)

2-57a jai geli sini gisun be akdara niyalma bio .

再還信你話的人有麼

(두 번 다시 너의 말을 믿을 사람 있는가?)

이들 예문에서 알 수 있듯이 滿洲語 술어 'bi'의 영향을 받아서 漢語 '有'가 문장의 후미에 위치한 것이다. 이밖에 다음의 경우처럼 전체적인 語順에 있어서도 滿洲式 漢語로 보이는 예가 있다.

2-9a gemu age i adali . gucuse de sain ningge . giyanakū udu bi .

都像阿哥　　　　合朋友們好的　　　　能有幾箇

(모두 형처럼 벗들에게 좋은 이 얼마나 있겠는가?)

'都像阿哥, 合朋友們好的, 能有幾箇' 같은 語順은 現代 漢語로 바꾸면 '能有幾個像你這樣跟朋友好的!'가 된다.[19]

3.2 be와 把字句

漢語 把字式 구문의 사용빈도가 폭발적으로 증가한 것에 대해서 趙杰은 이 같은 현상이 淸代에 들어와서 나타난 것으로 보았다.[20] 이는 滿洲語의 목적격 조사 'be'의 직역체와도 밀접한 관련이 있는 것으로 滿洲語가 漢語와 접촉한 이후 증가한 것으로 볼 수 있는 것이다. 把字式 구문에 대해서는 現代 漢語 연구자들도 많은 연구를

---

019 愛新覺羅 瀛生, 『滿語雜識』, 學苑出版社, 2004, 790쪽.
020 趙杰, 『滿族話與北京話』, 遼寧民族出版社, 1996, 248쪽. 補註: 최근 국내의 연구로는 김도영, 「≪兒女英雄傳≫에서 '把'의 등극과 언어접촉이론」, 『중국소설논총』37, 한국중국소설학회, 2012 등 참고.

했는데, 現代 漢語에서 이 구문을 사용할 때 나타나는 주요 특징을 보면 1) 동사 단독으로는 사용하지 않는 경향이 있으며, 2) 보어라든가 접미사 또는 목적어 등의 다른 요소가 오거나, 3) 그렇지 않을 경우 동사를 중첩하여 사용한다는 것이다.[21] 예를 들면 現代 漢語의 '誰把這個弄壞了(누가 이것을 망가트렸지?)' '把這話記在心裏吧(이 말을 마음속에 잘 기억해라!)' '把東西放在卓子上(물건을 탁자 위에 놓으시오!)' 같은 표현이 있다. 다음은 『淸文啓蒙』에 나타난 把字句이다.

2-6b si damu mujilen be sulakan sinda .

你只管把心放寬着

(너는 다만 마음을 홀가분하게 놓으라!)

2-9b erebe sain serakū oci

若把這箇不肯說好

(이것을 좋다 할 수 없으면)

2-20a si tere baita be majige faššacina .

你把那个事吧咭一吧咭是呢

(너는 그 일을 좀 진력해서 하거라!)

2-39b ere morin be amargi hūwa de gamafi hūwaita .

把這个馬拿到後院子裡拴着

(이 말을 뒤뜰에 끌어다 매어두라!)

2-45a neneme dere be hūwa de guribufi teki bai .

先把桌子挪在院子裡去坐着罷

(먼저 탁자를 뜰에 옮기고 앉으십시다.)

---

021 최영애, 『중국어란 무엇인가』, 통나무, 1998, 216쪽.

2-50b age muse taka sula gisun be bargiya .

阿哥咱們且把閒話收起來

(형, 우리 잠시 한가한 말을 거두고)

4. 『淸文啓蒙』滿洲式 漢語의 用例

『淸文啓蒙』의 註釋 漢語에는 語順 측면 외에도 滿洲語의 영향이
여러 형태로 나타나고 있다. 특히 滿洲語를 직접 사용한 예도 있는
데, 상대방의 물음에 대답하는 경우 滿洲語 'je'를 음차하여 사용하
기도 하였다.[22]

2-42a/47a je je 遮 遮(예, 예)

人名의 경우에도 滿洲語를 그대로 사용한 예가 나타난다.

2-44b kesitu 磕詩兎(커시투)

2-48a eljitu 二吉兎(얼지투)

이밖에도 '拉累的', '頭等頭' 같은 滿洲語 어휘의 유사한 음역이나
직역에서 유래한 것으로 판단되는 표현들이 등장하고 있다.

2-16a lalanji sini yabuha baita sembime .

拉累的說是你行的事

(누차 네가 행한 일이라 하면서)

---

022 2-38a의 "je saha . 哦, 知道了" 같은 예도 있으나 'je'를 음차하지는 않았다.

여기에 나오는 '拉累的'는 '누차, 거듭, 반복해서'의 뜻으로 滿洲語 'lalanji'에서 온 것으로 볼 수 있는 바, 現代 漢語로 표현하면 '一再說 這事是你幹的'이다.[23]

2-57b umesi emu ujui uju jergi nomhon niyalma .
　　　狠是一个頭等頭的老實人
　　　(극히 最上等의 성실한 사람이다.)

'頭等頭'도 역시 만주어 'ujui uju jergi'의 직역에 가까운 표현이다.[24] 이처럼 滿洲語의 영향으로 보이는 표현들이 註釋 漢語에는 다양하게 나타나고 있는데, 아래에서 滿洲語 'de'의 직역체로 보이는 표현과 後置詞 및 語氣詞 등 여타 滿洲式 漢語에 대해 살펴보도록 한다.

4.1.1 ~的時候

『淸文啓蒙』 권3의 「淸文助語虛字」를 보면 'de'에 대해 "時候字. 又地方字. 處字. 往字. 又給字. 與字. 又裡頭字. 上頭字. 在字. 於 字. 乃轉下申明語. 單用聯用俱可."라는 설명이 나오는데, 이것은 滿 洲語 'de'의 용법을 풀이한 것으로 볼 수 있다. 이 가운데 時候字는 시간[時候]을 나타내서 '~때에' '~적에'로, 地方字는 장소[地方]를 나타내 서 '~에'라고 번역할 수 있다.[25] 시간을 나타내는 표현과 사용되어

---

023 愛新覺羅 瀛生, 앞의 책, 2004, 790-791쪽.
024 愛新覺羅 瀛生, 앞의 책, 2004, 796쪽.
025 『同文類解-語錄解』에서는 시간은 '제', 장소는 '에', 여격은 '게'로 구분하기 도 하였다. 묄렌도르프(P.G.von Möllendorff, 1892)는 "the situation(in, at), the direction(towards, upon, on), the address(to) 등으로 설명하였으며, 제

분명한 時候를 보여주는 예를 들면 다음과 같다.

2-32a bi asigan[26] i fonde .

　　　 我少年的時候

　　　 (내가 소년 시절에)

'時候'를 나타내는 滿洲語 'fon'과 함께 사용하여 '~時節에'로 사용된 경우이다. 'de'가 時候를 나타내는 어휘와 함께 사용되어 분명한 時候를 나타내기도 하지만, 時候만을 말하지 않고 '~한 상황에서', '~한 경우에'를 포괄적으로 의미하여 조건을 나타내기도 한다. 예를 들면 다음과 같다.

2-8a amaga inenggi mutebuhede geli ainara .

　　　 日後成了的時候可又怎麽着

　　　 (훗날 이루게 되었을 때 또 어찌하는가?)

2-8b uttu ohode .

　　　 若是這們樣的時候

　　　 (만일 이러하게 되면)

2-12b gūwa gaiha de .

　　　 別人要了的時候

　　　 (다른 이가 가졌을 때)

그런데 滿洲語로는 'de'가 時候를 나타내는 것이 가능하지만, 다

리 노만(Jerry Norman)은 사전(1978)에서 'de'에 대해 "the dative-locative particle"로 설명하였다.

026 cf. asihan

음의 예와 같이 '~틈을 이용하여'라는 의미의 漢語로 변하면서 직역
체 滿洲式 漢語와 구분되는 경우도 있다.

2-45a　age muse ere šolo de .
　　　　阿哥咱們稱27着這个工夫
　　　　(형, 우리 이 틈에)

滿洲語 'šolo de'를 같은 알타이어 계통인 한국어로 번역하면 '~틈
에'라고 해도 의미 전달에 큰 어려움이 없지만, 漢語로는 '稱 + 這个
工夫'의 動賓 구조로 변형된 것을 볼 수 있다.28 다음은 滿洲語 'de'를
직역에 가깝게 옮기면서 나타난 滿洲式 漢語의 대표적인 예들이다.

2-4a　bi aika sinde emu baita fonjime ohode .
　　　　若是我問你一件事情的時候
　　　　(내가 만일 네게 한 가지 일을 묻게 되면)

2-8a　giyan be bodome ohode .
　　　　論起理來的時候
　　　　(이치를 헤아리게 되면)

2-11a　aikabade sini baru baime ohode .
　　　　倘若是望着你尋的時候
　　　　(만약에 너를 향하여 구하게 되면)

---

027 稱은 여기에서 現代 漢語의 趁과 같은 용법에 해당한다.
028 이 같은 滿洲語 'de'의 용법에 대해 位置格, 方向格 외에 工具格이라는 용어
　　로 표현한다. 工具格의 사용빈도가 다른 格에 비해 적은 것은 滿洲語에서
　　이와 유사한 용법을 'i'로 나타내기 때문이다. 鄧晶, 「滿語格詞綴-de的語義
　　及其飜譯」, 『滿語研究』第2期, 2008, 15쪽 참고.

2-15b   terei yabun be alhūdame yabume ohode .

效他的品行的時候

(그의 품행을 본받아 행하게 되면)

2-20b   tob sere gūnin be jafafi yabume ohode .

拿着正主意行的時候

(바른 뜻을 지니고 행하게 되면)

2-42b   bi generakū ohode .

我若不去了的時候

(내가 가지 아니하면)

4.1.2 ~上(頭)

『淸文啓蒙』권3의「淸文助語虛字」에 설명된 'de'의 여러 용법 가운
데 漢語 '~裡'와 '~上'은 裡頭字와 上頭字에 해당하는데, 다음의 예들
도 滿洲語 'de'의 의미를 직역한 滿洲式 漢語의 형태이다.[29]

1) ~上

다음의 예들은 處所의 의미를 지닌 滿洲語 'de'의 직역체에서 유
래한 전형적인 滿洲式 漢語라고 할 수 있다.

2-1a   aikabade ere bithede .

倘或這箇書上

(만약에 이 책에서)

---

029 趙杰,『滿族話與北京話』, 遼寧民族出版社, 1996, 248쪽.

2-1b   gūwai bithede teisulebuhede .

別的書上碰見了

(다른 책에서 마주치게 되었을 적에)

　여기서 말하는 '책에서'라는 것은 책의 어떤 표면적인 狀態나 處所를 말하지 않고 책의 내용 가운데 그 같은 것이 들어있다는 것을 말한다. 예를 들어 '책에는 심오한 도리가 있다.'고 할 때 現代 漢語로 '書裏有深奧的道理.' 또는 '書上有深奧的道理.'이라고 하는데, '書上'의 '上'이 책의 표면적인 위치만을 말하지 않는 것과 같은 이치이다.30

2-20b   ainci eiten baita de .

想是諸凡事兒上

(생각건대 온갖 일에)

　다만 다음과 같은 경우에는 '~上'이라는 漢語가 滿洲語 'ninggu'의 의미를 번역한 것이므로 같은 '上'이지만, 處所로서의 滿洲語 조사 'de'의 의미를 포함한 것으로 볼 수 있다.

2-31b   ujui ninggude genggiyen abka bikai .

頭上有青天啊

(머리 위에 밝은 하늘이 있도다.)

030 김영수,『토 '에'와 대응되는 중국어 형태소』, 圖書出版鼎談, 1997, 39쪽.

2) ~上頭

다음과 같은 표현들도 滿洲語의 영향으로 인한 滿洲式 漢語의 예라고 할 수 있다. 滿洲語 'de'의 處所 의미가 한어의 '~上頭'로 나타난 것이다.

2-36a A ne aide bi .
　　　　　現在什麼上頭
　　　　　(현재 어디에 있는가?)

　　　　B bithe de antaka
　　　　　書上頭如何
　　　　　(글에 어떠한가?)

그러나 여기서 주의할 것은 A의 'de'가 장소를 말하는 處所의 용법으로 이해할 수도 있지만, 어느 부서에서 일하는가? 다시 말해서 직책 등을 묻는 것이며, B의 경우에도 '글에'라고 했지만, 단지 處所만을 의미하지는 않는다. '글에 어떠한가?' 하는 것은 그의 학문, 즉 제자들을 가르치는 실력 정도 등은 어떠한가를 묻는 것이기 때문이다. 滿洲語의 표현 방식을 그대로 직역한 滿洲式 漢語의 한 예라고 할 수 있다.

이 밖에 '~上(又)'의 용례로 다음과 같은 예가 있는데, 滿洲語 '(da)de'의 직역적인 요소로 비교적 독특한 예에 해당한다. 『淸文啓蒙』 卷3의 「淸文助語虛字」에는 'dade'를 "上頭又字, 兼且字, 更且字, 一根裡字"라고 풀고, 이 아래에는 반드시 'geli'를 사용한다고 설명하였다. 예를 들어 '謹愼上又謹愼' 같은 표현에 나오는 '~上(又)'은 한국어로 '삼가하는 데에 또 삼가하면'으로 해석할 수 있는데, 滿洲語

'ginggulere dade geli ginggulere'의 직역체에 가까운 표현이다.

2-20a   ginggulere dade geli ginggulere

謹愼上又謹愼

(삼가하는 데에 또 삼가하면)

즉 '~上'을 생략하여 '謹愼又謹愼'이라고 하면 보다 現代 漢語다운 표현에 가깝다고 할 수 있다. 이와 유사한 것으로 다음과 같은 예도 있다.

2-20a   aikabade si olgošoro[31] dade geli olgošoro .

倘若你小心上又小心

(만약에 네가 조심하는 데에 또 조심하면)

4.2.1 jakade와 跟前

現代 漢語에서 '跟前'은 '옆, 곁, 앞, 근처, 근방' 등의 의미로 사용한다.[32] 예를 들어 '我在你跟前兒, 也就滿意了(저는 당신 곁에 있으면 그것으로 만족합니다)'가 있다. 이 같은 표현은 이미 淸代 滿洲語 'jakade'의 직역에 가까운 漢語 표현에서 보다 광범위하게 유포되었다. 그런데 이 같은 용법은 몽고어의 영향을 받았던 元代 漢語에서도 이미 나타났는데, '根底' 같은 경우가 좋은 예이다.[33]

---

031 olhošombi 조심하다 ; 小心謹愼.
032 現代 漢語에서 '跟前[gēn‧qian]'으로 읽으면 '슬하(膝下)'의 뜻으로 옮긴다. 예를 들면 "슬하에 자제분은 몇이신지요?(您跟前有幾位少爺?)"와 같다.
033 정광·남권희·梁伍鎭, 2000, 앞의 책, 107쪽.

明日病疴了時, 大醫根底, 重重的酬謝也(≪舊老≫30뒤)[34]

(내일 병이 좋아지거든 의원께 많이 謝禮하리라.)

흥미로운 것은 '根前'이라는 예도 보이는데, 이 같은 표현은 조선시대 『老乞大諺解』에도 그 같은 용례가 보인다.[35] 다음은 滿洲語 'jakade'의 직역에서 영향 받은 滿洲式 漢語의 예이다.

2-2a   bi hono age i jakade genefi .

tacibure be donjiki seme gūnire bade .

我還想着要往兄長根前領敎去

(내 오히려 형한테[36] 가서 가르침을 듣자 하고 생각하는 바에)

2-37a   ne ini jakade bithe hūlara šabisa udu bi .

現在他跟前念書的徒弟有多少

(지금 그한테 글 읽는 제자들 몇 있는가?)

2-41b   bahaci niyalma be takūrafi sini jakade benebure .

若是得使人送到你跟前去

(구하면 사람을 보내서 너한테 보낼 것이니)

---

034 조선시대 『淸語老乞大』에서는 "siyan šeng de baili jafame baniha bume geneki(先生의게 恩惠갑하 謝禮하라 가마)"라고 하여 'de'라고만 한 것이 보인다.

035 李泰洙, "你這們慣做買賣的人, 我一等不慣的人根前多有欺滿." 정광·남권희·梁伍鎭, 앞의 책, 2000, 135쪽.

036 조선시대 『三譯總解』에서는 'jakade'가 'ni/i'를 매개로 한 경우 '곁에'라고 번역한 것이 보인다. 박은용, 『滿洲語文語硏究』(1), 1969, 168쪽 참고.

2-55a uthai mini jakade jifi giohošome[37] baimbi .

就往我根前來哀求

(곧 나한테 와서 애걸하여 구한다.)

4.2.2 ba와 去處

여기에 나오는 '去處'도 滿洲語 'ba'를 직역한 요소에 가깝다. 現代 漢語로는 부분, 부위 등을 의미하는 '地方'에 해당한다.

2-6b ede ai labdu kenehunjere babi .

這有什麼多疑的去處

(여기 무슨 많이 의심할 바 있는가?)

2-7b yaya baita de damu beyei cihakū babe .

凡事只把己所不欲的去處

(모든 일에 다만 자신의 원치 않는 바를)

2-8a ede niyalma de ai baire babi .

這有什麼求人的去處

(여기 다른 사람에게 무슨 구할 바 있는가?)

2-13b niyalma inu gasara ba akū .

人也沒有報怨的去處

(다른 사람도 원망하는 바 없다.)

2-16b inemene emu yargiyan i babe tucibufi gisureci .

索性說出一个實在去處

(그나저나 한 진실된 바를 드러내어 말하면)

---

037 조선시대 『同文類解』에는 "giohambi 비럭질ᄒ다 ; 討化"라고 하였다.

2-20b adarame icihiyame gamaci acara babe .

該怎樣治理的去處

(어떻게 처리해야 마땅한 바를)

2-21a asuru murtashūn sere ba akū .

沒有甚扭別的去處

(심히 잘못되었다 할 바 없다.)

2-21a ede ai dahūn dahūn i fonjire babi .

這有什麼再三再四的去處

(여기 무슨 거듭해서 물어볼 바 있는가?)

2-42b ede geli ai holtoro babi .

這有什麼撒謊的去處

(여기 또 무슨 속이는 바 있는가?)

2-44a bi marambi sere ba inu akū .

我也沒推辭的去處了

(내 사양할 바 또한 없다.)

4.3 dabala와 罷咧, 來着의 時態

4.3.1 dabala와 罷咧

滿洲語 'dabala'는 『淸文啓蒙』권3 「淸文助語虛字」의 설명을 보면 "罷咧字. 乃不過是這樣罷咧決定之詞. 在句尾用. 此上必用 ra re ro 等字. 如有不用者. 乃係成語."라고 하였다. 조선시대 『漢淸文鑑』이나 『同文類解』에 의하면 '따름[ᄯᆞ름 ; 罷了‧而已]'으로 풀이가 되어 나온다.[38] 오늘날 現代 漢語에서 '不過~罷了'의 형태로 사용하고 있다.[39]

예를 들면 '我也不過說說罷了(저도 그저 말해본 것에 지나지 않습니다.)'이다.
다음은 滿洲語 'dabala'의 영향으로 판단되는 語氣詞 '罷咧'의 예
이다.

2-2a   bi damu age si jiderakū ayoo sere dabala .
我只恐怕兄長不肯來罷咧
(나는 다만 형 당신이 오지 않으면 어쩌나 할 따름이다.)

2-4b   teni gucu i doro dabala .
纔是朋友的道理罷咧
(비로소 친구의 도리일 따름이다.)

2-8a   bi teni uttu gisurere dabala .
我纔這樣說罷咧
(내 이제 이렇게 말할 따름이다.)

2-9b   teni erebe sain sere dabala .
纔說這箇好罷咧
(비로소 이것을 좋다 할 따름이다.)

2-11a   teni gucu i doro dabala .
纔是朋友的道禮40罷咧
(비로소 친구의 도리일 따름이다.)

---

038 '따름'으로 옮겼지만 문맥상 '뿐'으로 옮기는 것 역시 가능한 부분도 있다.
039 '罷了'와 같은 형태는 『紅樓夢』 속에 많이 등장하고 있다.
040 참고로 앞에서 나온 "2-4b teni gucu i doro dabala. 纔是朋友的道理罷咧"와
비교해 본다면 2-4b에서는 '道理'로 나왔는데, 여기서는 '道禮'로 표기된 점
이 다르다.

2-20b yaya baita be emgeri wacihiyabuci sain dabala .

凡事一遭完畢了好罷咧

(무릇 일을 한 번에 마치게 되면 좋을 따름이다.)

2-23a urui⁴¹ jabšaki bisire dabala .

定有便益的事兒罷咧

(언제나 便益 있을 따름이다.)

2-27b age damu age sini beyebe sara dabala .

阿哥只知道阿哥你自己罷咧

(형은 다만 형 네 자신을 알 따름이다.)

2-30b damu niyalma be daldaci ojoro dabala .

只可瞞得人罷咧

(다만 사람을 속일 수 있을 따름이다.)

2-46b teni emu hūntahan omire dabala .

纔呵一鍾罷咧

(비로소 한 잔 마실 따름이다.)

2-54a teni uttu jombure dabala .

纔這樣提罷咧

(비로소 이렇게 제안할 따름이다.)

2-57a holtoci inu damu emgeri juwenggeri oci ojoro dabala .

若是撒謊也只可一次兩次的罷咧

(속이더라도 다만 한두 번일 따름이다.)

---

041 조선시대『漢清文鑑』에는 "벅벅이"라고 한 것이 보이는데, '벅벅이'란 틀림
없이 그러하리라고 미루어서 헤아리는 뜻을 말한다.

2-57b terei yabun aššan be sarkū dabala .

不知他爲人動作罷咧

(그의 행동거지를 모를 따름이다.)

2-60a sini beye sereburakū dabala .

你自己不覺罷咧

(너 자신 깨닫지 못할 따름이다.)

이상의 예문에서 보았듯이 滿洲語 'dabala'의 '-bala'는 '罷咧[ba · lie]'
와 음운상에 있어서도 매우 유사한 모습을 보여주고 있다.

4.3.2 來着

'來着'은 動作과 狀態가 과거에 어떠했는데 현재도 여전이 그렇다
는 것을 나타내거나, 과거에 어떠했다는 回想의 기분을 나타내는 語
氣 助詞이다. 現代 北京語에는 여전히 사용하고 있는데, 여타 다른
지역의 방언에서는 이렇게 상세한 時態를 나타내는 표현이 없는 것
을 볼 때, 이들 언어가 滿洲語의 영향을 받은 예로 볼 수 있다.[42] 李
泰洙는 '來着'를 淸代 北京 官話의 모습을 보여주는 『老乞大』의 후
대 판본에 나타나는 것으로 확인하였다.[43]

---

[042] 愛新覺羅 瀛生, 앞의 책, 2004, 796쪽. 北京語를 제외하고 다른 지역의 방언
에서는 이렇게 상세한 時態를 나타내는 표현이 없다는 것에 대해서는 앞으
로 보다 깊은 검토가 있어야 할 것이다.
[043] 참고로 '來着[lai zhe]'과 유사한 기능이 있었더라도 '來着'이라는 표기로 굳
어진 것은 비교적 후대라는 의미로 보아야 할 것이다. 李泰洙, 앞의 책,
2003, 40쪽.

2-4a donjimbihe bici ．urgun i doroi acaname geneci acambihe ．

若是听見, 該當望喜去來着

(들었더라면, 祝賀의 禮로 만나러가야 마땅하였었다.)

2-5a sikse si aibide genehe bihe．

昨日你往那裡去來着

(어제 너 어디에 갔었던 거지?)

2-43a ere ucuri si aibide bihe．

這一向你在那裡來着

(요즘 너 어디에 있었던 거지?)

2-44b si baibi boode bifi ainambihe jiye．

你白白的在家裡作什麼來着啊

(너, 부질없이 집에 있으며 뭐한 거니?)

2-48b aibici jihe bihe．

從那裡來着

(어디에서 온 것이지요?)

2-53a age si seibeni daci nure omire mangga niyalma bihe kai．

阿哥你向日原是善飲的人來着啊

(형, 너는 예전에 본디 술 마시는데 능한 사람이었도다.)

5. 결론

이상에서 『淸文啓蒙』에 나타난 滿洲式 漢語의 語順 특징과 滿洲語의 영향으로 보이는 用例에 대해 살펴보았다. 滿洲語를 그대로 음차해서 사용한 예부터 語順의 변화에 이르기까지 여러 영역에 걸쳐서 滿洲語가 漢語에 끼친 영향을 잘 보여주고 있다. 본고에서 거론한 예들 외에도 滿洲語가 漢語에 끼친 영향이 적지 않았을 것이나 앞으로 보다 깊이 있는 검토와 분석이 남아 있다.

참고문헌

1. 기초자료

『淸文啓蒙』,『淸文指要』,『同文類解』,『漢淸文鑑』,『三譯總解』,『元代漢語本≪老乞大≫』,『淸語老乞大』,『蒙語老乞大』

2. 논저

季永海,「≪淸文啓蒙≫語音硏究-讀書筆記之三」,『滿語硏究』第2期, 1994.

_____,「關於滿式漢語-與趙杰先生商榷」,『民族語文』第5期, 2004.

_____,「關於北京旗人話對北京話的影響」,『民族語文』第3期, 2006.

김경천,「중국어화자의 한국어 쓰기 오류실태 - 모국어 간섭현상을 중심으로」,『中國文化硏究』第13輯, 2008.

김영수,『토 '에'와 대응되는 중국어 형태소』, 圖書出版鼎談, 1997.

金亨柱,「韓國語와 滿洲語와의 接尾辭 比較硏究」,『東亞論叢』第21輯, 1984.

鄧 晶,「滿語格詞綴-de的語義及其飜譯」,『滿語硏究』第2期, 2008.

文盛哉,「근대중국어의 S'O'(也)似 비교구문 연구」,『中國文學』第60輯, 2009.

朴相圭,「Altai語에 對한 槪要와 音韻對應考」,『우랄·알타이關係言語民俗學論攷』, 民昌文化社, 1993.

朴恩用,『滿洲語文語硏究(1, 2)』, 螢雪出版社, 1969/1973.

成百仁,「滿洲語 音韻史硏究를 爲하여-淸文啓蒙 異施淸字 硏究(其一,其二)」,『만주어와 알타이어학 연구』, 태학사, 1999.

孫伯君·聶鴻音,『契丹語硏究』, 中國社會科學出版社, 2008.

_____,「元明戲曲中的女眞語」,『民族語文』第3期, 2008.

孫錫信,『近代漢語語氣詞』, 語文出版社, 1993.

宋基中, 「朝鮮時代 女眞學/淸學」, 『알타이학보』 제10호, 한국알타이학회, 2000.

_____, 「알타이어족의 비교언어학」, 『국어사 연구 어디까지 와 있는가』, 태학사, 2006.

申碩煥, 「{-de}形 語辭의 韓・滿語 比較硏究」, 『論文集』, 馬山大學, 1982.

愼鏞權, 『≪老乞大≫・≪朴通事≫ 諸刊本에 나타난 漢語 문법 변화 硏究: 漢語의 성격 규명과 文法化 현상을 중심으로』, 서울대박사논문, 2007.

李基文, 「十八世紀의 滿洲語 方言 資料」, 『震檀學報』36, 1973.

愛新覺羅 瀛生, 『滿語雜識』, 學苑出版社, 2004.

李聖揆, 「거란어와 한국어의 관련성에 대하여」, 『거란연구의 현황과 연구방향』, 북방문화연구소, 2009.

李泰洙, 『老乞大-四種版本語言硏究』, 語文出版社, 2003.

_____・江藍生, 「≪老乞大≫語序硏究」, 『語言硏究』 第3期, 2000.

張維佳・張洪燕, 「遠指代詞"兀"與突厥語」, 『民族語文』 第3期, 2007.

정 광・남권희・梁伍鎭, 「元代漢語≪舊本老乞大≫-新發掘譯學書資料 ≪舊本老乞大≫」, 『元代漢語本≪老乞大≫』, 경북대학교출판부, 2000.

趙 杰, 『滿族話與北京話』, 遼寧民族出版社, 1996.

_____, 「滿語對北京語音的影響」, 『滿語硏究』 第1期, 2002.

_____・宋康鎬 譯, 「북경어의 만주어 기층 분석과 만한어의 융합 법칙」, 『만주연구』 제8집, 만주학회, 2008.

祖生利, 「元代直譯體文獻中的"麽道"」, 『民族語文』 第4期, 2004.

趙志忠, 「從淸文啓蒙看淸代前期滿族人的雙語使用」, 『滿語硏究』 第1期, 2000.

_____, 『滿學論稿』, 遼寧民族出版社, 2004.

池上二良, 「滿漢字淸文啓蒙に於ける滿洲語音韻の考察」, 『滿洲語硏究』, 汲古書院, 1999.

崔東權, 『한국어・만주어・몽골어 내포문 비교연구』, 한국학술정보(주), 2008.

崔玲愛, 『중국어란 무엇인가』, 통나무, 1998.

A, Wylie, *Translation of the Ts'ing Wan K'e Mung, A Chinese Grammar of the Manchu Tartar Language; with Introductory Notes on Manchu Literature*, Shanghae: London Mission Press, 1855.

P. G. von Möllendorff, *A Manchu Grammar, with Analysed Texts*, Shanghai: American Presbyterian Mission Press, 1892.

W. South. Coblin, "A Sample of eighteenth century spoken Mandarin from North China", *Cahiers de linguistique - Asie orientale* Vol32,N2, 2003.　　　　　[출전: 『古書研究』27, 한국고서연구회, 2009]

청대 만주어와 한어의 교섭양상 연구

『청문지요』를 중심으로

A study on the linguistic interaction
between Manchu and Chinese in Qing dynasty
: Focusing on Manchu-influenced Mandarin
in *the Qing Wen Zhi Yao* (清文指要)*

1. Introduction

In this paper, I will discuss the linguistic interaction between Manchu and Chinese in Qing Dynasty with concentration on Manchu-influenced Mandarin in *the Qing Wen Zhi Yao* (清文指要). Manchu, a major language of the Altaic family, was the imperial language of the Qing Dynasty which ruled China for more than 250 years (1644-1911). In 1644 when the Manchus officially took over the Chinese Empire, Manchu began to interact with Chinese in and around Beijing (北京). Since then, no one, not even the emperor,

* This paper is based on the presentation at the 11th Seoul International Altaistic Conference, Seoul, December 5-7, 2013. I would like to express my sincere appreciation to Dr. Ahn Jae-won, Research Professor and Mr. Kwak Moon-seok at Institute of Humanities in Seoul National University, and Dr. Stéphane Mercier at Louven Catholic University in Belgium for their kind help during the whole process of preparing my presentation.

could stop speakers of manchu language from interacting with other people who speak Chinese. Consequently, the remarkable phenomenon of the interference of the mother tongue between Manchu and Chinese occurred in Qing Dynasty.[1]

In order to investigate Chinese in Qing Dynasty, there had been a tendency to prefer the Hong Lou Meng (紅樓夢) and the Er Nü Ying Xiong Zhuan (兒女英雄傳) in Chinese (Zhao Zhizhong & Ji Yonghai (1985), Zhao Jie (1996), Liu Housheng (2001)). But I have confidence that the bilingual Manchu-Chinese text (滿漢合璧本) are fantastic materials for analyzing Manchu-influenced Mandarin (Zhao Lingzhi 2009: 67). The Qing Wen Zhi Yao was a famous guidebook to the essentials of Manchu in Qing Dynasty. There are very plentiful Manchu-influenced Mandarin in the Qing Wen Zhi Yao, which has a very significant corpus value. I will discuss how the Qing Wen Zhi Yao offers us a variety of evidences of linguistic interaction between Manchu and Chinese in Qing Dynasty.

The paper is organized as follows: Section 2 presents some bibliographical information about the Qing Wen Zhi Yao; Section 3 presents the phonological background of Mandarin in the Qing Wen Zhi Yao; Section 4 focuses on the analysis of Manchu-influenced Mandarin ; Section 5 presents some other features of Manchu-

---

[1] For more information on language contact history of Mandarin (or Beijing dialect) in Liao (遼), Jin (金), Yuan (元), and Qing (淸) Dynasties, see Lin Tao (1987), Zhao Jie (1996a); Zhao Zhizhong (2000).

influenced Mandarin.

2. Bibliographical information about *the Qing Wen Zhi Yao*

The text of *the Qing Wen Zhi Yao* came in several versions in Qing Dynasty.[2] It is said that the author of *the Qing Wen Zhi Yao* was Fujun (富俊) who was a Mongolian Plain Yellow Bannerman (蒙古正黃旗人). The woodblockprinted Shuang Feng Ge Ke Ben (雙峰閣刻本) was published in the year 1789 (乾隆 54 年). One of the most common versions was published in the year 1809 (嘉慶 14 年). In this paper, I investigated the following versions.

Korea: The National Library of Korea (三槐堂藏本)
        Seoul National University Library (三槐堂藏本)
China: Minzu University of China (大酉堂藏本)
Japan: Toyo-Bunko (大酉堂藏本)
        Waseda University (三槐堂藏本)
France: Bibliothèue nationale de France

---

[002] For more detail, see Liu Man & Zhang Meilan (2012: 90).

 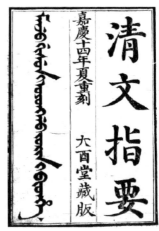

The National Library of Korea　　　　Toyo-Bunko 東洋文庫
　　　　(三魁堂藏本)　　　　　　　　　　　(大酉堂藏本)

The Qing Wen Zhi Yao consist of 4 volumes.

〈*The Qing Wen Zhi Yao*〉

vol 1. prologue (序), *Zi Yin Zhi Yao* (字音指要) (the first part, 上) 　　　　*the Qing Wen Zhi Yao* (清文指要) (the second part, 中) vol 2. *the Qing Wen Zhi Yao* (清文指要) (the third part, 下) vol 3. the sequel of *the Qing Wen Zhi Yao* (續清文指要) (the first part, 上) vol 4. the sequel of *the Qing Wen Zhi Yao* (續清文指要) (the second 　　　　part, 下)

In this paper, I investigated *the Qing Wen Zhi Yao* which is held by Toyo-Bunko, and I intensively analyzed the 51-chapters of *the Qing Wen Zhi Yao* except for the sequel (續編). The contents of this book primarily consist of the manners and customs of the Manchus. For example, learning Manchu, archery, making friends, filial piety etc. The following are contents of the 51-chapters.[3]

The Qing Wen Zhi Yao vol. 1 (the second part, The 26-chapter: 1-26)

chapter 1: 念滿洲書 (manju bithe hūlara)

chapter 2: 學清語 (manju gisun tacire)

chapter 3: 學繙譯 (ubaliyambure be tacire)

chapter 4: 考繙譯 (ubaliyambure be simnere)

chapter 5: 經常的說 (daruhai gisurere)

chapter 6: 偶遇朋友 (talude gucu be acara)

chapter 7: 念書去 (bithe hūlaname genere)

chapter 8: 成才的孩子 (dekjingge juse)

chapter 9: 作伴 (gucu arara)

chapter 10: 爲學要緊 (tacirengge oyonggo)

chapter 11: 找朋友 (gucu be baire)

chapter 12: 當差行走 (alban kame yabure)

chapter 13: 款待客人 (antaha kundulere)

chapter 14: 射步箭 (gabtara)

chapter 15: 直言 (sijirhūn gisun)

chapter 16: 交惡 (ishunde eherere)

chapter 17: 現成的飯 (beleni buda)

chapter 18: 爲朋友 (gucu i jalin)

chapter 19: 及時雨 (erin de acabure aga)

chapter 20: 囊中之錐 (fulhū i dorgi suifun)

chapter 21: 叫背書 (bithe šejirebure)

chapter 22: 彈琵琶 (fifa be fithere)

chapter 23: 放章京 (janggin sindara)

chapter 24: 道賀 (urgun arara)

chapter 25: 留言 (werihe gisun)

chapter 26: 拜年 (aniya arara)

---

003 For more detail, refer to Zhang Huake (2005a).

The Qing Wen Zhi Yao vol. 2 (the third part, The 25-chapter: 27-51)

chapter 27: 作好事 (sain baita be yabure)

chapter 28: 老大人 (sakda amban)

chapter 29: 舊時候的人 (fe jalan i niyalma)

chapter 30: 喫大肉 (amba yali be jetere)

chapter 31: 弟兄 (ahūn deo)

chapter 32: 孝道 (hiyoošungga doro)

chapter 33: 勸告 (tafulan)

chapter 34: 說情 (dere banire be baibure)

chapter 35: 不收禮物 (doroi jaka bargiyarakū)

chapter 36: 看小說 (julen bithe be tuwara)

chapter 37: 穿衣 (etukulere)

chapter 38: 拿書 (bithe be gaire)

chapter 39: 請託 (baita yandure)

chapter 40: 盤纏銀子 (kunesun menggun)

chapter 41: 買黑豆 (sahaliyan turi udabure)

chapter 42: 郊遊 (guwali de sargašara)

chapter 43: 發跡 (mukdere)

chapter 44: 下大雪 (ambarame nimarara)

chapter 45: 指教 (jorime tacibure)

chapter 46: 生氣 (fancara)

chapter 47: 眞假 (yargiyan tašan)

chapter 48: 賤貨 (fusi)

chapter 49: 賭場 (jiha efire kūwaran)

chapter 50: 上墳 (eifu kūwaran de genere)

chapter 51: 大雨 (amba aga)

3. Linguistic background of Mandarin in *the Qing Wen Zhi Yao*

3.1 Phonological background

The linguistic background of Mandarin in *the Qing Wen Zhi Yao*

		Period	Chinese Text	Manchu-Chinese Text
Qing Dynasty	early	1st period (順治-康熙中期)	儒林外史	淸文彙書 (1724)
	middle	2nd period (康熙後期-雍正)	Hong Lou Meng 紅樓夢 (18C)	Qing Wen Qi Meng 淸文啓蒙 (雍正 8年) 1730
		3rd period (乾隆-嘉慶初期)		Qing Wen Zhi Yao 淸文指要 (乾隆 54年) 1789 (嘉慶 14年) 1809
	late	4th period (道光-咸豊-同治)	Er Nü Ying Xiong Zhuan 兒女英雄傳 (19C)	子弟書 (滿漢相兼)
Modern		Chinese Revolution 辛亥革命 (1911) - Modern	Zheng Hong Qi Xia 正紅旗下 (20C)	

Chinese learned Manchu language as a necessity and a convenience. Likewise, the Manchus learned Chinese. The colloquial dialogues in *the Qing Wen Zhi Yao* include clear evidence of language contact, that is a sort of "Sinicized Manchu" pronunciation.[4]

---

004 For more detail, see Zhao Jie (2002).

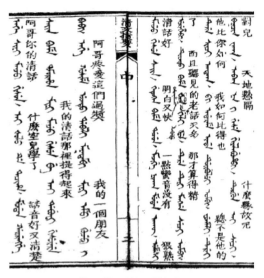

The Qing Wen Zhi Yao

mini emu gucu i manju gisun sain . getuken bime dacun . majige nikan mudan akū . 我的一個朋友, 清話好, 明白又快, 一點蠻音沒有[5]

(A friend of mine is a good Manchu speaker. His pronunciation of Manchu is clear and correct, and he has no Chinese accent.)

3.2 Mandarin Retroflex Suffixation

The retroflex suffixation is a very interesting phonological phenomenon in Mandarin. There are many words with suffixation of a nonsyllabic "r" in Mandarin,[6] which is one of the characteristics of

---

[005] This phrase is quoted from *the Qing Wen Zhi Yao* (清文指要) the second part 中-2a/b.

[006] See Wang Jing (2010).

language contact and change.[7] In the bilingual Manchu-Chinese text (滿漢合璧本), the suffix "兒" is exceedingly common. The following are examples in *the Qing Wen Zhi Yao*.

中-2a　age sini manju gisun . ai šolo de taciha .
　　　阿哥你的清話 什麼空兒學了

中-2b　fuhali terei bakcin waka .
　　　總不是他的對兒

中-3b　ilhi aname tacime ohode .
　　　挨着次兒學了去

中-6b　hergen arara šolo akū .
　　　沒有寫字的空兒

中-7a/b gemu meni emu uksun i juse deote .
　　　都是我們一家兒的子弟

中-26a mini ejen boode akū .
　　　我的主兒不在家

下-34b boode ujihe mihan niongniyaha .
　　　家裡養的小豬兒鵝

---

007 See Aisin Gioro Yingsheng (2004: 818), Zhao Jie (2002).

4. Analysis of Manchu-infulenced Mandarin in *the Qing Wen Zhi Yao*

4.1 Vocabulary

4.1.1 頭等頭

Mandarin "頭等頭" in the Qing Wen Zhi Yao means the first of the first (a first-rate class, 頭一個, 第一個, 壯元),[8] which is a crude word-for-word translation. It also is one of the typical Manchu-influenced Mandarin expressions.[9] It is rendered as "最" (best, most) in today's Chinese. The following are examples.

中-1a　musei ujui uju oyonggo baita.

　　　　是咱們頭等頭要緊的事

中-9b*　tacirengge ujui uju oyonggo baita .[10]

　　　　頭等頭是爲學要緊

---

[008] See Lin Yi (2011: 16).

[009] Refer to "ujui uju jergi 頭等頭" in *the Qing Wen Qi Meng* (清文啓蒙) ; see Aisin Gioro Yingsheng (2004: 796).

[010] Minzu University of China 中央民族大學 (大酉堂藏本) Waseda University 早稲田大學 (三槐堂藏本) "ujui uju de tacirengge oyonggo"

4.1.2 眼前零星話

中-6b damu yasai juleri buyarame gisun .

眼前零星話

※ 眼面前(兒)的話

4.1.3 許久不見了

中-9a muse acahakūngge kejine goidaha .

咱們許久不見了

※ 好久不見了

4.2 Changes in word order

As is well known, SVO language is a type of language that has basic subject-verb-object word order. Chinese also is a SVO language. However, Manchu is a SOV (subject-object-verb) language. Therefore, one of the important linguistic changes occurred in Qing Dynasty, that is a inversion of word order. The SVO order was changed into a type of language that has direct objects preceding the verb. It is not difficult for us to presume that the inversion of word order was influenced by Manchu.

中-17b　beleni　buda　jefi　gene ．

現成的　飯　喫了　去

※ 吃了　現成的飯 去

中-18a　bi　ai　jekekū ．

我 什麼　沒喫過

S　　O　　V

※ 我 沒吃過 什麼

S　　V　　　O

The next examples also show that word order of Chinese was influenced by predicative verb "akū" and that is a typical example of Mandarin in Manchu style. We need to pay keen attention to the fact that predicative verb "沒有" was placed at the end of sentence.

一點蠻音沒有

中-2b　majige nikan mudan akū ．

一點　蠻　音　沒有

抱着弓睡覺的都有

中-14a　beri be debeliyehei amgarangge gemu bikai ．

弓　　抱着　　睡覺的　都　有

It was a more common phenomenon in *the Qing Wen Qi Meng* (清文啓蒙) that predicative verb "有" was placed at the end of sentence.[11] The following are examples.

2-2a   eimere kooli bio .

厭煩的規矩有麼

※ 哪有厭煩的道理呀!

2-2b   ere gese kooli akū baita geli bini .

這樣無理的事也有呢

2-7a   ere gese angga ubaškū niyalma geli bini .

這樣口嘴反覆的人也有呢

2-18b   bi hukšeme gūnirakū sere doro bio .

我不感念的理有麼

2-46a   uthai soktoho sere doro geli bio .

就說醉了的理也有麼

2-57a   jai geli sini gisun be akdara niyalma bio .

再還信你話的人有麼

However, this phenomenon remarkably disappeared in *the Qing Wen Zhi Yao* because of tendency to return to the basic word order of Chinese. It clearly indicates that the position of "有, 沒有" shifted. The following are examples.

中-4a   sini beye teile simneburakū doro bio .

有獨不准你考的理嗎

---

011 See Song, Kang-ho (2009, 55).

中-7a   fuhali manju tacikū akū .

竟沒有清書學房

中-9a   morilahai dulere kooli bio .

有騎過去的理嗎

中-15a   dolo majige hede da akū .

心裡沒有一點渣滓

中-20b   yargiyan i majige hacin demun akū .

實在的沒有一點毛病

中-26a   umai jabure niyalma akū .

總沒人答應

下-34b   mini etuku bi .

有我的衣裳

4.3 Flourishing of Ba construction (把字句)

The flourishing of Ba construction (把字句) was especially predominant in Qing Dynasty.[12] A variety of Ba constructions (把字句) were

012 For more detail on the example of the flourishing of Ba construction (把字句) in Qing Dynasty, see Lee, Tae-shu (2003: 58).

	A Yuan Dynasty (元代)	B Ming Dynasty (明代)	C Qing Dynasty (清代)	D Qing Dynasty (清代)
	古本老乞大	(刪改) 老乞大	老乞大新釋	重刊老乞大
將	15	15	3	3
把	3	4	31	30
合計	18	19	34	33

expressed in a peculiar way.[13] It is evidently clear that Mandarin was influenced by Manchu in Qing Dynasty. The position of Ba construction (把字句) also is worth paying attention to. The following are examples.

中-6a   beleni bisirengge be hasa benju se .
說把現成的快送來

中-18b   musei hebdehe babe . inde alaha de .
把喀們商量的去處告訴了他

中-26a/b mini genehe babe bithelefi werihe .
把我去了的話寫了個字兒留下了

下-3a   asihata be nesuken gisun i sain bade yarhūdambi .
把少年們用和藹的言語往好處引導啊

下-27a   bi ere suihutu be dalda bade gamafi .
我把這醉行次帶在僻靜處

下-31a   dere be absi obumbi .
把臉放在那裡呢

---

013 For more detail, see Diao Yanbin (1991).

4.4 Postpositions

There are many postpositions in Manchu, which is a remarkable characteristic of Altaic languages.[14] But Chinese is a preposition-oriented language. There are postpositions in *the Qing Wen Zhi Yao*, which is the result of linguistic interaction between Manchu and Chinese in Qing Dynasty. The following are examples.

4.4.1 跟前[15]

Mandarin "跟前" was influenced by dative-locative postposition "de" of Manchu.[16]

中-1b   sinde bi geli marambio .
　　　 你跟前我還辭碼

中-20b ama eme de hiyoošungga .
　　　 父母跟前孝順

下-20a arkan seme kakū de isinafi . jahūdai de tefi .
　　　 將將的到了閘口跟前　就坐上船

下-33a juse omosi de isinaha manggi .
　　　 到了子孫們跟前

---

014 For more detail on postposition of Manchu, see Fa Lichun (1985).

015 For more information on Mongol-influenced Chinese "根前, 根底" in Yuan Dynasty, see Tanaka Kenji (1961).

016 See Lin Yi (2011: 16).

跟前 and jakade

Mandarin "跟前" was influenced by Manchu postposition "jakade"
(<jaka "thing," "object" + de)

jakade: (postposition) to the presence of, up to, by, in front of

下-17a age i jakade jihe .
　　阿哥跟前來了

However the postposition in Manchu-influenced Mandarin almost
disappeared through influence of preposition-oriented Chinese. Some
postpositions of Manchu-influenced Mandarin were converted into
prepositions.[17]

4.4.2 上/上頭

The postposition "上 (or 上頭)" is a typical Mandarin in Manchu
style.

Manchu dative-locative postposition "de (or jakade)" was translated as
Mandarin "上 (or 上頭)." In addition, some transitional expressions
occurred in Qing Dynasty.[18] However, These postpositions almost
disappeared through influence of preposition-oriented Chinese.

---

[017] I presume that preposition "跟" in modern Chinese is one of the examples
of conversion of postposition "跟前." e.g. "你跟他說吧!" "你不是跟我說了嗎"
"我跟他學中文" etc.

[018] For more detail, see 下-1b "因這個上" in the second part of the sequel.

上 and de

de: cause, because of

下-30b booi niyalma mimbe boode akū sehe gisun de .

家裡人說我不在家的話上

上頭 and jakade

jakade: (after the imperfect participle) because of, when

下-33a gemu tere babe sain sere jakade .

都說那個地方好的上頭

It is very interesting that there are many linguistic similarities between Mongol-influenced Chinese in Yuan Dynasty (元代蒙式漢語) and Manchu influenced Mandarin in Qing Dynasty (清代滿式漢語).[19]

4.4.3 一樣

The postposition "一樣" is a typical Mandarin in Manchu style. The postpositions with the meaning of similarity are adali and gese. Manchu "adali" (like, same) was translated as Mandarin "一樣". It shows that the postposition "一樣" was influenced by Manchu postposition adali. The following are examples.

---

[019] For more detail, see Zu Shengli (2004), Chen Weilan (2004).

中-1a   uthai nikansi[20] meni meni ba i gisun i adali .
就像漢人們各處的鄉談一樣

下-3b   uthai beye tušaha adali facihiyašame .
就像自己遭際的一樣着急

下-24b   aimaka cargici[21] tokošoro adali .
倒像神鬼指使的一樣

下-29b   indahūn i gese ger sere be .
像狗呲着牙叫的一樣

下-29b/30a   aimaka we imbe saišaha adali .
倒像誰誇他的一樣

And it is very interesting that there are many linguistic similarities between Mongol-influenced Chinese in Yuan Dynasty (元代蒙式漢語) and Manchu-influenced Mandarin in Qing Dynasty (清代滿式漢語).[22]

4.4.4 起

Mandarin "起" was influenced by Manchu postposition "ci." The striking similarity between Mandarin "qǐ" (起) and Manchu "ci" (from) is another example of the typical Mandarin in Manchu style. I regard it as no coincidence that the similarity is also one of pronunciation.

---

020 The plural form of nikan. cf nikasa.

021 cargici ；從那邊

022 For more information on Mongol-influenced Chinese "~的一般" (一樣) in Yuan Dynasty, see Tanaka Kenji (1961).

從~起

中-16a enenggi ci bi umesileme halaki .
        從今日起我痛改罷

4.5 Sentence-final "罷了"

Mandarin has a number of sentence-final particles, which are often called modal particles (語氣助詞) as they serve chiefly to express mood. sentence-final particles have their place at the end of the sentence to which they refer. The restrictive final particle "dabala" (merely) was translated as the sentence-final "罷了" in *the Qing Wen Zhi Yao*.[23] The sentence-final "罷了" in Mandarin shares close affinity with Manchu "dabala." The B and L of bale "罷了" correspond to two consonants of "dabala." The following are examples.

中-2a damu hengkišeme baniha bure dabala .
       就只是拜謝罷咧

中-3a tere inu tacifi bahanahangge dabala .
       他也是學會的罷了

中-5a inu ere hūman dabala .
       不過這個本事兒罷了

---

[023] Refer to Wang Difei (2009: 14).

中-11b manggai oci musei ere udu gucu i boode dabala .

　　不過喒們這幾個朋友家罷了

中-19b bi ere bai emu burgin i huksidere dabala .

　　我只說不過一陣暴雨罷咧

4.6 Sentence-final "來着"

　　Manchu "bihe" was translated as Mandarin "來着." Manchu "-ha/he bihe" has the meaning of the past perfect. Mandarin "來着" is the answer to the question of why Mandarin is more detailed in tense than other dialects (Aisin Gioro Yingsheng 2004: 992). The following are examples.

中-5b   absi yoha bihe .

　　往那裡去來着

中-5b   bi ergi emu niyamangga niyalmai boode genehe bihe .

　　我往這裡一個親戚家去來着

中-11a mini emu gucu be tuwanaha bihe .

　　看我一個朋友去來着

中-24b mini beye dukai jakade iliha bihe .

　　我在門口站着來着

中-25a bi ceni hala be fonjiha bihe .

　　我問他們的姓來着

下-33b ara ．ere gese amba aga de ．aibide genehe bihe ．
　　　哎呀 這樣大雨 往那裡去來着

5．About some other features of Manchu-influenced Mandarin

5.1 Mandarin "去處"

Manchu "ba" (place) was translated as Mandarin "去處." Mandarin "去處" also does not only mean place (處所), but also does mean circumstance and situation. The following are examples.

中-1b　geli sakda ahūn de baire babi ．
　　　再還有懇求老長兄的去處

中-18b musei hebdehe babe ．inde alaha de ．
　　　喒們商量的去處告訴了他

5.2 Reduplication of verb

Manchu "majige" (a little) was translated as Mandarin "一" (or reduplication of verb). The following are examples.

中-3b　majige dasatarao ．
　　　改一改

中-7b　sini funde majige gisureci .
替你說一說

5.3 Structural auxiliary word "的"

Some structural auxiliary word "的" of Mandarin was influenced by Manchu "-ngge."[24] The following are examples.

中-2b　ini tacihangge šumin .
他學的深

下-17a　jabšan de sini jihengge erde .
幸而你來的早

6. Conclusion

In the paragraphs above, I have analyzed the Mandarin in Manchu style. The above discussion shows that Mandarin in Manchu style is a result of linguistic interaction between Manchu and Mandarin. Manchu was the influential language of communication within the imperial family and the imperial language of the Qing Dynasty. Therefore, it is not difficult for us to presume that Manchu had a great influence on Chinese in Qing Dynasty. In the past, Chinese linguists have paid little attention to the language contact in Qing

---

[024] Manchu ningge means the one which... he who... .

Dynasty, and furthermore, the importance of bilingual Manchu-Chinese text (滿漢合璧本). However nowadays the language contact between Manchu and Chinese in Qing Dynasty is a fascinating topic receiving increasing attention in academic circles. My thesis touches on each of these topics, but because of its limits, it could not present a full analysis from all aspects. However, it is my hope that my study will inspire other Altaic scholars to pursue linguistic interaction between Manchu and Chinese.

References

Aisin Gioro Yingsheng. 2004. Manyu zazhi [=Diverse knowledge of Manchu language, 滿語雜識]. Xueyuan Chubanshe.

Chen Weilan. 2004. Guanyu "shang", "shangtou" de houzhici biao yuanyin yongfa [關於"上"、"上頭"的後置詞表原因用法]. Taizhou Xueyuan Xuebao 4.

_____. 2007. Yuandai hanyu yanjiu zongshu[元代漢語語法研究綜述]. Taizhou Xueyuan Xuebao 4.

Coblin W. South. 2003. "A sample of eighteenth century spoken Mandarin from north China". *Cahiers de linguistique - Asie orientale* 32(2).

Diao Yanbin. 1991. Shilun jindai hanyu yufa de tedian [試論近代漢語語法的特點]. Liaoning Shifan Daxue Xuebao [Shekeban] 1.

Fa Lichun. 1985. Lun manyu de houzhici [論滿語的後置詞]. Manchu Studies 1.

Gong Qianyan. 1994. Er Nü Ying Xiong Zhuan shi Hong Lou Meng tongxiang xiandai beijinghua de zhongtuzhan[『兒女英雄傳』是『紅樓夢』通向現代北京話的中途站]. Yuwen Yanjiu 1.

Ji Yonghai. 1993. Manzu zhuanyong hanyu de licheng yu tedian [滿族轉用漢語的歷程與特點]. Minzu Yuwen 6.

_____. 2006a. Guanyu beijing qirenhua dui beijinghua de yingxiang [關於北京旗人話對北京話的影響]. Minzu Yuwen 3.

_____. 2006b. Lun hanyu zhong de manyu jieci [論漢語中的滿語借詞]. Manchu Studies 1.

Lee Tae-shu. 2003. Lao qi da sizhong banben yuyan yanjiu [老乞大四種版本語言研究]. Yuwen Chubanshe.

Liliya M. Gorelova. 2002. *Manchu grammar*. Leiden-Boston-Kön: Brill.

Lin Tao. 1987. Beijing guanhua suyuan [北京官話溯源]. Zhongguo Yuwen 3.

Lin Yi. 2011. Qingdai man han shuangyu huihuashu yanjiu [清代滿漢雙語會話書研究]. Beifang Minzu University Xuebao [Zhexue Shehui Kexueban] 3.

Liu Housheng. 2001. Hong lou meng yu man yuyan wenhua chuyi [紅樓夢與滿語言文化芻議]. Studies of Qing History 4. The Institute of Qing History.

Liu Man & Zhang Meilan. 2012. Qingdai zhuming de man han shuangyu jiaocai *Qing Wen Zhi Yao* [bai zhang] ji qi jiazhi [清代著名的滿漢雙語教材『清文指要』[百章]及其價值]. Overseas Chinese Education 1.

Seong Baeg-in. 1981. *A Study on Manchu Phonology* [만주어음운론연구]. Myongji University Press.

Song Kang-ho. 2009. A study on Mandarin in Manchu style in *the Qing Wen Qi Meng* [『清文啓蒙』의 滿洲式 漢語에 대한 考察]. Research of Ancient Text 27. Korea Ancient Text Research Institute.

Tanaka Kenji. 1961. Notes on the language of the Yüan-tien-chang 元典章[Ⅰ]: The Yüan vulgar language in the Chinese metaphrased from Mongolian [蒙文直譯體における白話について: 元典章おぼえがき一]. The Journal of Oriental Researches 19[4].

Wang Difei. 2009. Manyu yuqici yanjiu [滿語語氣詞研究]. Manchu Studies 2.

_____. 2010. Qingdai manwen duben huihua lei wenxian yanjiu [清

代滿文讀本會話類文獻研究]. Manchu Studies 1.

Wang Jing. 2010. Er nü ying xiong zhuan erhuaci qianxi [兒女英雄傳兒化詞淺析]. Journal of Anqing Teachers College [Social Science Edition] 4.

Xu Tongjiang. 1981. Lishi shang hanyu he qita yuyan de ronghe wenti shuolue [歷史上漢語和其他語言的融合問題說略]. Yuyanxue Luncong 7.

Yu Zhihong. 1992. Yuandai hanyu de houzhici xitong [元代漢語的後置詞系統]. Minzu Yuyan 2.

_____. 2000. Yuyan jiechu yu yuyan jiegou de bianyi [語言接觸與語言結構的變異]. Minzu Yuyan 4.

Zhang Huake. 2005a. Qingwen zhiyao jiedu [清文指要解讀]. Wenshizhe Chubanshe.

_____. 2005b. Xubian jian han qingwen zhiyao jiedu [續編兼漢清文指要解讀]. Wenshizhe Chubanshe.

Zhao Jie. 1996. Beijinghua de manyu diceng he "qingyin" "erhua" tanyuan [北京話的滿語底層和"輕音""兒化"探源]. Beijing Yanshan Chubanshe.

_____. 1996. Manzuhua yu beijinghua [滿族話與北京話]. Liaoning Minzu Chubanshe.

_____. 2002. Manyu dui beijing yuyin de yingxiang [滿語對北京語音的影響]. Manchu Studies 1.

Zhao Lingzhi. 2009. Qingdai man han hebizi cishu ji qi zuoyong tanxi [清代滿漢合璧字辭書及其作用探析]. Manchu Studies 2.

Zhao Zhizhong. 2005. Cong *Qing Wen Qi Meng* kan qingdai qianqi manzuren de shuangyu shiyong [從清文啓蒙看清代前期滿族人的雙語使用]. Manxue Lungao.

_____ & Ji Yonghai. 1985. Er Nü Ying Xiong Zhuan de Manyu Yuhui Tese [『兒女英雄傳』的滿語語彙特色]. Studies of Ethnic Literature 3.

Zu Shengli. 2004. Yuandai zhiyiti wenxian zhong de yuanyin houzhici "shang/shangtou" [元代直譯體文獻中的原因後置詞"上/上頭"]. Studies in Language and Linguistics 1.

_____. 2005. Yuandai mengguyu tong beifang hanyu yuyan jiechu de wenxianxue kaocha [元代蒙古語同北方漢語語言接觸的文獻學考察]. Menggu shi yan jiu: Studia historica Mongolica 8.

清代 滿洲語와 漢語의 交涉樣相 硏究
-『淸文指要』의 滿洲式 漢語를 中心으로-

본고의 목적은 『淸文指要』를 중심으로 淸代 滿洲語와 漢語의 交涉樣相을 고찰하는 데 있다. 『淸文指要』는 『淸文啓蒙』과 더불어 淸代의 대표적인 滿洲語 學習書인데, 여기에 병기된 漢語는 淸代 滿洲式 漢語의 특징을 보여주는 귀중한 문헌이다. 『淸文指要』의 판본은 乾隆 54年(1789) 간행된 이래 현재 국내외에 여러 판본이 전하는데, 본고에서는 嘉慶 14年(1809) 刊本 『淸文指要』을 주요 텍스트로 삼아서 분석하였다. 『淸文指要』에 나타난 滿洲式 漢語는 現代 漢語의 직접적인 원천이 되는 表現이 나타나는 등 이전의 『淸文啓蒙』에 비해 現代 漢語에 보다 근접한 형태를 보여주고 있다. 본고에서는 『淸文指要』의 滿洲式 漢語를 통해 알타이어의 주요 언어인 滿洲語가 音韻, 語彙, 語順 등의 제 방면에서 어떻게 漢語에 영향을 끼쳤는지를 분석하고, 이를 통해 淸代 滿洲語와 漢語의 交涉樣相을 논하였다.

manju "滿洲" 명칭 어원 분석

長　山*

1. 서론

　皇太極(淸太宗, 1592-1643)이 族名을 "滿洲"로 개명하기 전에는 누르하치와 皇太極은 자칭 jušen "諸申"이라고 했는데, 天總 9년(1635)에 皇太極이 자신의 族名을 manju "滿洲"로 고쳤다. 『舊滿洲檔』의 기록에, "칸이 말하기를, 우리나라는 원래 滿洲(manju), 哈達(hada), 烏拉(ula), 葉赫(yehe), 輝發(hoifa) 등의 명칭이 있는데, 무지한 이들이 諸申(jušen)이라고 부른다. 대저 諸申이라는 호칭은 席北超墨爾根[sibei coo mergen]의 후예[同族]이다. 그것이 우리에게 무슨 관련이 있는가? 지금 이후로 모두 우리나라의 滿洲라는 원래 이름을 부르도록 하고, 諸申으로 부르는 자가 있으면 罪로 다스리겠다"라고 하였다.[1]

　皇太極의 族稱 改名 上諭에는 왜 명칭을 바꾸는지에 대해서는 사

---

* 中國 黑龍江大學 滿族語言文化硏究中心 硏究員.

[001] 補註: "juwan ilan de (tere inenggi) .. han hendume musei gürun i gebu daci manju . hada . ula . yehe . hoifa kai .. tere be ulhirakū niyalam jušen sembi .. jušen serengge sibei coo mergen i hūncihin kai .. tere muse de ai dalji .. ereci julesi yaya niyalma musei gürun i da manju sere gebu be hūla .. jušen seme hūlaha de weile .. 天聰 9年 10月 13日 기사. 東洋文庫淸代史硏究室, 『舊滿洲檔-天聰九年』2, 東洋文庫, 1975, 318쪽.

유가 나오지 않고, 또 manju "滿洲"라는 호칭의 含意에 대해서도 밝히지 않았으므로, 수백 년 이래로 의견이 분분하였다. 그러나 이 上諭의 내용으로 보면 jušen "諸申"과 manju "滿洲"는 같은 민족공동체에 대한 다른 호칭이다. 본 논문은 앞사람의 연구 성과에 기반해서,[2] jušen "諸申"과 manju "滿洲"의 어원을 비교하여 manju "滿洲"라는 종족 명칭의 내원을 해석하고자 시도하였다.

2. manju의 구성 성분 분석

manju라는 단어의 어원을 해석하기 위하여 국내외 학자들은 장시간 노력을 쏟아 부었으나 지금까지도 여전히 일치된 시각을 확보하지 못하고 있다. 대다수 학자들은 manju라는 단어가 man + ju로 구성되었다는 것에 동의하지만 man-과 ju-의 어원을 해석할 때는 각자의 견해가 일치하지 않고 있다.

(1) -ju의 來源

皇太極이 종족 명칭을 manju "滿洲"로 고치기 이전에 그들은 자칭 jušen "諸申"이라고 하였다. 구성 단어로 보면 jušen은 ju- + -šen으로 이루어져 있는데, 그 단어의 어근 ju-와 manju의 제2 구성성분인 -ju는 완전히 같은 것이며 아울러 내원도 같은 것이다.

분석상의 편의를 위하여 우리는 먼저 jušen "諸申"과 몽고인들이

---

002 黑龍江大學 哈斯巴特爾 선생은 滿洲族의 先代 名稱 語源에 대해 일련의 논문을 작성하였다. 본 논문을 작성하는 과정에서 哈 선생의 지도를 받았다.

"諸申"에 대해서 불렀던 ǰurčin이라는 호칭 사이의 관계를 분석하고자 한다. 몽고인은 jušen "諸申"을 ǰurčin이라고 불렀다. 구성 성분으로 보면 ǰurčin은 ǰur- + -čin으로 이루어져 있는데, 그중에 ǰur-는 비독립적인 어근이며, -čin은 구성 성분으로 명사 뒤에 첨가되어 명사를 파생시킨다. 연구에 의하면 만주어 jušen과 몽고어 ǰurčin 간에는 어음 대응 관계가 있으며 어원이 같은 단어이다.

먼저 몽고어 자음 č와 만주어 자음 š간의 어음 대응 관계가 존재하며, 몽고어 성분 -čin과 만주어 성분 -šen은 같은 어원이다. 예를 들면 다음과 같다.

만주어	몽고어	어의 [뜻]
šanggiyan	čaɣan	白 (흰색, 희다)
šejilembi	čegějiemüi	背(書) (책)외우다
šeše-	čiči-	刺 (찌르다)
nišala-	ničala-	砸碎 (깨뜨리다)

補註: 표는 역자가 보완한 것이다. 이하 같음.

몽고어 구성 성분 -čin은 명사의 어간 뒤에 붙어서 이들 부류의 직업에 종사하는 사람을 나타내는 명사를 파생시킨다. 예를 들면 다음과 같다.

몽고어

tariya "田地" - tariyačin "農民"

mal "牲畜" - malčin "牧人"

aǰil "工作"　　- aǰilčin "工人"
daɣuu "歌曲" - daɣuučin "歌唱家"

만주어 구성 성분 -šen은 대개의 상황에서 -si(讀音 ʃi) 형식으로 나타난다. 기능은 몽고어 구성 성분 -čin과 완전히 같다. 예를 들면 다음과 같다.

만주어
usin "田"　　- usisi "農夫"
namun "庫" - namusi "庫丁"

그 다음으로 만주어와 몽고어 비독립 어근 ju-, ǰür-간에도 어음 대응 관계가 존재한다. 만주어와 몽고어에서 동일한 어원을 갖는 단어에서, 몽고어 음절 어말자음이 r인 단어는 만주어에서는 종종 탈락한다. 예를 들어 다음과 같다.

만주어	몽고어	뜻
hūdun	qordon	快 (빠르다)
dafakū	dabqur	雙 (쌍)
dogo	soqor	瞎子 (시각장애인)
ogo	ugur	臼, 錐 (절구, 송곳)

그래서 몽고어 속에서 중세기 몽고어 문헌 가운데 ǰürči(人名), ǰürč idai(人名), ǰürgin(部落名) 등 인명과 부락명칭 가운데 나타나는 것 이외

에 비독립 어근 ˇjür-은 현대 몽고어에서는 이미 완전히 소실되었다. 만주어 속의 비독립 어근인 ju- 역시 jušen(族稱), jušeri(人名), manju(族稱) 등 소수의 인명과 부락명칭에만 나타난다. 만주어 ju-/-ju와 몽고어 ˇjür의 어원에 대해, 필자는 그것이 만주족의 姓氏를 나타내는 gioro "覺羅"와 같은 어원 관계라고 보는데, 그것은 원시알타이어 *goro "箭"에서 변화해 나온 것이기 때문이다.

만주어의 gorokin이라는 단어는 의미가 "蠻夷"이다. 哈斯巴特爾 선생의 연구에 의하면 gorokin은 goro-에 -kin을 더하여 구성한 것으로 그 가운데 어근 goro-와 몽고어 qor "箭"은 같은 어원 관계이며 의미는 "箭"이다. 구성 성분 -kin은 만주어에서 명사를 파생시키는 성분으로 "具有…"의 뜻이 있다. 만주족의 성씨 gioro "覺羅"라는 단어는 goro "箭"에서 변화하여 나온 것으로 모음 i는 goro 중의 자음 g가 구개음화되어 변한 결과이다.

哈씨의 연구에 근거하여 우리는 goro "箭", gioro "覺羅"와 ju-/-ju, ˇjür간의 내원에 관계가 있다는 것을 어렵지 않게 발견하게 되었다.

첫째, 알타이어에서는 자음 g가 구개음화되어 j가 되는 역사 변천을 겪었는데, 이러한 변화는 지금도 여전히 정도를 달리하여 만주어 내부와 만주어 · 몽고어 동일어원 단어 속에 남아 있다. 예를 들면 다음과 같다.

만주어 jaka-rambi "裂縫"	만주어 gaka-rambi "裂開"
만주어 jab-kū "箭桶"	만주어 gab-tambi "射"
만주어 jerin "器物邊"	만주어 girin "邊, 沿"
만주어 gida "矛"	몽고어 ǰida "矛"
만주어 giyala- "離開"	몽고어 ǰaila- "離開"
만주어 giyolo[3] "腦門"	몽고어 ǰulai "腦門"
만주어 giyamun "驛站"	몽고어 ǰam "驛站"(중세 몽고어)

둘째, 위에서 분석한 것에 근거하면 만주어와 몽고어 동일어원 단어 가운데 몽고어 어말자음 r이 만주어 속에서 탈락하는 현상이 있다. 원시알타이어 *goro는 몽고어에서 어말 모음이 탈락하여 ǰür로 변하고, 만주어에서 어말 모음과 자음이 연속 탈락하여 ju-/-ju이 되었다. 결국 만주어 ju-/-ju는 원시알타이어 *goro의 어두가 구개음화되는 동시에 어말음은 연속 탈락한 결과이다.

이상 연구로 증명된 바, 종족명칭인 jušen "諸申"과 manju "滿洲" 속의 공통 성분인 ju-/-ju는 원시알타이어 *goro에서 변화하여 온 것으로, 구체적인 변천 과정은 다음과 같이 구성할 수 있다.

ju ∠ ǰür ∠*joro ∠*jioro ∠gioro ∠*goro

---

003 역주: 『漢淸文鑑』과 『同文類解』에서는 쉿구무(숨구멍)라고 하였다.

(2) man-의 來源

manju-라는 단어의 첫 번째 구성 성분인 man-의 어원에 대해서 전문학자들도 많은 해석을 했는데, 그중에서 필자는 이탈리아 학자 Giovanni Stary가 제기한 man-의 mangga "硬, 强" 유래 변천설[4]을 비교적 찬성하는 편이다.

알타이어 계통 언어 가운데 만주어 mangga "硬, 强"과 같은 어원인 단어에는 錫伯語 mangga "貴, 硬, 强", 赫哲語 mangga "難", 蒙古語 할하 방언 maŋgar "歷害, 强大" 등이 있다.

滿洲語 mangga "硬, 强"
錫伯語 mangga "貴, 硬, 强",
赫哲語 mangga "難",
蒙古語 maŋgar "歷害, 强大"

다시 말해서 manju "滿洲"는 알타이어 계통의 mangga "硬, 强"와 ju ∠*goro "箭" 두 단어가 결합하여 복합어를 구성하는 과정에서 어음 탈락 변화의 결과이다.

먼저 만주어는 膠着語에 속한다. 그 주된 단어 구성 방법은 어미를 연결하는 방법 이외에 합성법이 있는데, 이것은 두 개 혹은 두 개 이상의 단어가 결합하는 방식으로 새 단어를 만드는 것이다. 예를 들면 다음과 같다.

---

004 喬萬尼・斯達里, 「滿洲舊名新釋」[J], 中央民族學院學報, 1988, (6).

alimbi "接受" + baharakū "不得" = alimbaharakū "不勝"

minggan "千" + da "頭目"　　= minggada "土司"

minggan "千" + soro "棗"　　= mimsoro "千歲棗"

ere "這"　　　+ cimari "早上"　= ecimari "今早"

이상에서 예를 든 단어들의 공통점은 첫 번째 단어의 일부와 두 번째 단어가 결합하여 새 단어를 만들었다는 것이다. 이로써 man-은 만주어 mangga "難, 硬, 強, 剛強, 優秀, 高貴, 善於"[5]에 유래하여 ju ∠*goro "箭"과 결합한 것이다. 결합되는 과정에서 mangga의 두 번째 음절 ga가 탈락한 것이다.

그 다음으로 mangga의 두 번째 음절 탈락 이후, 첫 번째 음절의 어말자음인 ng가 n으로 변했는데, 자음 n과 ng의 교체는 만-퉁구스 어족 언어에서 지극히 보편적인 음운변화 현상이다. 여진어와 만주 어의 대응 단어를 예로 들면 다음과 같다.

여진어 gəxuŋ "顯" - 만주어 gehun "明亮"

여진어 idaxoŋ "狗" - 만주어 indahūn "狗"

여진어 xatan "強" - 만주어 katang "強, 硬"

이들 분석을 통하여 우리는 다음과 같은 사실을 발견할 수 있다. 즉 manju라는 단어의 첫 번째 구성 성분 man-은 mangga "難, 硬"에 서 변화되어 나온 것이라는 주장이 믿을 만한 것인 바, 그 구체적인 변천과정을 보면 manju ∠*mangu ∠*mangga + ju라는 것이다.

---

005 역주:『漢清文鑑』에는 mangga에 대해서 "노다 貴 ; 세다 硬 ; 어렵다 煩難 ; 잘 쏘다 善射 ; 활세다 弓硬 ; 굿세다 剛強" 등으로 풀이하였다.

manju ∠*mangu ∠*mangga + ju

3. manju의 語義 來源

위의 분석에서 우리는 manju "滿洲"가 복합어이며 mangga "難, 硬, 强, 剛强, 優秀, 高貴, 善於"와 ju ∠*goro "箭"이 결합 변화한 것으로 그 의미는 "강한 활, 굳센 활 强悍的箭"이다. 그렇다면 皇太極은 왜 "箭"을 사용하여 자기 민족을 불렀는가? 만주족 및 그 선대의 경제생활을 돌아보는 것은 이 문제의 해답을 얻는데 도움이 된다.

만주족과 그 선대의 肅愼, 挹婁, 女眞은 예로부터 중국 동북 지역에서 생활하며 주로 수렵경제에 종사하였다. 이들의 경제생활에 대해 역대의 史書는 모두 기록하고 있다. 예를 들어 『山海經·海外書經』에 "동북 해외에 大荒 가운데, 山이 있는데 不咸이라 이름 하였고, 肅愼氏의 나라가 있다. 그 사람들은 모두 활을 쏘는데, 활의 길이가 4척으로 굳세고 강했으며, 화살은 싸리나무로 만드는데, 길이가 1척이며 푸른 돌로 화살촉을 하였다."

"挹婁는 夫餘의 동북 1천여 리에 있다. 그 활의 길이는 4척이고, 힘이 弩와 같으며, 화살은 싸리나무로 길이가 1척 8촌, 푸른 돌로 화살촉을 하였다. 옛날의 肅愼國이다. 활을 잘 쏘아서 사람을 쏘면 모두 눈을 적중시켰다. 夫餘가 여러 차례 정벌하였으나 그들의 수가 적지만 山의 험지에 거처하고 이웃나라 사람들이 弓矢를 두려워하여 마침내 정복할 수 없었다."

『後漢書』에는 "挹婁는 옛 肅愼國이다. 山林에 거처하는데, 토질과 기후가 극히 차갑고, 항상 穴居하는데 깊은 것을 귀하게 여겨서 큰 집에는 九梯를 연결하는데 이르렀다. 종족 무리는 적으나 勇力이 많아서 험한 山에 거처하고 활을 잘 쏘아서 쏘았다 하면 사람의 눈을 적중시켰다." 이 때문에 그들이 여러 차례 중원 왕조에 조공한 것도 활이었다.

『周書』의 기록도 이 같은 정황을 설명하고 있다. "순임금 25년 息愼氏가 來朝하였다. 弓矢를 朝貢하였다. 곧 肅愼이다."[6]

수렵경제는 여진인의 전통적인 경제방식으로 심지어 일부 여진 부락은 "農事를 짓지 않고 漁獵을 업으로 삼았다." 그들의 수렵은 고정된 계절이 있어서, 매년 漁獵 시기로는 3월에서 5월까지 春獵이고, 7월에서 10월까지는 秋獵이었다. 수렵 기간에 그들은 순식간에 출동하는데, 짝을 지어 수렵에 나가는 경우 많으면 30여 명 적게는 10여 명이 나가며 일반적으로 "20여 명이 무리를 지었다."[7]

수렵경제의 수요에 의해 여진인은 이미 비교적 발달된 수공업이 있었다. 弓箭을 제작하는 방면에서 특히 두드러졌다. 명말 여진인의 수공업은 이미 弓箭을 전문적으로 생산하는데 종사하던 수공업자들이 있었으며 아울러 전문 거주 장소도 있었다. "누르하치 형제가 거주하는 家舍에는 … 甲匠 16명, 簡匠 50명, 弓匠 30명, 冶金匠 15명인데, 모두 胡人으로 작업하지 않는 날이 없었다." "北門 밖에 鐵匠이 거주했는데, 전문적으로 鎧甲을 다루고, 南門 밖에는 弓人, 簡人이 거주하며 弧矢를 만들었다." "옛날 野人(즉 여진인)은 나무를 굽혀서 鐙子를 만들고, 鹿(角)을 깎아서 화살촉을 만들었는데, 지금 들으니 鐙子와 화살촉은 모두 철을 사용하였다." 명대 중기 이후로 그들은

006 楊保隆, 「肅愼挹婁合考」[M], 北京, 中國社會科學出版社, 1989, 301-309쪽.
007 滕紹箴, 「滿族發展史初稿」[M], 天津, 天津古籍出版社, 1990, 31쪽.

이미 "風爐를 설치하고 화살촉을 만들었는데, 모두 담금질을 하였다."[8]

만주족은 수렵 겸 목축하는 부락의 공동체로 수렵과 전쟁의 수요로 말미암아 騎射에 능한 것이 만주족의 가장 중요한 특징의 하나가 되었다. 騎射를 중히 여기는 것이 만주족 대대로의 풍습으로, 심지어 나중에는 만주족 통치자들이 본 민족의 전통을 보호하기 위해서 "國語騎射" 정책을 취하였다.

이상의 서술로 우리는 弓箭이 만주족 및 그 선대의 경제생활에서 대단히 중요한 지위를 지니고 있고, 그들의 활 제작과 쏘는 기술이 뛰어나서 널리 알려졌으며 이 때문에 주위 민족들이 그들 민족의 주요 특징으로 인식하였음을 발견할 수 있었다. 예를 들어, 고대 한인들은 동북의 수렵민족을 통칭하여 "夷"라고 불렀다. 관련분야 학자들의 연구에 의하면, "夷"자는 "大"와 "弓"으로 구성된 상형문자로써, 고대 중국 동북 소수민족의 "큰 활을 메고, 큰 독수리를 쏘는" 형상을 나타낸 것이다.

기존의 만주족 종족 명칭 어원 연구는 대부분 신화전설, 토템숭배, 역사지리에 주로 의지하여 수렵경제가 만주족의 경제생활에서 중요한 지위를 차지하고 있다는 것을 소홀히 하였다. 기실 현대문명 사회에서 사회적 직업 분류로 신분을 동일시하는 것과 마찬가지로 원시사회에서는 경제생활의 분류가 사회집단을 나누고 부르는 중요한 근거였다. 만주족의 활 제작과 쏘는 기술은 세상에 유명해서 皇太極이 "강한 활, 굳센 활 强悍的弓箭"을 뜻하는 manju라는 이름으로 본 민족을 부른 것은 매우 합리적이었다.

---

008 郭孟秀, 「滿族入關前物質文化特徵」[J], 滿語研究, 2006, (1).

4. 종족 명칭과 경제생활

관련 학자들의 연구에 의하면, manju "滿洲" 이외에 monggol "蒙古", orɔʧʃEEn "鄂倫春", daɣur "達斡爾" 등 북방 소수민족의 종족 명칭 역시 그들이 종사하는 경제생활과 밀접한 관련이 있다.

(1) 蒙古

monggol "몽골"이라는 단어는 한문 문헌에서 가장 이른 것으로 "蒙兀"이라 썼으며, 『蒙古秘史』원문에는 그것을 "忙豁勒"이라고 하였다. 이 단어는 忙- + -豁勒(mang- + -qol)로 구성되었는데, 두 번째 구성 성분 "豁勒"의 독음은 qol 또는 qor로 구성할 수 있으며 자음 -l과 -r의 교체는 몽고어에서 늘상 보는 어음현상이다. 『蒙古秘史』에서 "豁勒"이라는 단어의 병행 번역은 "弓箭"이다.

필자는 첫 번째 성분 mang-이 우리가 위에서 이미 분석한 만주어 mangga와 밀접한 관계가 있다고 본다. monggol은 mangga qor의 축약 형식이다. 구체적인 변화과정을 보면 이렇다.

monggol ∠*monggor ∠*mangqor ∠*mangga qor

즉 의미는 "强胡"로 강대한 弓箭을 지닌 種族, 部落이다.

(2) 鄂倫春

ɔrɔʧEEn "鄂倫春"이라는 단어의 어원은 두 가지 해석이 있다. 하나는 "山嶺에 거주하는 사람"이고 다른 하나는 "馴鹿을 사용하는 사람"이다. 胡增益의 연구에 의하면, ɔrɔʧEEn은 ɔrɔ-에 -ʧEEn이 가해진 것이다. 鄂溫克語에서 ɔrɔn의 어의는 "馴鹿"으로 성분 -ʧEEn은 모종의 활동에 종사하는 사람을 나타낸다. 이 때문에 "鄂倫春"이라는 단어의 본래 의미는 "馴鹿을 사용하는 사람"이다.9

(3) 達斡爾

daɣur "達斡爾"라는 단어의 어의와 그 내원에 관해서는 恩和巴圖가 상세한 연구를 한 적이 있다. 그는 다구르족이 몽고족과 함께 몽고어족 언어를 사용하는 민족에 속하는 것으로 보고 민족의 기원을 모두 "東胡" 계통 민족에 속하는 것으로 보았다. 그 뿐만 아니라 daɣur "達斡爾"와 mongɣol "蒙古" 두 단어에는 내재된 연관이 있다. daɣur는 da(漢語 "大")와 qor "弓箭"으로 구성된 것으로 의미는 "大弓箭"이다.10

丁石慶도 "20세기 40년대까지도 산악지구의 다구르인은 경제생활에서 수렵이 여전히 일정한 비중을 차지하고 있었고, 10% 정도의 人家는 수렵을 주로 하고 겸해서 다른 부업을 하거나 또는 농사와 수렵을 병행하였다. 布特哈 지구의 다구르인은 수렵을 업으로 하였

009 胡增益, 「鄂倫春語硏究」[M], 北京, 民族出版社, 2001, 2-4쪽.
010 恩和巴圖, 「關於"達斡爾"一詞的詞源(蒙古文)」[J], 蒙古語文, 2000, (6).

다. 布特哈이라는 단어는 곧 만주어로 '수렵하는 자(butha, 漁獵)'라는 뜻이다."라고 하였다.[11]

이상을 종합적으로 분석하면 우리는 다음과 같은 결론을 얻을 수 있다.

첫째, manju라는 단어는 복합어로 man- + -ju로 구성되었으며, 첫 번째 구성 성분 man-은 만주어 mangga "硬, 强"이라는 단어에서 변한 것이며, 두 번째 성분 -ju는 원시알타이어 *goro "箭"에서 어두자음이 구개음화된 동시에 어말 어음이 연속으로 탈락한 결과이다.

둘째, manju라는 단어의 의미는 "강한 활, 군센 활 强悍的弓箭"로 이 같은 표현법은 만주족 및 그들 선대의 수렵경제와 밀접한 관계가 있다.

셋째, manju "滿洲" 이외에 monggol "蒙古", ɔrɔʧʼEEn "鄂倫春", daʁur "達斡爾" 등 북방 소수민족의 명칭도 그들이 종사하는 수렵경제와 관련이 있다는 사실이다.

---

011 丁石慶, 「雙語族群語言文化的調適與重構-達斡爾族個案研究」[M], 北京, 中央民族大學出版社, 2006, 75쪽.

Textual Research on the Origin of the Word *Manju*

CHANGSHAN

(Manju Language and Culture Research Center,
Heilongjiang University, Harbin 150080, China)

Abstract: The word *Manju* which is a name of an ethnic group is made by forms of *man-* and *-ju*. The first part *man-* stems from Manchu *mangga* which means strong and hard, whereas the second part *-ju* is the collaborative result of the continuous dropping off of suffix pronunciation and palatalizing of prefix consonant of the word *goro in the original language of Altay. The word *manju* means "a powerful arrow", the expression of which has a closed relationship with the hunting economy of Manchu & his predecessors.

Key words: manju, word-building, word origin

고려대학교 민족문화연구원 만주학 총서4

청대 만주어 문헌 연구

북경어의 만주어 기층 연구*
-청대 북경어의 언어 접촉

趙 杰

1. 청대 북경어의 통시적인 변천 및 공시적인 영향

1.1 요, 금, 원대 북경어의 배경

청대 북경어의 음운(音韻) 변천사를 연구하려면 먼저 청대와 청대 이전 북경어의 배경에 대해 간략하게 살펴보아야 한다. 북경어의 언어 접촉은 서기 936년 연·운(燕·雲) 16주(州)[1] 시대까지 거슬러 올라간다. 당시 석경당(石敬瑭, 892-942)[2]이 유주(幽州)를 요(遼)나라의 거란족(契丹族)에게 할양하자, 지금의 내몽고[3] 파림좌기(巴林左旗)에 건국했던 거

---

* 본 논문은 북경대학교 조걸 교수의 박사논문『북경어의 만주어 기층과 "경음" "아화" 연구(北京話的滿語底層和"輕音""兒化"探源)』(北京燕山出版社, 1996)의 제1장을 번역한 것이다. 번역을 허락해주신 조걸 선생님과 만주어를 지도해주신 서울대 언어학과 성백인 선생님(현 명예교수) 그리고 사료를 함께 강독하는 만문사료연구회 노기식 선생님을 비롯한 여러분께 감사드린다.

001 역주: 연운(燕雲) 16주는 유운(幽雲) 16주 또는 유계(幽薊) 16주라고 하는데 오늘날의 북경을 포함하여 하북, 산서의 16개 주를 말한다.
002 역주: 5대 10국 후진(後晉)의 설립자. 거란의 도움을 받아 후당(後唐)을 멸망시키고, 연운 16주를 거란에 할양하였다.
003 역주: 몽고(몽골)의 명칭에 대해서 본 번역문에서는 일관되게 '몽고'라고

란국은 마침내 요대(遼代)에 많은 거란인을 유주(幽州)로 이주시키고 남도(南都)를 정하였는데, 이것이 역사적으로 비교적 분명한 한어(漢語)와 거란어(契丹語)의 접촉이다.

금나라가 동북에서 일어나 요나라를 멸망시키자 여진인은 대량으로 남하하였으며, 당시의 북경은 요나라의 남도(南都)에서 금나라의 중도(中都)로 바뀌었다. 서기 1153년 금해릉왕(金海陵王, 1122-1161)[4]이 맹안모극(猛安謀克)[5]을 거느리고 중원에 들어왔다. 그리하여 북경은 여진인의 집결 장소가 되었다. 금나라는 중국의 북방을 119년 가량 통치하였다. 만주어의 직계 조상어인 여진어와 중도(中都)의 한어(漢語)는 오랜 기간 밀접한 접촉을 갖게 되었다.

몽고 쿠빌라이(忽必烈, 1215-1294)는 부대를 이끌고 남하하여 금나라를 멸망시키고 원(元)을 건국하였다. 이때 금나라의 여진인 가운데 일부는 동북으로 돌아가고, 다른 일부는 여전히 화북지방에 남아서 원나라의 통치를 받는 신민(臣民)이 되었다. 이들 여진인은 대부분 원 대도(大都)인 북경과 그 부근에 밀집하여 거주하였다. 원의 통치자가 몽고인(蒙古人), 색목인(色目人), 한인(漢人), 남인(南人) 4등급으로 분류할 때 북경의 여진인을 북방 한인과 같은 부류에 소속시켰다. 원 정권이 북경에서 실질적으로 통치권을 행사한 것은 89년 동안이다.

주원장(朱元璋, 1328-1398)이 이끄는 명나라 군사의 북벌 공세 하에 명

통일하였다.

004 역주: 금나라 제4대 완안량(完顔亮), 시호는 해릉왕(海陵王). 재위 기간은 1149-1161년이다.

005 역주: 금나라의 제도로 300 호(戶)를 1 모극(謀克) 10 모극을 1 맹안(猛安)으로 하는 행정 및 군사조직을 말한다. 이동복, 『金代女眞社會構成의 硏究』 (1986) 참고.

홍무(洪武) 원년(1368), 원(元)의 순제(順帝)[6]와 몽고인들이 모두 북방으로 물러가자, 대도는 다시 "북평(北平)"으로 바뀌게 되었고, 명 태조는 원래의 대도에 남았던 유민들을 하남 개봉(開封)으로 이주시켰다.[7] 원대의 북경 한어는 주로 이민족의 치하에서, 근고시기(近古時期) 북방 구어(口語)가 점차 흥성하면서 북경어의 초기 형태인 원 대도어(大都語)를 형성하였다.

1.2 원·명 이후 현대 북경어의 발전 개요

주덕청(周德淸, 1277-1365)이 1324년 저술한 『중원음운(中原音韻)』은 본래 의도가 북곡(北曲)의 운(韻)을 맞추어 짓기 위한 것이었다.[8] 구어(口語)를 대표하는 북곡을 반영하기 위해서는 당시 북방음을 사실대로 기록해야만 했다. 비록 지금까지도 학자들은 『중원음운』이 어느 지역의 음을 대표하고 있는지에 대해 의견의 일치를 보지는 못하고 있다. 그러나 그것이 반영하고 있는 것은 당시 대표성을 띠고 있던 북방음계임에는 의심의 여지가 없는 일이다. 때마침 원명(元明) 교체기에 산동(山東), 하북(河北) 백성들이 대대적으로 관동(關東)으로 옮겨갔다. 이 당시의 동북 한어(漢語)와 요금(遼金) 시기 동북으로 끌려온 화북(華北) 한인(漢人)들이 사용하던 유연(幽燕) 한어(漢語)와의 결합은, 화

---

006 역주: 원(元) 혜종(惠宗, 1320-1370).
007 北京市社會科學研究所 편찬팀, 『北京歷史紀年』, 北京出版社, 1984, 129쪽.
008 역주: 주덕청의 『중원음운』과 원대의 희곡에 대해서는 최영애, 「중국 元代의 희곡」(1984) ; 안기섭, 『中原音韻의 形成考』(1984) ; 오길룡, 『中原音韻』의 入聲派入狀考』(1989) ; 이재돈, 『中國 近世官話의 音韻 演變 연구』(1990) ; 이용진, 「『中原音韻·序』6편 譯註」(1995) 참고.

북 한어와 비슷하지만 동북 만주어 등의 영향을 받아 화북 한어와는 또 다른 동북방언(東北方言)을 형성하였다. 이 시기 동북어 가운데 산동 출신의 방언 성분은 나중에 기인어(旗人語)가 북경어에 영향을 끼치는 데 있어서 그 영향력을 결코 낮게 평가할 수 없는 것이다.

명나라가 들어서고 남경에서 북경으로 천도하기 전에 북경으로 대대적인 이민의 유입이 계속되었다. 이들 이민은 멀리서는 강·절(江浙)에서도 오고 안휘(安徽), 호북(湖北), 호남(湖南) 등지에서 온 이들도 있었다. 그러나 주류는 화북 각 지역(山西 포함)에서 온 이민자들로, 실제적인 면에서 본다면 북방어(北方語)의 각종 방언이 북경에 모이는 결과가 되었다. 명나라 성조(聖祖)의 북경 천도 이후 남경 방언이 복잡한 북경어에 일정한 영향을 끼쳤다. 그러나 각지에서 북경으로 이민한 사람들의 수가 많아서 화북 여러 지역에서 이민 온 사람들을 중심으로 한 북방어가 여전히 북경에서 우위를 점하였다. 명대의 북경은 각 지역 한어 방언의 접촉이 이루어졌으며 게다가 소수의 여진어 기층과 소수의 거란, 몽고어 성분들의 언어융합 지역이기도 하였다. 비록 그렇다고 하더라도 명대 북경어는 여전히 유연(幽燕) 한어(漢語)를 기초로 하고 거기에 부분적인 방언 성분과 소수민족의 언어 성분이 가해진 일종의 근고한어(近古漢語)로, 그것은 기본적으로 한어(漢語)의 고유한 계통이 중고(中古) 이래 직선적으로 발전해 온 규칙을 따른 것으로 역사적인 음운변화의 범주에 속하는 것이다.

1644년 만주어를 하는 만주 기인(旗人)이 주체가 된 청나라는 팔기군(八旗軍)과 가족들을 데리고 동북에서 북경으로 들어와 명나라를 대신하여 중국을 통치하였다.9 순치(順治) 5년(1648) 팔기 남정(男丁)은 모

---

009 "청대 초기에 만주족은 대부분 만주어만 할 줄 알았고, 만주어와 한어 두

두 346,931 명으로 대부분의 남정(男丁)은 잔류하여 경협(京鋏)을 지켰으며, 게다가 가족들은 적어도 수십 만 명 있었다.[10] 이들 수십 만 기인(旗人)들이 진입할 당시, 전란(戰亂)으로 인구가 지극히 적었던 명말의 북경은 비록 나중에 기인(旗人)들이 경기(京畿) 지역에 분산되어 일부 보충하게 되고 또 각지에서 주둔 방어하던 것도 대대적으로 옮겨가게 되었지만, 북경의 경기(京旗)와 가족들은 명대의 북경인과 거의 비슷하게 되었다. 『중원음운』으로 특징 지워지는 근고한어(近古漢語)의 "변화"라는 종적인 '작은 물줄기' 가운데 갑자기 만주식 한어(만주어 포함)를 특징으로 하는 동북방언의 공시적(횡적)인 '거대한 물줄기'가 흘러들었다. 이 공시적인 '거대한 물줄기'는 청나라의 북경 진입과 팔기의 내성(內城) 이주, 명대 북경 한인(漢人)들의 남성(南城)으로의 강제 이주 속에서 두 언어 음운계통이 청대 초기에 부분적으로 접촉하였고, 가경(嘉慶) 이후 내외성(內外城)의 경계가 무너지게 됨에 따라 그들 간의 접촉이 더욱 빈번해지면서 점차 융합되어, 청말 민국 초에는 철저하게 합쳐졌다. 이들 두 언어의 흐름이 합쳐져서 이루어진 성과가 바로 노사(老舍, 1899-1966) 선생이 일컫던 "경강"(京腔)이다. 청대 전 시기를 거쳐 북경의 한어(漢語)가 융합식의 음운변화 특징을 갖추고 민국시기에서 당대(當代)에 와서 오늘날의 현대 북경어를 형성하게 되었다. 일본의 하시모토 만타로(橋本萬太郎, Hashimoto Mantaro) 선생은 "현대 북경어는 본래 만주족이 동북을 통치한 이후 중원으로 남천(南遷)한 각 종족(한족 포함)들이 공동으로 사용한 일종의

언어를 할 줄 아는 사람은 소수였다." 季永海,「大淸全書硏究」,『滿語硏究』, 1990년 第2期, 43쪽 참고.

010　安雙成,「順康雍三朝八旗丁額淺析」,『歷史檔案』10, 北京, 1983년, 100-103쪽 참고.

한어 방언을 기초로 발전한 것이다."[11]라고 하였다. 하시모토(橋本) 선생의 논술은 탁월한 견해이다.[12]

요약하면 경강(京腔)은 만주어 성분과 한어 기층이 결합되어 나타난 결정체이며 북경어 형성의 주요 토대이다. 일본의 오타 타츠오(太田辰夫, Ohta Tatsuo) 선생은 "청대 전 시기를 통해서, 약간 양보해서 민국 초기를 그중에 포함하여 이 시대가 북경어가 형성되고 아울러 통용되어 사용된 시대이다. 여기서 말하는 북경어는 북방어(北方語)와 관화(官話)보다 범위가 협소한 것으로 북경과 그 주위 지역에서만 통용된 언어이다."라고 하였다.[13] 그가 지적한 것이 바로 만주식 한어와 남성(南城) 한어(漢語)가 융합하여 경강(京腔)을 탄생케 한 전반적인 역사 과정이다. 본문의 중점은 바로 이 같은 역사과정에서 나타난 융합식 음운변화의 기원과 흐름을 분석하고자 하는 것이다.

1.3 공시적인 거대한 흐름의 언어전환과 융합의 역사

제1단계 후금 건국에서 순치제 기간(서로 다른 언어집단 간의 언어접촉)

명대 말기 동북 각 여진부족 중에 건주여진이 흥기하여 청태조 누르하치(努爾哈赤, 1559-1626)가 1583년 군사를 일으켜 명나라에 반기를 들고 1616년 후금을 건국하였다. 이 시기를 전후하여 그는 여진 각 부족을 통일하는 위업에 진력하였다. 특별히 길림(吉林) 남부의 해서여진(海西女眞)과 대치하여 전쟁을 여러 해 치렀다. 1599년 누르하치는

---

011 「漢語被動式的歷史·區域發展」, 『中國語文』, 1987년 第1期, 46쪽 참고.
012 補註: 하시모토 만타로의 논문으로 한국중국언어학회 편(任炳權 譯), 「北方漢語 통사구조의 발전」, 『中國語語順研究』, 송산출판사, 1998 참고.
013 江藍生·白維國 譯, 『漢語史通考』, 重慶出版社, 1991, 212쪽.

대신(大臣) 어르더니[額爾德尼]와 가가이[噶蓋]에게 명하여 건주여진 구어(口語)를 기초로 몽고문자를 차용하여 만주어를 창제하도록 하였다. 30여 년 동안 무권점(無圈點) 노만문(老滿文)으로 건주여진 방언을 옮겨 적는 데는 많은 한계가 있었다. 그래서 청태종 홍타이지(皇太極, 1592-1643)가 즉위한 후 1632년 다시 신하인 다하이[達海] 박시[巴克什, baksi]에게 노만문(老滿文)을 기초로 신만문(新滿文)을 창제하도록 하였다. 그리하여 이것이 오늘날까지 사용되고 있다. 신만문은 "권(圈)"과 "점(點)"을 첨가하고, 다시 한어를 전사(轉寫)하는 10개의 전문적인 특정 자모(字母)를 만들어서 기본적으로 건주여진 방언을 기초로 하는 구어(口語)를 전사할 수 있게 되었다. 청조가 입관(入關)한 후에 계속 사용한 만주 서면어는 실제로는 다만 건주여진의 한 방언(다음 글에 상술)에 지나지 않았다. 1635년 청태종을 수뇌(首腦)로 한 건주여진은 최후로 해서여진의 호륜(扈倫) 4부를 정복한 후, 후금 정권하의 팔기군사와 백성을 여진 각 부의 신민(臣民)(북부 변방의 동해여진도 포함)으로 하였다. 뿐만 아니라 동북 한인(漢人) 이주민과 명대에 투항한 한인으로 만주 팔기에 가입한 자들을 대대적으로 흡수하였다.(나중에 다시 독립된 漢軍旗를 만든다.) 아울러 새로운 "이주조례(離主條例)"를 만들어 아직 만주 팔기에 가입하지 못한 많은 한인(漢人)들도 민호(民戶)에 편입되도록 하였다. 이 시기에 만한(滿漢) 두 민족의 언어는 가장 광범위한 접촉을 하게 되었다. 게다가 몽골·다구르[達翰爾]·시버[錫伯]·조선(朝鮮) 등 소수 민족들이 기(旗)에 소속되었다.14 새로운 민족 공동체가 관동(關東) 광대한 지역에서 흥기하였고, 홍타이지는 어진 신하를 많이 받아들여 지혜를 모았다. 1635년 음력 10월 13일 정식으로 원래의 여진15

---

014 오래지 않아 몽고 팔기는 독립하였다.

을 만주(滿洲)로 고쳤다.16 이듬해 개국하여 국호를 "후금(后金)"에서 "대청(大淸)"17으로 바꾸고 중원 입주 준비 작업을 시작하였다. 이 시기의 만주족은 민족 성분 및 기타 특성상 모두 원명(元明) 시기 여진인과는 변화가 있게 되었다.

만문(滿文) 서면어(書面語, 달리 규범어라고 부름)가 반영한 것은 요동(遼東) 혁도아랍(赫圖阿拉, 지금의 遼寧 新賓)에서 성경(盛京, 지금의 瀋陽)의 건주여진 방언으로, 만문을 창제할 당시 길림에 웅거(雄據)했던 해서여진 호륜(扈倫) 4부(葉赫, 輝發, 哈達, 烏蘇拉)는 아직 누르하치에 의해 합병되지 않았다. 그들은 일종의 해서여진 방언을 사용하였다. 근원으로 말하면 장백산(長白山) 흑룡강(黑水)에서 발원한 이 두 여진부락의 언어는 본래 같은 계통이었다. 그러나 원명(元明) 이래로 수백 년의 역사가 지나면서 두 여진인의 남쪽 이동 노선이 달랐다. 건주여진은 영고탑(寧古塔, 지금의 黑龍江省 寧安縣)에서 장백산을 지나 요동에 이른다. 그들이 걸은 노선은 동쪽의 산길로 도중에 주위 민족 각 씨족 부락을 통일하였고 조선족을 통치한 적도 있었다. 따라서 언어발전 중에 자연히 이들 민족들로부터 각기 다른 정도의 영향을 받았을 것이다. 해서여진은 영고탑 서쪽의 아성(阿城, 지금의 黑龍江省 阿城市)에서 일어나 금대(金代)

---

015 달리 '諸申'이라고도 부름.
016 '滿族'은 신해혁명 이후 한인들이 '滿洲族'을 간략하게 부른 것이다.
017 역주: 대청(大淸)이라는 청나라 국호(國號)에 대해서 중국 역사학자 포명(鮑明)은 이 단어가 한어도 만주 고유어도 아닌 만주어 속의 몽고 차용어 'daicing'일 가능성을 주장하였다. 그에 의하면 대청국(大淸國)은 "상국(上國), 즉 지고무상(至高無上)의 국가" 또는 "전투에 능한 국가(善戰之國)"라는 의미이다. 「大淸國號詞源詞義試探」, 『內蒙古民族大學學報(社會科學版)』第31卷 第2期, 2005 참고. 이밖에 청초의 국호 문제에 대해서는 서정흠, 「淸初의 國號問題」(대구사학회, 1985) 등이 있다.

상경(上京)의 전통문화를 지니고 동북의 비옥한 들판을 지나 길림 남부에 이른다. 이들이 지난 길은 서쪽의 평원(平原)으로, 남하한 길 역시 여진 각 소부락을 통일하고 더욱이 길림 백도납(伯都納) 등의 시버족과 밀접한 접촉을 하였고 해서여진 방언의 형성도 도중에 부단히 다른 부락과 다른 민족과의 접촉과정에서 영향을 주고받았을 것이다. 당연히 여진 각 부락의 방언 차는 크지 않았을 것이다. 누르하치가 여진 각 부락을 통일하였을 때 언어장애를 겪었다는 기록은 전혀 없다. 그러나 홍타이지 때 건주여진의 후금이 최후로 해서여진의 엽혁부(葉赫部)를 정복하였을 때 건주여진과 해서여진 두 양대 방언의 분기점이 분명히 존재하였다. "역사에 기록된 건주를 중심으로 한 동남부 각 부락(蘇克蘇滸河, 渾河, 完顏, 棟鄂, 哲陳 및 長白山部의 訥殷, 鴨綠江, 珠舍里 등)의 방언과 호륜(扈倫) 4부(葉赫, 烏拉, 輝發, 哈達)의 방언은 다르다. 북방 동해 3부(瓦爾喀, 虎爾哈, 窩集 등)의 방언은 또 다르다. 그러나 『청실록(淸實錄)』의 기록에서 보면 만주어 각 방언 간의 차이는 결코 크지 않고 상호간에 의사소통에 큰 어려움이 없다."[18] 김도방(金燾方) 선생도 일찍이 지적하였다. "명대 여진어는 해서여진이 사용한 방언을 위주로 한 언어이다."[19] 그러므로 해서여진 방언과 전사(轉寫)한 건주여진 방언의 만문 서면어는 처음에는 차이가 많지 않았으나 나중에는 차이가 생겨나게 되었다.

누르하치가 1616년 후금을 건국한 후 1644년 10월 순치제(順治帝)가 북경에 입주한 때까지를 전후한 28년이라는 짧은 기간 동안에, 해서여진을 대표로 한 여진 각부의 방언과 건주여진 방언을 반영한 만

---

018 愛新覺羅　瀛生, 「談談滿語的京語(二)」, 『滿語硏究』, 1988년 第2期, 49-50쪽.
019 『滿語硏究』, 1990년 第1期, 48쪽.

주 서면어 간의 차이가 없어지지는 않았을 것이다. 그래서 만주어학계에서는 청초 북경에 진입한 각각의 여진방언이 융합된 만주어 구어(口語)를 경어(京語)라 부르고, 단순하게 만주 여진방언을 전사한 만주 서면어는 규범어(規範語)라고 하였다. 입관하고 강희(康熙) 시대까지의 초기 만주어 문헌에서는 어법(語法)이 엄격하지 않았다. 그 뿐만 아니라 구어(口語)가 지나치게 많고 또한 일부 여진 각 부락의 방언이 건주 여진어에 대한 영향도 측면 반영하고 있었다. "건주음(建州音)으로 쓰여진 규범어에는 공동체 내의 많은 각 지역 여진인들이 방언을 들여왔다. …… 규범어는 건주 구어음(口語音)으로 씌어진 서면어이며 경어(京語) 음운변화 속의 음은 여진어 부분 고음(古音)이다. 다시 말해서 경어(京語) 구어(口語) 속에 존재하는 어떤 어휘들은 만주어 사전 속에 보이지 않는다. 그것은 또 방언 속에 있다." "만주족의 공동체가 조직된 이래 옹정제(雍正帝)에 이르는 100년 동안에 경어(京語) 음운(音韻) 변화가 형성되는데 결코 고정되어 내려오지 않았다."[20] 만주 서면어는 청초 이후 오히려 순수화가 진행되어 건륭(乾隆) 연간 여전히 행문(行文), 관학(官學) 및 관방(官方) 문서에 대해 체계적인 규범화가 진행되어, 그것과 만주어 경어(京語) 구어(口語) 간의 차이가 점점 커졌다. 특히 음운 방면에서 그 같은 차이는 더욱 뚜렷했다. 만주 서면어와 만주어 경어(京語) 구어(口語) 양자가 사용되어 공문서 왕래와 정규 상소문 등에는 만주 서면어가 사용되었고 평상시 일상생활에서는 만주어 경어(京語)가 똑같이 사용되었다.

청대 후반기에 이르러 만주어 경어(京語)는 북경에서 그것을 사용

---

020 愛新覺羅 瀛生「從滿族共同體的人員組成看滿語京語音變」,『滿語研究』, 1989년 第2期, 55-65쪽.

하는 사람을 더 이상 찾아볼 수 없게 되었다. 그러나 조정에서는 격식상 필요 때문에 만주 서면어는 여전히 규범상 정식 장소에서는 상용(常用)하고 있었다. 청대 초기 만주 서면어로 번역된 대량의 저서들도 널리 전해졌다. 그래서 청말 민국(民國) 중국 내외의 학자들은 여전히 만주 서면어를 익숙하게 하였으며, 오늘날까지도 만주 서면어를 하는 극소수의 학자가 있다. 그들은 만주 서면어를 가지고 흑룡강성 소흥안령에서 현대 만주어를 하는 노인들과 대화를 한다. 그러나 노인들은 대부분 알아듣지 못하며 전 세대가 이렇게 말하는 것도 들어본 적이 없었다. 그러나 필자의 조사에 의하면 청대의 만주어 경어(京語)[21]로 흑룡강성에서 현대 만주어를 하는 노인과 대화를 하면 순조롭게 노인들과 대화를 할 수 있다.[22] 거의 대부분의 내용은 모두 교류가 가능하다. 청대 초기의 만주어 문헌과 번역 저서 중에는 구어화(口語化) 혹은 구어(口語)가 많다는 커다란 특징이 있다. 나중에 만주 서면어는 점점 규범화 양식화되어 구어(口語), 즉 만주어 경어(京語)와는 차이가 생기게 되었다. 만주어 경어(京語)는 거의 현대 만주어와 비슷하게 되어 청대 만주 서면어와는 달라졌다. 두 가지 예를 들어본다. 청대 사람 복격(福格)[23]이 지은 『청우총담(聽雨叢談)』 속에 "瑪克什密, 舞也"라고 나오는데 여기서 "瑪克什密"은 만주어 maksimbi[24](로마자로 옮겨서 표기, 이하 같음)를 만주어 경어(京語) 변음(變音)으

---

021 오늘날 북경에는 집안 대대로 전해오는 만주어를 여전히 사용하고 있는 愛新覺羅 瀛生 가정 등이 있다.

022 역주: 현재 중국 흑룡강성 부유현 삼가자촌에는 만주어를 할 줄 아는 70세 이상의 노인들이 있다. 한국알타이학회에서도 현지를 답사한 사례가 있다. 권재일, 「중국 헤이룽장성 구어 만주어 답사 여행기」, 『알타이언어들을 찾아서』, 태학사, 1999.

023 역주: 福格(1796?-1870?) 姓馮, 字申之. 漢軍鑲黃旗人.

로 읽은 것이다. 혼례(婚禮)를 나타내는 "阿察布密"는 만주어로 acabumbi[25]이다. 만주어 경어(京語) 구어(口語)와 만주 서면어를 비교해 보면 더욱 단순 명료해진다.[26] 만주어의 두 개의 서로 다른 이들 언어 체계를 이해하고, 만주어가 한어에 끼친 영향에 대해 연구하는 것은 매우 중요하다. 청대 북경에서 만주어가 경어(京語) 구어(口語)를 통해 직접 경기(京旗)의 만주식 한어에 영향을 주었고, 나아가 북경 도시 전체의 한어(漢語)에 영향을 끼쳤기 때문이다.

제2단계 산해관 진입 후 옹정(雍正) 연간
        - 동일한 언어집단간의 언어접촉

청나라 군사들이 가족들을 거느리고 입관(入關)한 후에 만(滿), 몽(蒙), 한(漢) 팔기(八旗)가 북경에 진입하였다. 순치 5년(1648)의 규정으로 기민(旗民)에 구분을 두어 관리하기 편리하도록 하였고, 한인(漢人)의 충원 및 원래 대소(大小) 아문(衙門) 내에서 당직하며 거주하던 하급관리, 이역(吏役)과 사묘(寺廟)의 승려와 도사 외에도 기타 한관(漢官), 한상(漢商), 민인(民人) 등 모두 북경성(北京城)의 남쪽(崇文, 正陽, 宣武門 밖)에 거주하였는데, 속칭 "외성(外城)"이라 불렀다. 9문(門)[27] 안에 만주(滿洲), 몽고(蒙古), 한군(漢軍) 팔기관병(八旗官兵)들과 가족들이 나뉘어져 살고 있었는데, 이들을 속칭 "내성(內城)"이라고 불렀다. "당시의 북경 내성

---

024 역주: maksimbi는 만주어로 '춤을 추다'는 뜻이다.
025 역주: acabumbi는 만주어로 '만나게 하다, 마음에 들게 하다, 비위를 맞추다, 접목시키다' 등의 뜻이다.
026 愛新覺羅　瀛生, 「從滿族共同體的人員組成看滿語京語音變」, 『滿語研究』, 1989년 第2期, 64-65쪽 참고.
027 崇文, 正陽, 宣武, 阜城, 西直, 德勝, 安定, 朝陽, 東直의 9문.

은 실질적으로 팔기군의 대본영(大本營)이었다. 그들 각 방면에서 모두 짙은 특징을 가지고 있었다. …… 시간이 오래되자 외성인(外省人)도 이 같은 특색을 알아보게 된 것이 수도의 특색이 되었다. 다만 청초 일부 외국사절의 저서 중에 여전히 이 같은 특징을 보았던 것 같다. 그들은 북경 내성의 말을 Tartar city(滿洲城)이라 불렀고, 북경 외성을 Chinese city(漢城)이라고 부름으로써 구분하였다.”28 순치 5년(1648) 8월 청나라는 만한통혼(滿漢通婚)을 반포하고 “만한관민(滿漢官民)은 모두 같은 신하 자녀이니, 각자 서로 친함만을 좇아 혼인을 맺는 일이 없도록 하라”고 하였다. 이 같은 조치는 북경 기인(旗人) 내에 있던 만한(滿漢) 민족의 융합과 언어상 상호 좋은 촉매작용을 하였다. 동북에서 내려온 한군(漢軍)과 가족들은 일종의 동북 방언 색채를 지닌 한어(漢語)를 사용하고 있었다. 그들 중의 군인은 적어도 어느 정도의 만주어를 할 줄 알아야 했다. 이는 청대 팔기제도가 제정되고 팔기 각 부족은 모두 기인어(旗人語, 즉 만주어)를 할 수 있어야 한다고 규정하였고, 북경에 진입한 후에는 순치제의 명을 따라 이들 한군(漢軍)이 계속해서 만주어를 학습하도록 하였기 때문이다. 『대청전서(大淸全書)』의 저자인 심계량(沈啓亮)이 한족을 위해 만한사서(滿漢辭書)를 편찬한 것이 바로 그 증거이다.29 옹정제(雍正帝) 역시 거듭 천명하기를 “한군(漢軍)은 반드시 만문(滿文)으로 천자에게 응대를 해야 한다.”30고 하였다. 그러나 북경에서 한어를 사용하는 장소가 점차 증가하게 되

---

028 金啓孮, 「京旗的滿洲」, 『滿族硏究』 1988년 第3期, 66쪽.
029 역주:『大淸全書』는 강희 22년(1683)에 간행된 만주어 사전이다. 관련 논문으로는 성백인, 「初期 滿洲語 辭典들에 대하여」(『동방학지』, 52집, 1986)와 「初期 滿洲語 辭典들에 대한 언어학적 연구」(『알타이학보』2, 1990)가 있다.
030 雍正上諭八旗, 7年 閏7月 25日 諭.

어 한군(漢軍)의 한어가 기인(旗人)의 만주(滿洲)에 가장 직접적인 영향을 갖게 되었다. 동북 한군(漢軍)과 가족들이 사용하는 이들 동북한어가 남성(南城)의 옛 명대한어(明代漢語)와 차이를 보이고 있는 까닭은 조직성분이 비교적 복잡하고, 남성(南城)의 한어(漢語)와 같이 유연(幽燕) 한어(漢語)라는 기층을 공유하고 있다는 것 이외에, 중요한 것은 원명 기간에 동북으로 이주한 산동 이주민 방언의 영향, 한군(漢軍) 기인(旗人) 중에 적지 않은 이가 바로 산동 이주민이라는 것과, 그 다음으로는 또 여진 각 부족의 방언들이 있는데, 이들 언어가 동북 한어와 장기간 접촉하면서 한어 구어(口語)속으로 들어오게 되었다는 것이다. 이러한 복잡한 동북 한어 그리고 만주 팔기가 북경에 가지고 들어와 계속해서 융합 속에 있던 만주어 경어(京語)가 청초 북경 내성(內城) 기인(旗人)의 양대 중요 언어가 되었다.

만주 기인(旗人)이 입관할 때 대다수의 사람들은 단지 만주어만 사용하였다. 왜냐하면 대다수 여진인은 건주여진으로 귀속된 지 얼마 되지 않았기 때문이다. 그들과 한인과의 밀접한 연락이 이루어진 것도 명말에 이르러서야 비로소 시작된 것이다. 무순(撫順)의 말[馬] 시장과 철령(鐵嶺)의 물물교환 거래시장이 바로 건주여진과 해서여진이 한족(漢族)과 왕래한 대표적인 지역이다. 짧은 시간에는 한어의 적은 수의 생활 및 상거래 용어만이 학습 가능하였고, 이민족의 언어와 완전히 통달하기에는 불가능하였다. 북경에 진입한 후에 비록 청 정부의 관공서 공문이 만한(滿漢) 두 언어였지만, 내성(內城) 팔기 대본영(大本營)에서는 여전히 주로 만주어를 사용하고 있었고, 그 주위는 오히려 한어가 망망대해(茫茫大海)처럼 둘러싸고 있었다. 통치계급의 정치적 수요를 위해 순치, 강희, 옹정의 세 황제는 여러 차례 성지(聖旨)

를 내려 만주족들이 한어를 배우도록 하였다. 계영해(季永海) 선생은 "만주족이 입관한 후 어느 기간 동안은 봉건 통치 질서를 유지 강화하기 위해서 청 왕조는 정치, 경제, 사회, 문화 각 방면에서 체계적인 지극히 엄격한 조치들 예를 들어 변발(辮髮), 권지(圈地),[31] 만주 복식 등을 시행하였다. 그러나 강제로 만주어를 배우도록 하지는 않았고, 만주족은 한어를 배우고, 한족은 만주어를 배우도록 제창하였다. 아울러 한어로 과거를 치르고 벼슬에 오르도록 하였다. 이와 동시에 만청(滿淸) 통치자는 주둔방어, 임무집행, 개간 수렵, 조상묘 지키기 등 각종 명목으로 전국 각지에 만주족을 다수 파견하여 만주족들로 하여금, 그들을 둘러싼 거대한 바다와도 같은 한족들 속에서 생활하도록 하였다. 이것은 객관적으로 만한족(滿漢族) 간 문화의 교류를 강화시켰다."[32] 청 조정은 팔기 자제(子弟)들을 위해 의숙(義塾), 관학(官學), 종실각라학(宗室覺羅學)을 설립하여 만주어(滿洲語), 기마(騎馬), 궁술(弓術)을 익히도록 하는 한편 한어를 배우도록 하였다. 한어를 가르치는 선생은 남성(南城)에서 초청해 온 이름난 선생 몇몇 외에는 절대 다수가 동북에서 내려온 한인으로, 예를 들면 누르하치와 홍타이지 시기 점령 지구의 한인과 포로로 잡힌 일부 한인으로 포의(包衣)로 변한 사람들이었다. 입관 후에 이들은 내무부(內務府) 기적(旗籍) 포의(包衣)에 편입되어, 내무부 세습 노복 또는 포의한군(包衣漢軍)이라고 불렸다. 이들의 한어 구어(口語)는 황실 궁정 관원을 상대로 하루 종일 사용하였으므로 어떤 촉발 작용을 일으켰을 것이다. 한군(漢軍) 기인(旗人)과 그 가족들은 실제로 만주 기인(旗人)의 가장 편리하고도 가

---

031 역주: 청대에 공신(功臣)들이 하사를 받아서 소유하던 토지.
032 季永海, 「論滿語中的漢語借詞」, 『滿語硏究』, 1985년 창간호, 23쪽.

장 권위 있는 교사가 되었다. 그들은 아침 저녁으로 서로 거처하면서 공동생활을 하였고, 심지어 많은 만한통혼(滿漢通婚) 가정환경 속에서 자연히 상호 상대방의 구어(口語)를 배우게 되었는데, 만주 기인(旗人)들의 한어 학습에 대한 수요가 가장 절박하였다. 양호한 언어 환경과 황제의 모범은 만주족이 한어를 이해하는 속도를 크게 가속화시켰다.

"강희 황제 초기에서 옹정 초기까지의 반세기 중에 한어는 팔기 만주족 속에서 이미 폭넓게 보급되어 두 세대를 겪게 되었다."[33] 이 시기에는 이미 순치제 입관(入關) 당시의 만주어만 사용하던 상황과는 완전히 달라졌다. 내성(內城)의 만주족은 전형적인 이중언어 단계에 처해 있었는데, 바로 청대 초기의 만주족 노인의 말처럼, 그들은 "들어와서는 만주어를 사용하고, 나가서는 한어를 사용하였다."[34] 이 말은 만주족들이 주둔 방어지인 숙영지로 가서는 만주어를 사용하고, 외출하여서는 한족과 접촉하며 한어를 사용하였다는 것이다. 청대 초기의 규정은 경사(京師) 기인(旗人)은 함부로 성(城)에서 40리를 떨어져서는 안 된다고 하였는데, 내성(內城)의 만한(滿漢) 기인(旗人)들은 실제로는 동일한 사회군락을 형성하여 일종의 동일한 언어집단에 소속하게 되어 만주 기인(旗人)은 만한(滿漢) 두 언어를 사용하는 과도기에 있었는데, 그러면서 두 언어는 서로 접촉하며 서로 영향을 주었다. 한어를 사용하는 장소가 확대되고 한어의 지위가 높아지는 현상은 만주족의 다음 세대에서 한어를 많이 사용하고 만주어를 적게 사용하는 현상으로 나타나기 시작하였다.

---

033 騰紹箴, 「明淸兩代滿語語文使用情況考」, 『民族語文』, 1986년 第2期.
034 季永海, 「『大淸全書』硏究」, 『滿語硏究』, 1990년 第2期 참고.

제3단계 건륭제 전후시기
- 동일한 언어집단 내의 언어융합

옹정(雍正) 9년에서 건륭(乾隆) 초기, 황제는 기인(旗人)들이 만주어에 정통하지 못한 것을 근심하기 시작하였다. "옹정(雍正) 연간, 황제는 만주어 본위를 고수할 수 없는 사람들 그리고 심지어 몽고 기인(旗人)조차 똑같은 추세를 보이는 상황에 대해서, 옹정 9년 2월 22일 상유(上諭)로 '팔기도총(八旗都總), 전봉통령(前鋒統領), 설군통령(設軍統領) 등에 지(旨)를 내려, 팔기효기영(八旗驍旗營) 병사 가운데 나이 어리고 질병이 없는 자를 선발하는데, 기마와 궁술에 능하지 못하고 만주어와 몽고어를 못하며 만사(萬事)에 무능한 지극히 용렬한 자, 만주와 몽고 각기(旗) 부파별로 1백 명씩 도합 8백 명이 되었는데, 팔기 한군(漢軍) 부류를 합하면 2백 명으로 모두 1천 명에 달했다. 이들은 서자창(西子廠) 혹은 성화사(聖化寺)에 한 병영을 설치하고 …… 영내에서 한어 사용을 허락하지 않고 오로지 청어(淸語)와 몽고어(蒙古語)만 학습하도록 하였다.'"[35] 그러나 삼군(三軍) 기인(旗人)들은 한어를 사용하는 습관이 이미 형성되어 있어서 이를 고치는 것은 어려웠다. 건륭(乾隆) 연간이 되자 서면 만주어에서 한어를 차용한 단어 또한 날로 증가하였다. 많은 사전에도 고유 만주어가 들어 있었지만, 오히려 음절이 길어서 단음절로 된 한어 음역(音譯)을 차용어로 사용하게 되었는데, 이것이 바로 만주어 어휘 구조를 크게 동요시켰다. 만주어의 순수성을 유지

---

035 "著降旨与八旗都總, 前鋒統領, 設軍統領等, 于八旗驍旗營兵內擇其年少无疾, 而騎射不堪, 不能滿洲, 蒙古語, 諸事无能, 極爲庸劣之人, 滿洲, 蒙古每旗合派一百名, 共八百名(八); 八旗漢軍合派二百名共一千名. 或在西子廠, 或聖化寺等處設位一營 …… 營內一槪不許漢語, 惟習淸語或蒙古語" 臺灣: 管東貴, 『滿族入關前的文化發展對他們後來漢化的影響』, 64쪽 주41, 遼寧民族硏究所 내부 간행물, 『滿族硏究參考資料』 1985년 第1旗에서 인용.

하기 위해서 건륭(乾隆) 황제는 직접 만주어 청문감(淸文監) 같은 사전을 편찬하고, 아울러 37년 건륭(乾隆) 규범법(規範法)을 반포, 일부 만주어를 만들고 또 재차 만주어 관직, 관아, 전장제도(典章制度) 등의 명칭 중에 한어 차용어를 사용하지 못하도록 명하였다. 그러나 나중에 기인(旗人)들의 언어생활이 증명하였듯이 이 같은 것은 비록 황제의 인문(人文) 규정 정책이기는 했지만 모두 실행될 수 없었고, 건륭 규범법 시행 시에 만든 만주어 신조어도 일반적으로 모두 사용되지 못했다. 뿐만 아니라 그 후로 만주어의 사용도 점차 축소되었다. 건륭 6년 1차 상유(上諭)에서 "청어(淸語)는 본래 더욱 힘쓸 바이니, 단연 폐할 수 없는 것이다."라고 하고, 종실(宗室), 장경(章京), 시위(侍衛)로 "청어(淸語)를 못하는 자는 무거운 죄로 다스리겠다."[36]라고 하였다. 이는 거꾸로 만주어가 이미 폐기 처분되는 추세에 있었다는 것을 설명하는 것이다. 건륭(乾隆) 중기 이후 "기인(旗人)들이 북경에서 한족과 뒤섞여 오래 살다보니 어려서부터 먼저 한어를 배워 장성한 뒤에 비로소 청학에 입문하여 청어를 배우니 청어에 정통하기 어렵게 되었다."[37] 가경(嘉慶) 이후 기인(旗人)들은 족보를 보수하는데도 한문(漢文)을 많이 사용하였고, 아울러 만한(滿漢)을 겸하였다.[38]

　서면 만주어가 쇠퇴해 가는 상황과 유사하게 만주어 경어(京語)도 점점 사용하지 않게 되었고, 한군(漢軍) 기인(旗人)과 그 가족들은 이 당시 이미 대부분 만주어 경어(京語)를 배우지 않았으며, 만주 기인(旗人)들은 남성(南城)과 북경 밖의 바다같이 둘러싼 한어의 영향을 받아

---

036 『淸高宗實錄』 권138.
037 博赫, 『淸語易言・序』
038 필자가 각 지역의 만주족 기인(旗人) 가정을 조사할 때 확인한 바로는 위로 5대의 족보 대부분이 모두 이 같은 경우에 해당하였다.

자신의 말을 양보하여 만주어를 버리고 한어를 사용하였다. 황제와 청나라 정부 그리고 애신각라(愛新覺羅) 등 고관 귀족들은 모두 만주족으로 그들은 자연 한어(漢語) 구어(口語)로 바꾸어 말하였고, 그들을 규범으로 삼아 잘못을 고치는 한족들이 없게 되었을 뿐만 아니라 "만대인(滿大人)"[39]을 따라서 사용하는 현상이 점점 보편화가 되었다. 18세기 초 북경의 팔기 만주자제들은 이미 모두가 한어를 능숙하게 사용하였다.[40] "여항(閭巷)에서는 만한(滿漢) 모두가 한어를 사용하고 청인(清人)들의 어린 자제들도 대부분 청어(清語)를 하지 못하였다"는 상황이 나타났다.[41] 건륭(乾隆) 시기와 옹정(雍正) 그리고 가경(嘉慶) 시기를 합해서 80여 년 동안 몇 대를 거치는 동안 만주족은 만주어를 듣고 말하는 언어능력을, 자신들의 언어생활을 보다 풍부하게 만든 한어로 바꾸어 버렸다. 노사(老舍) 선생은 이렇게 말한 적이 있다. "만주족은 한어문학(漢語文學)에 천부적인 능력을 지니고 있는 것 같다. 한어(漢語)와 그 문자(文字)를 운용하는 재능으로 말하자면 한족 자신들을 능가하기까지 한다."[42] 사실 이것은 모국어의 장점을 지니고 목표어를 습득하는 특징을 말하는 것이다. 또한 이것은 이 같은 특징이 당시 만주어 경어음(京語音)과 대량의 만주어 구어(口語) 어휘를 지닌 만주식 한어가 초기 형태에서 전면적인 발전 추세에 놓여 가경 연간에 이미 완전한 형태를 갖추었다는 것이다. 만주어는 곧바로 거의 사용하지 않게 되었다. 예를 들어 가경 9년 5월 3일 상유(上諭)

---

039 mandarin, 서양인들이 이 차용어를 영어에 가져다 사용하였다. 여기에서 파생되어 나중에 만주 기인(旗人)이 말하는 한어 관화(官話)가 되었다. 補註: 만다린은 포르투갈어의 관리를 의미하는 단어에서 유래한 것으로도 본다.

040 季永海, 「滿族轉用漢語的歷程与特點」, 『民族語文』, 1993년 제6기 참고.

041 騰紹箴, 『清代八旗子弟』, 華僑出版社, 1989년 인용.

042 關山復, 『憶老舍和羅常培先生』, 『滿族文學』, 1986년 第4期, 7쪽.

에서 "어제 정홍기(正紅旗) 만주(滿洲)가 의정(擬正)을 인솔하여, 성경(盛京) 효기교(驍騎校) 2명을 수행하여 접견하였는데, 의(擬)의 조림목부(鳥林木布)가 청어(淸語)를 못하였다. …… 지금 접견하는 관원(官員)의 이력(履歷)을 보고하는데, 비록 더듬더듬 몇 마디 하지만 제대로 표현하지 못하니 한족의 습관에 젖은 것이다."[43] 도광, 함풍 시대에 이르자 기인(旗人)들이 입학 연령이나 되어서야 비로소 정식으로 만주어를 학습하기 시작하니 만주족이 이미 만주어에서 만주식 한어로의 전환을 끝마쳤음을 알 수 있다.

제4단계 가경(嘉慶)에서 청말 시기
- 다른 언어집단 내에서의 언어 융합

가경(嘉慶) 이후 내외성(內外城)의 경계선이 무너지기 시작하였다. 내성 기인(旗人)은 성을 나가 민(民)이 된 이가 있고, 외성(外城) 한인으로 벼슬이 오르고 부자가 되어 내성(內城)으로 들어온 이가 있었다. 그러나 내성(內城) 기인(旗人)의 고위직은 기본적으로 변하지 않았다. 경음(輕音)과 특수한 아화(兒化) 어조를 띤 그들의 만주식 한어는 자연히 남성(南城)으로 흘러들었다. 이와 동시에 내성(內城)의 만주 기인(旗人) 역시 다시는 동북 한어와 접촉을 못하게 되고, 명대 이래 계승된 방언 어휘로 이루어진 남성(南城)의 한어(漢語) 관화(官話)와 새로운 접촉을 하게 되어 기인(旗人)의 만주식 한어와 한족의 관화(官話)는 다시금 한차례 전면적인 상호영향 및 융합현상을 갖게 되었다. 내성(內城) 기인(旗人)들의 지위는 높아서 정치와 사회관계로 보면 황제와 황족은 언제나 사람들이 숭배하는 대상이었다. 경제적으로도 당시 내성(內

043　遼寧省糖案館藏, 『盛京內務府檔』, 213-6054卷.

城) 기인(旗人)은 외성(外城) 한인보다 훨씬 부유하고 돈도 잘 써서 기인(旗人)들의 구매력이 강했다. 이것은 청대 북경문화를 설명하는 서적에서 항상 언급되는 것이다. 이들이 아낌없이 주머니를 열자, 자연스럽게 남성(南城) 한족 상인들을 끌어들이게 되었고 기인(旗人)과의 접촉도 주도하게 되었다. 아울러 기인(旗人)들의 만주식 한어를 배우게 되었다. 문화적인 면에서는 내성(內城) 기인(旗人)의 풍속습관과 복식, 음식문화 등이 외성(外城) 한인에게도 커다란 유혹이 되었다. 청대 후반기 기인(旗人)들의 오락문화가 성행하였는데, 건륭 연간 안휘성(安徽省)의 연극이 북경에 들어온 후 많은 기인(旗人)들이 경극(京劇)을 좋아하고 투자 및 보호 발전시킨 예는 내성(內城) 기인(旗人)들의 거대한 문화적 역량을 설명하고도 남는다. 그런데 이들은 모두 만주식 한어로 교제와 교류에 참여하였는데, 가경 이후 만주식 한어는 비록 인구의 다수를 차지하고 있었던 남성(南城) 한어와 상호 접촉 및 상호 영향 관계가 있었지만, 영향력이 가장 큰 권위 방언이 되었다. 사실상 가경 이후부터 청말에 이르는 1백 년이라는 기간에 내성 기인(旗人)의 언어는 이미 '외성(外城) 한어의 지위를 능가'하였다.

청대 초기 이후 청나라 조정은 다시는 만주어의 보급에 힘을 쏟지 않고 주요 정력을 한어관화(漢語官話)(실제로는 북경의 만주식 한어)의 정음(正音) 작업에 쏟아 부었다. 일찍이 옹정 시기에 광동인(廣東人)이 여지(荔枝)[44]를 황제에게 바칠 때 "是"자를 [ɕi]로 발음하고, "吃飯"을 [tɕia

---

044 역주: 무환자나무과(無患子─科 Sapindaceae)의 교목인 여지(*Litchi chinensis*)의 열매. 수분이 많고 반투명한 흰색의 과육은 새콤달콤한 맛이 있다. 중국 광동인은 오랜 옛날부터 이 열매를 즐겨 먹었는데, 당나라 현종 때 양귀비가 좋아했던 과일로도 유명하다. 『신당서·양귀비전』에 의하면 현종(玄宗)은 양귀비(楊貴妃)가 신선한 여지(荔枝) 먹는 것을 좋아하여 기병을 배

Pə ŋ]으로, "喝茶"를 [tia tiɛ]로 발음하였다. 옹정제는 선물을 바치던 광동인이 자신을 희롱하는 것으로 여겼다. 그래서 그는 전국에서 관화(官話)를 배우도록 명령하고 중국 역사상 최초의 표준어 보급 성지(聖旨)를 내렸다.[45] 건륭제는 몸소 실천하여 만한 표준음이 서로 소통하는 모범을 보였다. 심지어 두운(頭韻)은 만주어로 압운하고, 각운(脚韻)은 한어로 압운하여 『성경부·송사(盛京賦·頌詞)』를 지었다.[46] 광서(廣西) 황제는 조정에 변법(變法)을 건의한 양계초(梁啓超, 1873-1929)의 관화(官話)가 서툴다[47] 하여 그의 직급을 낮추어 임용하였는데, 이는 모두 아름다운 일화로 전해지고 있다. 이 1백 년 동안 관화(官話) 구어(口語)(만주식 한어) 정음(正音)에 대한 구체적인 작업 수행은 대대로 만주족 학자였다. 예를 들어 오찰랍문통(吳扎拉文通)이 서문을 지은 『원음정고(圓音正考)』,[48] 사이존(莎彝尊)의 『정음저화(正音咀華)』[49] 등이 있는데,

---

치, 수천 리를 전송하여 맛이 변하기 전에 수도에 이르게 하였다고 한다.

045 역주: 옹정 6년의 상유(上諭)를 보면 "짐이 매번 대소 신료들을 접견하여 이력을 보고받을 때, 유독 민광(閩廣) 두 성(省)의 사람들이 여전히 그 지역의 향음(鄕音)인지라 소통을 할 수가 없었다."라고 하여 방언으로 인한 의사소통에 어려움이 있었음을 말해주고 있다.

046 金壽方, 『滿文詩·盛京賦·頌詞'的藝術特色』, 『滿族研究』, 1985년 창간호. 역주: 관련 논문으로는 최학근, 「滿文으로 쓰여진 乾隆帝의 '御製盛京賦'에 對하여」, 『國文學論集 2』(단국대 국어국문학과, 1968)가 있는데 나중에 『알타이語學論攷-文獻과 文法』(玄文社, 1980), 증보판(보경문화사, 1989)에 재수록 되었다. 『어제성경부(御製盛京賦)』에는 황제의 명을 받들어 한자의 전서체(篆書體)를 본뜬 만주문 전자(篆字) 32체가 제정 수록되어 만주어 전서체(篆書體)의 표준 모델이 되기도 하였다.

047 역주: 광동성 출신이라서 그의 발음에 그 같은 문제가 있었던 것으로 보인다.

048 역주: 건륭 8년(1743) 첨음설면화(尖音舌面化) 현상을 바로잡고, 첨단음(尖端音) 변별을 위해 쓰여진 저서. 김태경, 「『圓音正考』와 尖端音」, 『중국어문학논집』25, 중국어문학연구회, 2003.

049 역주: 1853년 장백(長白) 사람 사이존(莎彝尊)이 광동인(廣東人)을 위해 편찬

모두 만주식 한어의 보급에 공헌한 저서들이다.

2. 원대 대도어(大都語)에서 현대 북경어까지

 이상에서 근고시기 이래 북경어의 형성과 발전의 개략적인 분석을 통해 북경어가 종횡으로 교차하며 변천한 역사 경로가 분명해졌다. 이상의 것을 간단한 평면도로 아래와 같이 개괄해도 좋을 것이다.

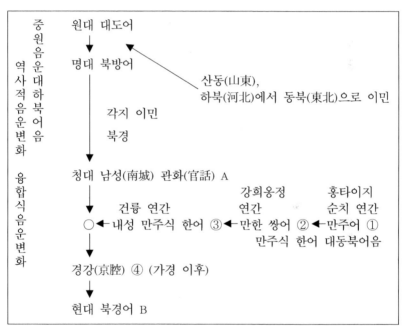

* 주: 대하북(大河北)은 산동 서부 포함, 대동북(大東北)은 내몽고 동부 포함

한 정음(正音) 교과서. 『紅樓夢摘華』도 그의 저작으로 알려져 있다. 김훈호·안기섭, 「淸代 正音 敎育과 正音 敎材의 音韻 體系 考察淸代 官話 音韻 體系와의 상관성 탐색을 위하여」, 『중국어문학논집』27, 중국어문학연구회, 2004.

3. 만주어와 한어 접촉의 몇 가지 특징

3.1 청초 만한어의 학습
- 만한어 상호 간 영향에 자유로운 환경 제공

언어접촉의 일반 규율은 우리에게 "언어접촉 변화를 가져오는 주요 결정요소는 일정한 사회 접촉 환경으로, 언어자체에서 획득된 언어구조 관계 때문이 아니다."는 것을 알려주고 있다.[50] 만주족이 입관한 후 황실에서 기인(旗人) 귀족은 모두 한어를 목표어로 삼아 학습하였다. 내성(內城)의 한인(한군 가족 및 명말 투항한 한인 포함)들도 만주어를 학습하였다. 언어 간 상호 영향을 주고받는 과정 중에 만주족이 북경 한어를 배우는 데는 한군(漢軍) 측으로부터 자연스럽게 학습한 동북한어 구어(口語)가 중요했으며, 한인의 만주어 학습에서는 만주기인(旗人)의 일상 구어(口語)(만주어 京語)에서 자연스럽게 모방하여 익힌 것이 더욱 중요하였다. 이같이 상호 목표어를 학습하지만 정규 훈련의 문법적 속박이 없는 자유로운 언어 환경은 구어(口語) 속의 동북한어와 만주어 경어(京語) 양자로 하여금 서로 정도만 다르게 상대 언어에 동화되도록 하였다. 그리하여 이 같은 언어 환경 속에서 한 언어에서 두 언어로의 전환은 모국어가 원래 지니고 있던 고치기 어려운 특징들을 목표어에 광범위하게 분포시키는 현상을 피할 수 없었다. 청초 1백 년의 시간적 변화에 따라 만주족의 한어로의 전환

---

050 托馬遜和霍夫曼(Sarah Grey Thomason and Terrence Kaufman), 『語言接觸的克里奧耳化和發生語言學(Language contact, creolization, and genetic linguistics)』.

은 주요 추세가 되었고 이 같은 한어는 동북 한어였으며 그것은 자연히 만주어적인 특성을 많이 지닌 것이 되었다.(아래에 상술함) 특히 무의식적인 발음 습관의 이입(移入) 현상은 의식적인 어휘 이입보다 훨씬 체계적이었다. 다른 한편으로 한인들은 만주어를 어느 정도 습득한 뒤에 그들이 습득한 기존의 만주어 성분을 자신들의 동북 한어 속으로 "이전" 시킬 수 있었다. 그런데 이 언어는 만주족이 습득한 만주어 특징을 지닌 동북 한어와 융합되어 제2대, 제3대에 이르러서는 만주어 색채를 지닌 기원을 달리하는 두 한어(하나는 만주어 차용어를 지닌 한인의 동북 한어, 다른 하나는 모국어 특징을 지닌 만주족의 동북 한어)는 하나로 융합되어 단일한 언어를 형성하게 되는데, 이것이 바로 건륭 시대에 들어 점차로 형성된 내성(內城)의 만주식 한어이다.

3.2 만주어에서 한어로의 전환 과정
- 만주식 한어의 매개 작용

언어 접촉학의 역사에서 많은 중요한 언어의 전환 또는 중대한 외래적인 영향은 모두가 언어의 중개(혹은 매개) 현상과 밀접한 관련이 있다. 이것은 마치 15세기 노르웨이어가 영어에 영향을 끼친 것이 주로 노르웨이식 영어를 통해서이며, 고대 인도의 산스크리트어가 중국 한어에 영향을 끼친 것이 모두 신강(新疆)과 중앙아시아의 토화라어(吐火羅語)의 매개 작용을 거친 것과 같다. 청대 내성(內城)의 북경어가 만주어에서 한어로 전환하는 데는 주로 북경 만한(滿漢) 기인(旗人) 모두가 사용하던 만주식 한어가 중요한 과도기적 작용을 했기 때문이다. 나걸단(羅杰端) 선생은 「한어와 알타이어 상호 영향에 대한

4가지 예증(漢語和阿爾泰語互相影響的四項例證)」에서 지적하기를 "화북 방언 특유의 개사(介詞) "叫"와 "讓"은 피동식(被動式) 문장을 구성할 수 있으며, 또 능동식(能動式) 문장도 구성할 수 있다. 만주어의 bu- 역시 이 같은 두 가지 용법을 동시에 지니고 있다. 만주어와 한어 두 언어를 사용하는 만주족이 먼저 이 같은 두 가지 겸용 어법을 한어 속에 가져왔고, 다시 한인들의 모방이 북방 구어(口語) 속으로 이 같은 성분을 받아들이게 되었다"라고 하였다.[51] 이것은 우리에게 많은 계발을 주고 있는 바, 어법과 어음의 영향 작용은 서로 같은 성질이 있기 때문이다.

과거의 학자들은 만주어가 한어에 대해서 그토록 커다란 영향을 주었다는 것을 발견하지 못했다. 그 원인은 만주식 한어라는 언어 전환기의 과도기를 찾지 못했기 때문이다. 만주 기인(旗人)의 한어만 말한다면, 그들은 자신들의 민속 습관을 반영하는 만주어 어휘들을 만주식 한어 속으로 가지고 들어왔으며, 이들 어휘들은 한군(漢軍) 기인(旗人)과 가족 및 투항한 한인들로 보자면 전혀 낯설지도 않았으므로, 만주 기인과 빈번하게 접촉해야 할 필요 때문에도 그들은 이 같은 기인 집단의 특수한 어휘를 사용하고자 하였다. 다른 한편으로 만주족은 자신의 모국어 발음 습관을 부지불식간에 만주식 한어 속으로 들여왔다. 이것은 비정규적인 언어 습득에서 나타나는 집단적인 전체 이탈 현상으로 대체로 만주 기인이 한어를 말할 때 이러한 구어음(口語音)을 피하기 어려웠다. 중요한 것은 주변의 한군 기인과 가족 그리고 투항한 한인은 만주 기인과 황족들의 발음을 바로잡지 않고 오히려 의식적으로 적응했는데, 이것이 바로 만주식 한어로 하

---

051 臺灣:『淸華學報』新14卷, 제1·2期 합간, 1982년 12월, 247쪽.

여금 내성(內城)의 정형화와 보급 그리고 권위방언(權威方言)의 성질을 갖도록 만들었다. 내외성(內外城)의 경계가 무너지면서 외성(外城) 한인의 지위가 낮아지자 기인에게 접근할 기회를 갖기 위하여, 예를 들면 승진을 노리거나 돈을 벌기 위하여 또는 친척 관계를 이용하기 위하여 등등. 의식적으로 이 같은 만주식 한어를 모방하여 "고위 관료들에게 잘 보이고자 하였다." 만주식 한어가 외성(外城) 한어에 대하여 영향을 미치고 또 북경 전역에 보급되는 과정 속에서 만주어의 발음 습관이 만주어 어휘보다 더욱 중요한 영향을 주었다. "이것은 새로운 언어를 받아들이는 민족은 때로는 사라진 언어의 발음 습관을 새 언어에 적용하기 때문이다. 예를 들어 갈리아(Gallia)의 통속 라틴어 음운(學) 속에서 갈리아어의 영향을 찾을 수 있는 것과 같다."[52] 비록 일정량의 어휘 이입(移入)이 발음 습관 차입(借入)에 중요한 "호송(護送)" 작용을 가져오지만 어휘는 분산되어 있는 탓에 시간이 오래 지나면 어떤 것은 유사한 의미를 지닌 관화(官話) 한어(漢語)의 어휘와 융합하여 새로운 어휘를 만들기도 하고 어떤 것은 관화 한어에 의해 개조되어 "가짜가 진짜를 덮는" 한어 구어(口語) 어휘도 생기고 어떤 것은 점차 관화 한어의 의역어에 의해 대체되기도 하였다. 어음은 체계적이기 때문에 일종의 기층 발음 습관이 통일되어 있었고, 규칙적으로 모든 언어법칙에 부합하는 어휘에 씌워지게 된다. 외성 한인의 다음 세대, 또 다음 세대에는 모국어가 이 같은 만주식 한어의 발음습관을 모방하여 자연적으로 이 같은 특수한 경강(京腔)을 전하게 된다.

052　房德里耶斯(Joseph Yendryès, 1875-1960; 프랑스 언어학자), 岑麒祥·葉蜚聲 譯, 『語言』, 商務印書館, 1992년, 57쪽.

3.3 만주어 경어(京語)
- 단순 '소멸'이 아닌 만주식 한어에 동화

주목할 만한 것은 청대 만주 기인(旗人)은 입관을 전후한 1백여 년 동안 4, 5대를 겪으면서 만주어에서 만주식 한어로의 전환이 어느 한 민족의 국부적인 집단(즉, 북경 내성 만주 팔기)내에서 진행되었으며, 또한 내성 만주 팔기인의 자발적인 진행으로 이루어진 언어 전환이라는 것이다. 여기에는 외성(外城) 한인의 강압적인 동화 작용도 없었으며, 또 내성 동포(同胞) 한군(漢軍) 기인의 규범 강행도 없이 만주 기인들이 한어를 배워서 사용하였다. 이는 그들이 언어적으로 유사성을 구비하고 있었고, 정치적 사회적 지위에서 동고동락하며 상호 암묵적인 동의하에 만주어 경어(京語)를 아무런 거리낌 없이 만주식 한어 속에 보충하도록 하였으며, 한군 기인들이 들어서 이해할 수만 있다면 그것으로 충분했다. 청대 초기 경기(京旗)에 대한 거주 제한 규정 때문에 만몽(滿蒙) 한군 기인은 내성(內城)을 함부로 벗어날 수 없었다. 만주어 경어(京語)에서 전환된 만주식 한어의 초기 건륭(乾隆) 전 기간(60년)을 거치면서 만주식 한어가 충분한 발전을 이룩한 뒤에 내성의 만주식 한어는 비교적 정형화되었다. 그러나 내외성(內外城)의 경계가 무너질 때 사람들은 남북성(南北城) 한어의 차이에 대한 감각이 여전히 분명하면서도 뚜렷했다. 임도(林燾) 선생은 일찍이 지적하기를 "현대 북경어는 바로 3백여 년간 내외성 인구 구조가 완전히 다른 조건하에서 점차 형성된 것이다. 외성(外城) 한인이 사용하는 것은 토박이 북경어로 이 같은 방언은 원대 이후 계속해서 한어 각 지방 방언과 밀접한 접촉을 하였다. 내성(內城) 팔기인이 사용하는 것은 동북에서

들여온 한어 방언으로 기원은 요금(遼金) 시대 연경어(燕京語)를 중심으로 한 유연(幽燕) 방언인데, 이것은 줄곧 동북 소수 민족의 언어와 밀접한 접촉을 하였다. 두 방언의 기원이 서로 같지만 처한 지역이나 접촉한 언어가 다르기 때문에 자연 약간의 차이가 생기게 되었다. 그러나 요(遼)에서 명(明)에 이르는 동안 이 두 지역의 인구는 끊임없이 대대적인 유동(流動) 현상이 있었고, 두 방언 간에는 시종 밀접한 관련을 유지하고 있었기 때문에 결코 커다란 분기점은 생기지 않았다. 청대에 이르러 이 두 방언은 북경에서 만나게 되었다. 하나는 내성에 위치하고 하나는 외성에 있으면서, 상호간의 차이가 본래 그다지 크지 않은데다 다시금 긴밀한 관계를 지니며 장기간 교류하다 보니 차츰 하나로 융합되어 현대 북경어를 이루게 되었다. 내외성 인구 구조가 청대 전 시기를 통해서 커다란 변화가 없었기 때문에 이 같은 융합 과정은 상당히 완만하게 이루어져서 5, 60년 전까지도 내성 만주족과 외성 한족이 말하는 데 완전한 하나를 이룩하지는 못했다는 것을 분명하게 느낄 수 있었다."[53] 민국에서 해방 후 북경 외지 이주민의 혼합 거주와 내외성 인구간의 교체, 교통의 발달, 도시의 확장 등으로 인해서 이들 내외성(內外城) 간의 차이가 점차 소멸하게 되었다. 건륭(乾隆), 가경(嘉慶) 교체기 무렵에는 기인(旗人) 자제들이 만주어를 모르고 만주식 한어가 오히려 익숙한 시대가 되자 만주어는 점점 내버려지게 되었다. 북경 내성 만주족의 모국어(만주어 京語)는 전체적으로 "소멸"하였지만 단순히 흔적도 없이 사라진 것이 아니라 바뀌기 어려운, 즉 전환하기 불편하고 바꾸고 싶지 않은 성분을 자신들의 목표어 속으로 "변환이입" 시켜서, 만주어가 모국어

---

053 林燾, 「北京官話溯源」, 『中國語文』, 1987년 第3期.

기층이 됨으로써 목표어인 한어의 표층을 더욱 풍부하게 하였다. 그리하여 "만주어 경어(滿洲語京語)"에서 "만주식 한어"로 다시 "경강(京腔) 북경어(北京語)"로 변화하였다. 이처럼 겉으로는 사라져버린 만주어가 융합의 층위 속에서 한어 속에 일반인들은 잘 모르는 귀중한 언어 유산으로 남게 되었다.

3.4 권위 방언의 사회언어학적인 의의

기존의 사회언어학상의 언어 접촉 법칙은 언어의 "변이성분과 통제요소(여기서는 비언어적인 이질요소)에는 일종의 공변(共變, Covariation) 관계가 존재하고 있다"는 것을 말해주고 있다. "어떤 사회 집단과 관련된 변이 성분은 이들 집단의 사회적 지위에 의해 그에 상응하는 사회적 가치를 지니며 사람들의 모방 대상이 된다."[54] 만주 기인의 만주식 한어와 한군(漢軍) 기인의 만주어 색채를 띤 한어의 유사성은 청대 만주족이 한 언어에서 두 언어로 다시 새로운 한 언어가 됨에 따라 이 두 가지 한어 변체(變體)도 점차 접근하였는데, 내외성의 경계가 무너지는 청대 후반기에 이르러서는 양자가 이미 완전히 하나의 내성 기인어(旗人語)(만주식 한어라고 해도 가능)로 융합되었다. 기인과 한인의 인구 비례로 말하자면 비록 중국 전체라는 큰 범위에서 말하면 만주족은 확실히 한족의 거대한 바다 속으로 들어가게 되었다. 그러나 북경 근교 경기(京畿) 지역, 특히 북경 시내 기(旗人)인의 인구는 결

---

054 托馬遜和霍夫曼(Sarah Grey Thomason and Terrence Kaufman), 『語言接觸的克里奧耳化和發生語言學(Language contact, creolization, and genetic linguistics)』.

코 적지 않은 수를 차지하고 있다. 함풍(咸豊) 원년(1851) 증국번(曾國藩)에 의하면 팔기 정예부대의 과반수가 북경을 보위하고 있었고 절반이 채 안 되는 이들이 천하(天下)에 주둔 방어하고 있다고 하였다. 또 나중에 『광서회전(光緒會典)』의 산출에 의하면 경기(京旗) 병정이 58%를 점하고 주둔방어 병정이 42%를 차지하고 있다. 다시 말해서 비록 기인(旗人)의 적은 수가 전국적인 규모의 거대한 바다 속으로 들어갔지만, 기인(旗人)의 대다수는 오히려 수도인 북경에 집중해 있었다. 청말이 되어 근 1백여 년의 내외성 만한(滿漢) 인구의 대대적인 교류가 있었지만, 기인(旗人) 경강(京腔)을 말하는 내성(內城) 인구는 여전히 전체 도시의 다수를 차지하고 있었다. "광서 34년(1908) 민정(民政) 통계에 의하면, 이해에 북경의 인구 총수는 705,604명으로 내외성과 팔기 인구의 비율은 다음과 같다.[55]

내성인구(內城人口): 414,528 명 (팔기 인구: 223, 248명, 53.9%)
외성인구(外城人口): 291,076 명 (팔기 인구: 13,523명, 4.6%)
합   계: 705,604 명 (팔기 인구: 236,771명, 33.6%)

내성 인구 중에는 팔기가 53.9%를 차지하고 있는데 비록 많이 줄었지만 여전히 다수를 차지하고 있다. 내성 팔기 인구가 청대 초기에 대폭 줄어든 것은 주로 두 가지 원인이 있었다. 하나는 기한인(旗漢人)이 민호(民戶)가 된 것에 있고, 또 하나는 외성에서 대대적으로 한인들이 이전해 왔기 때문이다."[56] 이들 기인 한어는 기인이 청대 정

---

055 자료 인용은 『北京史』, 356쪽.
056 林燾, 『語音探索集稿』, 北京語音學院出版社, 1990년, 119쪽에서 인용.

치 경제 문화상으로 통치 지위에 있었고 또 기인어(旗人語)를 사용하는 인구의 수가 훨씬 많았던 것 등의 원인으로 권위방언(權威方言)에 오르게 되었다. 오타 타츠오(太田辰夫, Ohta Tatsuo) 선생은 일찍이 지적하기를 "본래 기인이 사용하던 말은 북경어의 가장 순수한 부분이 되어 한어의 규범으로 간주되었다. 그리하여 명치(明治) 이후에 기인은 중국인 교사로 선발되는 상황이 많았다. 뿐만 아니라 교과서도 대부분 기인의 언어를 기초로 하였다."[57]

북경의 남성(南城) 한인은 대부분 명대에 북경으로 이주한 사람들의 후예로서, 그중 상당부분이 사회적 지위가 높지 않은 평민이었다. 외지에서 북경으로 시험을 보러온 서생들은 방언 색채를 띤 관화(官話)를 사용하였는데, 대부분 남성(南城)의 각 성(省)에서 건립한 시험 치르는 건물 내에서만 머무는 일이 가능했다. 청대 남성(南城)의 각종 한인을 통칭하여 "민인(民人)"이라 하였고, 내성(內城)의 만, 몽, 한 팔기 및 그 가족들은 통칭하여 "기인(旗人)"이라고 하였다. 청대 후반기 북경은 "만한(滿漢)은 불문(不問)하였지만, 기(旗)와 민(民)은 구분하는" 사회 등급 관념이 유행하였다. 그래서 관직을 구하거나 장사를 하거나 또 연예 활동하는 것을 막론하고 기인(旗人)에게 접근해야 성공의 기회가 주어졌다. 왜냐하면 청 조정의 종실(宗室) 가운데 "누런 띠[黃帶子]"나 "붉은 띠[紅帶子]"를 찬 고관 귀족은 모두 기인이었다. 황제는 "상삼기(上三旗)"[58]를 친히 통솔하는 최고 도통(都統)이었다. 기

---

057 상동, 『漢語史通考』, 273쪽.
058 역주: 팔기(八旗) 가운데 정황기(正黃旗), 양황기(鑲黃旗), 정백기(正白旗)의 3기를 말한다. 나머지 정홍기, 양홍기, 양백기, 정남기, 양남기는 하오기(下五旗)라고 한다. 국내 논문 가운데 만주 팔기 제도에 대해서는 서정흠, 『滿洲八旗의 成立過程과 그 性格』, 1980 등 참고.

인과 가까이 해야 기인 사회에 진입할 수 있었고, 또 승진의 기회도 얻을 수 있었다. 기인은 구매력이 뛰어났고, 또 돈을 쓰고자 했으므로 기인에게 접근하여 장사를 하면 큰 돈을 벌 수 있었다. 기인에게 접근하려면 가장 직접적이고도 가장 효과적인 연결 교량이 바로 권위방언(權威方言)인 기인어(旗人語)를 사용하는 것이었다. 그렇게 함으로써 명사(名士) 귀족들과 연줄을 맺어 출세할 수 있었고 나아가 그들과 감정상의 교류를 가질 수 있었다. 그래서 청대 초기와 중기를 거치면서 충분한 발전을 이룬 내성 기인어(旗人語)는 가경(嘉慶) 이후 급속하게 남성(南城) 관화(官話) 한어를 뒤덮기 시작하였다. 서통장(徐通鏘) 선생은 "북경어의 기원은 동북인데, 만주족의 입관(入關)을 따라 주민들이 안으로 이주하여 동북 방언이 북경과 그 부근 지역으로 확산 보급되면서 원래의 북경 방언[土話]을 뒤덮고 그것을 기층으로 만들었다."고 하였다.[59] 북경 시내 지역에서 이 같은 의미의 "뒤덮는 현상"은 주로 이 시기에 처음 실행된 것으로 실제로는 권위 방언인 만주식 한어를 위주로 하고, 관화 한어 평민 방언을 보조로 삼는 대대적인 융합이 한 차례 이루어졌다. 따라서 이 같은 융합 현상은 만주어를 기층으로 한 기인어(旗人語)와 평민 방언을 기층으로 하는 한인의 언어가 겹쳐서 쌓인 것으로 이 같은 융합의 결과가 바로 경강(京腔)의 탄생을 가져오게 된 것이다.[60] 장청상(張淸常) 선생의 말 그대로 "청대 북경에 진입하여 자리를 잡은 이들 가운데 전국 각처에서 온 사람들이 적지 않았다. 그러나 동북에서 온 팔기의 점유 비율이 가

---

059 『歷史言語學』, 商務印書館, 1991년, 221쪽 참고.
060 명대와 청대 남성(南城) 한어 제 방언 융합의 구체적인 상황은 분량의 제한으로 본문에서 그 사례를 서술하지 않았다.

장 컸는데 이는 이렇게도 말할 수도 있다. 만주어 및 한어 동북 방언과 북경 구어(口語)와의 관계는 특별히 주목할 만한 가치가 있다."[61] 청대 후반기의 1백여 년이라는 또 하나의 기간은 바로 만주식 한어가 관화 한어를 뒤덮어서 양자가 융합하여 경강(京腔)을 이룬 시기이다. 동시에 경강(京腔)이 북경 전체에 보급되던 시기였다. 유민(兪敏) 선생의 비유에 의하면, "만약 고(古) 북경어를 하얀 천과 같다고 한다면, 옛 북경어는 그 하얀 천을 염색한 것과 같다. 그러나 드문드문 하얀 선(線)을 드러냈는데, 그렇게 바랜 하얀 천이 바로 지금의 북경어이다."[62] 현대 북경어의 전신(前身)은 이 시기에 와서야 참다운 모습을 이루게 되었다.

[출전: 『古書研究』26, 한국고서연구회, 2008]

---

061 張清常, 「移民北京使北京音韻情況複雜化擧例」, 『中國語文』, 1992년 第4期, 268-270쪽.
062 兪敏, 「北京音系的成長和它受的周圍影響」, 『方言』, 1984년 第4期, 273쪽.

청대 만주어로 번역된 한적 연구*

季永海

1. 서론1

만주문(滿洲文)은 이미 그 쓰임이 다하여 폐기되었고, 만주어(滿洲語) 역시 위기에 처한 언어가 되었다.2 그러나 만주어와 만주문은 일찍이 청대에 휘황찬란했으며, 우월한 지위를 누린 바 있다. 만주문은 '국서(國書)' 또는 '청문(淸文)'으로 그리고 만주어는 '국어(國語)'로 존칭되었고, 이와 함께 모든 중요한 문건은 전부 만주문을 사용하도록 규정하였다. 그래서 청대에는 많은 분량의 만주문 문서당안(文書檔案)과 문헌(文獻)이 형성되었다. 통계에 의하면 현존하는 청대 당안(檔案)은 1천만여 건인데, 그중 만문당안(滿文檔案)이 대략 5분의 1을 차지한다.

---

 * 역주: 본 논문은 『民族飜譯』 2009年 第3期(總 第72期)에 수록된 「淸代滿譯漢籍硏究」를 번역한 것이다. 번역을 허락해주신 季永海 선생님과 도움을 주신 中國 中央民族大學 高娃 선생님 그리고 洪闓 선생님께도 감사드립니다.
001 역주: 소제목 '서론'이라는 표현은 原文에는 없으나 이해를 돕기 위해 譯者가 추가하였다.
002 역주: 滿文은 西太后의 滿文 廢除令으로 공식문서에서 자취를 감추었으나 滿洲語는 오늘날 黑龍江省 三家子村 등지에서 滿洲語를 구사하는 80대 노인들이 있는 것으로 보고되었다. 한국알타이학회, 『절멸 위기의 알타이언어 현지 조사』(태학사, 2006) 참고.

만문당안(滿文檔案)은 수량이 많을 뿐만 아니라 문건의 종류 또한 다양한데, 예를 들면 조(詔), 고(誥), 칙(勅), 유(諭), 성훈(聖訓), 제(題), 주(奏), 실록(實錄), 방략(方略), 회전(會典), 본기(本紀), 청률(清律), 역서(曆書), 족보(族譜), 칙례(則例) 등이 있다. 내용도 정치(政治), 경제(經濟), 문화(文化), 군사(軍事), 민족(民族), 변강(邊疆), 언어(言語), 문자(文字), 천문(天文), 지리(地理) 등 제 방면을 포함한다.

청대에는 또 대량의 사서(辭書)를 편찬하였는데, 예를 들면, 『청문감(清文鑑)』, 『오체청문감(五體清文鑑)』, 『청문총휘(清文總彙)』 등이 있다.3 이 밖에 또 개인이 저술한 것과 기록물인 일기(日記), 잡기(雜記), 민간문학(民間文學) 등이 있는데, 예를 들면, 『이역록(異域錄)』,4 『수군기행(隨軍紀行)』,5 『백이노인어록(百二老人語錄)』, 『사교기사(使交記事)』, 『니샨샤만(尼山薩滿)』6 등이다.7 그런데 이들 작품 중에 오히려 만주문으로 창작한 문학 작품과 만주문으로 쓴 학술 저작은 찾아보기 어렵다. 청대의 저명한 만주족(滿洲族) 작가와 시인, 예를 들면 납란성덕(納蘭性德),8

---

003 역주: 만주어 사전류에 대해서는 成百仁, 「初期 滿洲語 辭典들에 대하여」, 『東方學志』 52, 延世大學校 國學研究院, 1986 ; 「청조의 청문감 편찬」, 『새국어생활』 제9권 제1호, 국립국어원, 1999 ; 정제문, 「만주어 사전들에 대하여」, Current Trends in Altaic Linguistics, Altaic Society of Korea, 2013 참고.

004 역주: 『異域錄』은 淸代 투리션(Tulišen, 圖理琛)이 康熙 51년(1712) 명을 받들어 토르구트에 갔다가 康熙 54년 北京으로 돌아온 뒤 사행길에서 보고 들은 각지의 道路, 山川, 民俗, 特産物 등을 기록한 것이다. 日本 天理大學에서 1964년 今西春秋의 撰으로 『校注異域錄』이 나온 바 있다.

005 역주: 『隨軍紀行』의 국내 번역본으로 『만주 팔기 증수의 일기』(박문사, 2012)가 있다.

006 역주: 『尼山薩滿』의 국내 번역본으로 『滿文니샨巫人傳』(제이앤씨, 2008)이 있다.

007 富麗, 『世界滿文文獻目錄』, 中國民族古文字研究會, 1983 ; 黃潤化, 屈六生, 『全國滿文圖書資料聯合目錄』, 北京: 書目文獻出版社, 1991 ; 吳元豊, 『北京地區滿文圖書總目』, 瀋陽: 遼寧民族出版社, 2008.

문강(文康)⁹ 등이 있지만 그들은 모두 한어(漢語)로 창작하였다.

『御製增訂淸文鑑』
(中國 遼寧圖書館 所藏本)¹⁰

이와 동시에 입관(入關) 전부터 청조의 멸망까지 청나라 조정과 민간에서는 많은 한어(漢語) 저작을 번역했는데, 번역한 저작의 대부분은 경전(經典) 작품이었다. 만주문을 사용하여 번역한 이들 한문 저작은 청나라 군대의 입관(入關)과 만주 귀족의 중국 통치, 만한문화(滿漢文化)의 교류, 만주족의 한화(漢化) 작용 등에 모두 큰 역할을 하였다.

연대가 오래되어 적지 않은 번역 저작이 이미 일실되었다. 현재 불완전한 통계에 의하면 중국내외의 40여 도서관과 연구소, 고등교

---

008 역주: 納蘭性德(1655-1685), 滿洲 正黃旗人, 字는 容若, 號는 楞伽山人, 淸代의 저명한 詞人의 한 사람.

009 역주: 文康은 滿洲 鑲紅旗人으로 字는 鐵仙, 號는 燕北閑人이다. 그의 저작으로 『兒女英雄傳』이 있는데 전형적인 滿洲式 漢語 작품의 하나이다.

010 역주: 본고에 사용한 도판은 성백인 선생님 자료를 비롯한 국내외 소장본을 활용하여 역자가 보충 수록한 것이다.

육기관 등에 소장된 것은 경문(經文), 탁편(拓片) 등을 제외하고, 만주문 도서는 1천여 종이며, 그중 만주문으로 번역된 한어(漢語) 저작은 300여 종이다. 거의 모든 한문경전(漢文經典) 저작이 모두 만주문으로 번역되었다. 이들 번역 저작은 만문본(滿文本), 만한합벽본(滿漢合璧本) 또 만한몽합벽본(滿漢蒙合璧本)이 있다. 본 논문에서는 청대 만주어로 번역된 한적(漢籍)의 간행시기, 판본, 역자, 영향 및 의의 등 제 방면에 대해 분석하고 연구하였다.

2. 한어 저작을 만주어로 번역하게 된 원인

한어(漢語) 저작을 만주어로 번역하게 된 원인에는 여러 가지가 있지만 주로 다음의 3가지이다.

첫째, 청대 초기 팔기(八旗)들이 한어문(漢語文)을 모른다는 점이다.
둘째, 한족(漢族) 통치계층의 경험에 대한 통치자의 절실한 필요이다.
셋째, 만주족의 문화적인 수요 충족이다.

2.1 청대 초기 팔기(八旗)의 한어(漢語)에 대한 이해 부족

청나라 군대의 입관(入關) 초기, 팔기(八旗)는 모두 만주어만 할 줄 알았지 한어(漢語)는 할 줄 몰랐다. 이 같은 상황은 청나라 행정에 상당한 어려움을 가져왔다. 섭정왕(攝政王) 도르곤(多爾袞)은 일찍이 탄식하여 말하기를, "천하를 다스림은 전적으로 인재를 얻음[得人]에 있는데, 새 관리들은 언어가 불통이고, 또한 대부분 얼굴을 알지 못하니, 무슨 방법으로 좋은 관원을 얻을 수 있겠는가?"[11] 강희제(康熙帝) 또한 말한 바 있다. "국초(國初)에 만주대신(滿洲大臣)이 한어(漢語)를 이해하지 못하는 고로 매 부서마다 계심랑(啓心郞) 한 명을 두고"12 통역을 담당하게 하였다. 만주어와 한어(漢語) 두 언어에 모두 통달한 인재가 "다만 경성(京城) 관원을 충당할 수 있을 정도였고, 지방 부현(府縣)에는 관직을 담당한 만주족 관리가 없었다."13

부베 신부의 강희제전
(서울대 中央圖書館 所藏本)

프랑스 선교사 부베(白晉, Joachim Bouvet, 1656-1730) 신부는 강희 26년(1687) 중국에 와서 이듬해 강희제(康熙帝)를 알현하고, 나중에 『강희제전(康熙帝傳)』14이라는 책을 썼다. 그는 책에서 말하기를, 강희제(康熙帝)

011　多爾袞,『多爾袞攝政日記』, 北京: 北平故宮博物院 編, 民國鉛印本.
012　『淸聖祖實錄』卷81, 北京: 中華書局, 1986 影印本. 역주: 昭槤,『嘯亭雜錄』卷2 '啓心郞' "國初, 滿大臣不解漢語, 故每部置啓心郞一員" 참고.
013　『淸高宗實錄』卷177, 北京: 中華書局, 1986 影印本.
014　白晉(馬緖祥 譯),『康熙帝傳』,淸史資料(第1輯), 北京: 中華書局, 1980. 역주: 『康熙帝傳』(原書名: Portrait historique de l'Empereur de la Chine, presente' au Roy), 697 프랑스 파리에서 출판. 불역본 이외에도 라틴어, 영어, 독일

의 주변에는 "일군의 재능 있는 사람들이 있어, 가장 좋은 한문책을 부단히 만주문으로 번역하였다. 이것이 만주문을 대단히 풍부하게 하였고, 더욱 만주족으로 하여금 좋은 한문책을 이해하는데 편리하도록 만들었다. 그런데 한문에는 그들 가운데 극히 소수만 정통했으므로, 그들은 만주어로 된 번역문이 없으면 한문 저작을 이해할 수 없었다."15 입관(入關)하고 백년이 지나자 팔기(八旗)들은 이미 "국어(國語)를 전혀 할 수 없게 되었다." 그들은 한어(漢語)를 잘 배워서 사용할 줄 알게 되었으며, 오히려 모어(母語)인 만주어를 내버리는 지경이 되었다.

2.2 청나라 통치자의 필요

만주족은 일찍이 '마상민족(馬上民族)'으로 '기사(騎射)'에 능했다. 그들은 용맹하고 지극히 강한 전투력을 지니고 있었다. 그러나 한족(漢族)을 주체로 하는 이처럼 문화가 발달한 나라를 다스리려면 무력에만 의지할 수 없었다. 만주 귀족은 국가를 통치하는데 있어서, 수천 년 이래의 중국의 전통 통치사상 체계인 유가(儒家) 사상에 의지해야 한다는 것을 깊이 인식하게 되었다. 청의 최고 통치자는 유교(儒敎)를 높이고 유교를 선전(宣傳)하였으며, 많은 유가(儒家) 경전을 번역 출판하였을 뿐만 아니라 또한 몸소 힘써 행하고, 유교의 지위를 높이는데 힘을 아끼지 않았다. 순치제(順治帝)는 "유가(儒家)의 저술을 몹시 좋아하여, 손에서 놓지 않았다."16

어, 이탈리아어, 일본어 등의 번역본이 있다.
015 盛昱, 『八旗文經』 卷60, 瀋陽: 瀋陽書社, 1988 影印本, 478쪽.

그의 아들 강희제(康熙帝)는 "지성(至聖)인 공자(孔子)를 공경하며, 성현의 문을 앙모하고, 지극히 동경하여, 자나 깨나 놓지 않았다."[17] 아울러 공자(孔子)의 사당을 크게 보수하고, 공자(孔子)의 65대 후손인 공원식(孔元植)을 '연성공(衍聖公)'이라고 봉했으며, 공자(孔子)의 시호를 '대성지성문선선제(大聖至聖文宣先帝)'라고 하였다. 그리고 매년 공자(孔子)에 대한 제사를 행하고, 매번 남순(南巡) 시에는 모두 공자(孔子)를 제사하는 대전(大典)을 거행했으며, 공씨(孔氏) 후대 사람의 독경(讀經)을 듣게 하였다. 또 친히 공자(孔子), 맹자, 주공(周公)의 묘비문(廟碑文)을 지었으며,[18] 공자(孔子), 안회(顏回), 증자(曾子), 자사(子思), 맹자(孟子)의 찬문을 지었다. 공자(孔子)와 유교를 높이고, 강희제(康熙帝)는 또 궁중에서 특별히 전심전(傳心殿)을 설치하고 오로지 공자(孔子)를 제사했으며, 16년에는 친히 「일강사서해의서(日講四書解義序)」를 지었다. 이외에도 또 만주족 관리로 하여금 유가(儒家) 경전을 통독하도록 대대적으로 제창하였다. 이전 제사에는 다만 한족(漢族) 관리만 재계하고 배례했는데, 12년 다시 "이후로 제사를 하는데, 만주족 관리 3품 이상 또한 기일에 앞서 이틀을 재계하고 배례해야 한다."[19]고 하였다.

부베 신부는 『강희제전(康熙帝傳)』에서 말하기를, "강희제(康熙帝)는 사람들을 놀라게 할 정도의 뛰어난 기억력이 있었다." "그는 대부분의 중국인이 성서(聖書)라고 여기는 유가(儒家) 저작 내지 기타 원전을

016 吳振棫, 『養吉齋叢錄』 卷3, 北京:北京古籍出版社, 993, 289쪽. "篤好儒術, 手不釋卷."
017 『淸世祖實錄』 卷41, 北京: 中華書局, 1985 影印本.
018 역주:『淸聖祖實錄』 卷130, 孔子廟碑 "朕敬法至聖, 景仰宮墻, 嚮往之誠, 弗釋寤寐."
019 『淸聖祖實錄』 卷81, 北京: 中華書局, 1986 影印本.

암송할 수 있었다." "요컨대 그는 중국문학 방면에서 잘 모르는 것이 조금도 없었다." "그는 멋진 만주문과 한문(漢文)을 쓰기도 하였다. 그뿐만 아니라 조정의 어떤 대신보다도 만주어와 한어(漢語)를 더 잘할 수 있었다." "가장 어린 황자(皇子)조차도 사서(四書)의 앞 삼서(三書)를 익힌 바 있고, 또 네 번째 서(書)를 시작하였다."[20]

2.3 만주족의 문학작품을 보완하는 측면

여진문(女眞文)이 사라진 뒤 15세기 중엽부터 여진족(女眞族)은 몽문(蒙文)을 차용하여 사용하였다. 1599년 만주문을 창제하고, 1632년 개정한 뒤 1644년에 입관(入關)하였으나 반세기에 이르도록 전투가 여전히 빈번하여 문학작품의 창작이 불가능하였다. 더욱 장편 거작의 탄생은 기대하기 어려운 형편이었다. 비록 일부 민간문학 필사본이 있지만 대부분이 일실되었다. 만주족은 학문을 좋아하고, 발전을 위해 부단히 노력하는 민족이므로 한족(漢族) 문화의 흡수에 대단한 열의를 보였다. 그래서 많은 한어(漢語) 문학 저작이 만주문으로 번역되었고, 많은 만주족들에게 읽히게 되었다. 그로부터 만한문화(滿漢文化)의 교류가 시작되었고, 한족의 풍부하고 다채로운 문화와 전통의 영향으로 만주족은 한화(漢化)의 길을 걷게 되었다.

---

020 白晉(馬緒祥 譯), 『康熙帝傳』, 淸史資料(第1輯), 北京: 中華書局, 1980.

3. 만주어로 번역된 한적 상황

만주어로 번역된 한적(漢籍)은 대체로 입관(入關) 전과 후, 둘로 크게 나눌 수 있다. 아래에서 상세히 소개하였다.

3.1 입관 이전

1644년 입관(入關) 전 동북지역을 통일하는 과정에서 후금(後金) 정권은 일찍이 문관(文館)을 설치했는데, 그 주요 임무는 한문 저작의 번역이었다. 청 태조 누르하치는 일찍이 『삼국지연의(三國志演義)』를 숙독하였으며, 그는 특별히 유비, 관우, 장비 삼형제의 도원결의 정신을 좋아하였고, 아울러 그 속에서 군사전략사상을 배워서, 1616년 후금(後金) 정권을 세우는데 긍정적인 역할을 한 적이 있다.[21] 청 태종 홍타이지는 "타고난 자질이 민첩하고 비록 군대에서도 책을 손에서 놓지 않았다. 일찍이 유신(儒臣) 달해(達海)에게 삼국지(三國志)와 요금원사(遼金元史), 성리제서(性理諸書)를 번역하게 하여, 나라 백성을 가르치게 하였다."[22] 또 "나라 백성이 한자(漢字)를 모르고 국체(國體)를 모르는 것을 염려하여 문성공(文成公) 달해(達海)로 하여금 『국어(國語)』, 『사서(四書)』와 『삼국지(三國志)』(즉 『삼국지연의(三國志演義)』)를 각 1부 번역하여 기로(耆老)들에게 반포하여 정치에 임할 시에 규범이 되게 하였다."[23]

---

021 역주: 淸太祖 누르하치와 『三國志演義』에 대해서는 陳捷先, 「努爾哈齊與三國演義」, 『淸史論集』, 民國 86 참고.

022 역주: 昭槤, 『嘯亭雜錄』 卷1, '太宗讀金史', 北京: 中華書局, 1990, "天資敏捷, 雖於軍旅之際, 手不釋卷, 曾命儒臣飜譯三國志及遼金元史, 性理諸書, 以教國人."

홍타이지는 저명한 번역가인 달해(達海)를 문관(文館)으로 불러들여서 한적(漢籍) 번역 사무를 주관하게 하였다. 홍타이지는 군사, 법률제도, 역사 등 방면의 일부 저작을 정선(精選)하여 유신(儒臣)으로 하여금 만주문으로 번역하게 하였다. 여기에는 『형사회전(刑事會典)』, 『소서(素書)』, 『삼략(三略)』, 『만보전서(萬寶全書)』, 『통감(通鑑)』, 『육도(六韜)』, 『맹자(孟子)』, 『명회전(明會典)』, 『삼국지(三國志)』, 『대승경(大乘經)』 등이 계획되었다. 달해(達海)의 경우 "번역을 시작해서 완성하지 못한 것으로 『통감(通鑑)』, 『육도(六韜)』, 『맹자(孟子)』, 『삼국지(三國志)』, 『대승경(大乘經)』이 있었다."[24] 이것은 홍타이지가 한문경전(漢文經典) 저작에 대해 매우 잘 이해하고 있었다는 것을 설명해준다. 이미 번역을 끝마친 저작은 팔기(八旗) 가운데 널리 전파되었고, 사상과 군사 측면에서 1644년의 입관(入關) 준비 역할을 일정 부분 담당하게 되었다.

3.2 입관 이후

입관(入關) 후 청나라 통치자는 번서원(飜書院)을 설치했는데, 주요 임무는 한어경전(漢語經典) 저작의 번역이었다. 입관(入關) 후의 번역 저작은 크게 둘로 나누어 소개할 수 있는데, 첫째는 사서오경(四書五經), 역사(歷史), 군사(軍事) 등 방면의 저작이고, 둘째는 문학작품으로 나눌 수 있다. 경전(經典) 저작 판본은 비교적 많은데, 본문에서는 주로 대

023 昭樺, 『嘯亭雜錄・續錄』卷1 '飜書房', 北京: 中華書局, 1990, "患國人不識漢字, 罔知治體, 乃命達文成公海翻譯『國語』, 『四書』及『三國志』各一部, 頒賜耆舊, 以爲臨政規範."
024 『淸太祖實錄』卷12, 北京: 中華書局, 1986 影印本. 역주: 『淸太祖實錄』의 太祖는 太宗의 오류로 보인다.

표성을 지닌 번역본 외에는 중요 귀중본만 추가해서 소개하였다.

『sy šu oyonggo tuwara bithe 四書要覽』
(프랑스 파리국립도서관 소장본)

가. 사서오경류 번역서

(1) 사서오경류

1) 『대학(大學)』 건륭 20년(1755) 만한합벽(滿漢合璧) 칙역(勅譯) 각본(刻本), 악이태(顎爾泰) 개정. 또 만주문 초본(抄本)[25]과 만몽한합벽(滿蒙漢合璧) 초본(抄本).

2) 『대학(大學)·중용(中庸)』 건륭 20년(1755) 만한합벽(滿漢合璧) 각본(刻本).

3) 『대학연의(大學衍義)』(宋) 진덕수(眞德秀) 찬, 강희 11년((1672) 만주문 전각본(殿刻本),[26] 복달예(福達禮) 등 번역. 또 만한합벽(滿漢合璧) 초본(抄本).

---

025 역주: 筆寫本을 말한다. 이하 같음.
026 역주: 武英殿 刊行本.

4) 『논어(論語)』 만주문 초본(抄本). 또 건륭 50년(1785) 만한합벽(滿漢合璧) 초본(抄本).

5) 『맹자(孟子)』(宋) 주희집주(朱熹集注), 건륭 연간 만한합벽(滿漢合璧) 각본(刻本). 또 만몽한합벽 각본(刻本).

6) 『사서(四書)』 강희 30년(1691) 만한합벽(滿漢合璧) 각본(刻本). 또 건륭 6년(1741) 칙역(勅譯) 만한합벽(滿漢合璧) 각본(刻本), 악이태(顎爾泰) 등 역.

7) 『사서집주(四書集注)』(宋) 주희(朱熹) 주(注), 만주문 정사본(精寫本). 또 도광 18년(1838) 만한합벽(滿漢合璧) 각본(刻本).

8) 『주역(周易)』(『易經』) 건륭 30년(1765) 만한합벽(滿漢合璧) 칙역(勅譯) 전각본(殿刻本). 또 내무부(內務府) 만주문 고본(稿本).

9) 『예기(禮記)』 건륭 48년(1783) 만한합벽(滿漢合璧) 각본(刻本). 또 내무부(內務府) 만한합벽(滿漢合璧) 정사본(精寫本).

10) 『서경(書經)』 옹정 11년(1733) 만한합벽(滿漢合璧) 각본(刻本). 또 건륭 25년(1760) 만한합벽(滿漢合璧) 칙역본(勅譯本). 앞부분에 건륭 만한합벽(滿漢合璧) 서문이 있다. 순치 연간 만한합벽(滿漢合璧) 정사본(精寫本).

11) 『시경(詩經)』 순치 11년(1654) 내무부(內務府) 만주문 각본(刻本). 또 건륭 33년(1768) 만한합벽(滿漢合璧) 전각본(殿刻本). 앞부분에 건륭 만한합벽(滿漢合璧) 서문이 있다.27

12) 『춘추(春秋)』 건륭 49년(1784) 만한합벽(滿漢合璧) 칙역(勅譯) 전각본(殿刻本). 또 만주문 고본(稿本).

---

027 역주: 滿文『詩經』에 대해서는 김주원·정제문·고동호, 「滿文 詩經의 飜譯 樣相 硏究」, 『알타이학보』19, 한국알타이학회, 2009 참고.

滿漢文『詩經』

(서울대 中央圖書館 所藏本)

(2) 윤리도덕류

1)『도덕경집주(道德經集注)』만한합벽(滿漢合璧) 초본(抄本).

2)『채근담(菜根譚)』(明) 홍응명(洪應明) 집(輯), 강희 47년(1708) 만한합벽(滿漢合璧) 각본(刻本), 화소(和素) 역.

3)『제감도설(帝鑑圖說)』(明) 장거정(張居正) 등 찬, 순치 연간 만주문 초본(抄本).

4)『공자가어(孔子家語)』만주문 초본(抄本)

5)『제자규(弟子規)』이자잠(李子潛)28 찬, 동치 2년(1863) 만한합벽(滿漢合璧) 각본(刻本).

6)『이십사효도설(二十四孝圖說)』건륭 원년(1736) 만한합벽(滿漢合璧) 각

---

028 역주: 李毓秀(1647-1729), 字 子潛, 號 采三. 원래『訓蒙文』인데, 나중에 賈存仁을 통해서 수정되어『弟子規』가 된 것으로 알려져 있다.

본(刻本). 또 만주문 초본(抄本).

7) 『홍무요훈(洪武要訓)』(洪武寶訓) 순치 3년(1646) 만주문 각본(刻本), 강림(剛林) 등 교역(校譯).

8) 『육사잠언(六事箴言)』 섭옥병(葉玉屛) 집(輯), 함풍 원년(1851) 만한합벽(滿漢合璧) 각본(刻本), 맹보(孟保) 역.

9) 『여논어(女論語)』(唐) 송약신(宋若莘) 찬, 청초 만주문 각본(刻本).

10) 『여효경(女孝經)』(唐) 정씨(鄭氏) 찬, 만주문 초본(抄本).

11) 『삼자경주해(三字經註解)』 옹정 연간 만몽한합벽(滿蒙漢合璧) 각본(刻本), 유덕도격(惟德陶格) 만역(滿譯), 부준(富俊) 등 몽역(蒙譯).

12) 『효경(孝經)』 순치 3년(1656) 만주문 각본(刻本). 또 강희 47년(1708) 만한합벽(滿漢合璧) 각본(刻本), 화소(和素) 교역(校譯). 순치 연간 만한합벽(滿漢合璧) 각본(刻本), 달해(達海) 역.

13) 『성세요언(醒世要言)』(明) 여곤(呂坤) 저(著), 강희 43년(1704) 만주문 각본(刻本), 화소(和素) 역.

14) 『주문공가훈(朱文公家訓)』(明) 주백려(朱栢廬) 찬, 선통 원년(1909) 만한합벽(滿漢合璧) 각본(刻本), 덕보(德保) 역.

15) 『주자절요(朱子節要)』(宋) 주희(朱熹) 찬, 강희 14년(1675) 만한합벽(滿漢合璧) 각본(刻本).

(3) 군사류

1) 『황석공소서(黃石公素書)』(漢) 황석공(黃石公) 찬, (宋) 장상영(張商英) 주, 강희 43년(1704) 만한합벽(滿漢合璧) 각본(刻本). 달해(達海) 역, 화소(和素) 교. 또 순치 연간 만주문 초본(抄本), 달해(達海) 역.

2) 『육도삼략(六韜三略)』 순치 연간 만주문 초본(抄本) 달해(達海) 역.

3) 『손오자병법(孫吳子兵法)』(春秋) 손무(孫武), (戰國) 오기(吳起) 찬, 강희 연간 만주문 각본(刻本). 상액(桑額) 역.

4) 『손자병법(孫子兵法)』 도광 26년(1846) 만한합벽(滿漢合璧) 각본(刻本), 기영(耆英) 역.

5) 『손자십삼편오자육편(孫子十三篇吳子六篇)』 광서 32년(1906) 만한합벽(滿漢合璧) 각본(刻本).

6) 『무후심서(武侯心書)』(三國) 제갈량(諸葛亮) 찬, 가경 19년(1814) 만한합벽(滿漢合璧) 초본(抄本), 보평(保平) 역.

(4) 역사류

1) 『독사논략(讀史論略)』 두조(杜詔) 찬, 옹정 연간 만한합벽(滿漢合璧) 각본(刻本), 경재(敬齋) 역, 흥덕(興德) 등 교정.

2) 『강감회집(綱鑑會集)』(明) 왕세정(王世貞) 편, 강희 3년(1664) 만주문 각본(刻本), 달해(達海) 등 역.

3) 『반씨총론(潘氏總論)』(元) 반영(潘榮) 찬, 만한합벽(滿漢合璧) 각본(刻本), 달해(達海) 역. 또 강희 46년(1707) 만한합벽(滿漢合璧) 각본(刻本), 아십탄(阿什坦) 역.

4) 『자치통감강목(資治通鑑綱目)』(宋) 주희(朱熹), (明) 남헌(南軒) 등 찬, 강희 30년(1691) 내무부(內務府) 만주문 각본(刻本), 화소(和素) 역.

5) 『좌전(左傳)』 만주문 초본(抄本)

6) 『삼국지(三國志)』(晉) 진수(陳壽) 찬, 순치 7년(1650) 만한합벽(滿漢合璧) 각본(刻本), 영완아(寧完我), 강림(剛林) 등 총교(總校), 섭성액(葉成額) 등이 번역하고 필사함. 또 순치 연간 만주문 초본(抄本).

7) 『요사(遼史)』 순치 3년(1646) 내무부(內務府) 각본(刻本), 희복(希福)

등 역. 또 숭덕 연간 만주문 각본(刻本), 희복(希福) 등 역. 순치 원년(1644) 만주문 초본(抄本).

8) 『금사(金史)』 순치 3년(1646) 만주문 각본(刻本), 희복(希福) 등 역. 또 순치 원년(1644) 만주문 초본(抄本), 순치 연간 만주문 사본.

9) 『원사(元史)』 순치 3년(1646) 만주문 각본(刻本), 희복(希福) 등 역. 또 순치 원년(1644) 만주문 초본(抄本), 순치 연간 내무부(內務府) 정사본(精寫本).

10) 『명조실록(明朝實錄)』(明) 요광효(姚廣孝) 등 찬, 강희 연간 만주문 칙역(勅譯) 고본(稿本).

11) 『명복왕사략(明福王事略)』 만한합벽(滿漢合璧) 초본(抄本).

12) 『명태조실록(明太祖實錄)』 만주문 초본(抄本)

13) 『송명신언행록(宋名臣言行錄)』(宋) 주희(朱熹) 찬, 만주문 초본(抄本).

14) 『고금열녀전(古今烈女傳)』(明) 해진(解縉) 찬, 청초 만주문 정사본(精寫本).

(5) 기타

1) 『소학(小學)』[29] (宋) 주희(朱熹) 찬, 옹정 5년(1727) 만한합벽(滿漢合璧) 각본(刻本), 고파대(古巴岱) 역.

2) 『율예관교정세원록(律例館校正洗冤錄)』(宋) 송자(宋慈) 찬, 만한합벽(滿漢合璧) 초본(抄本).

3) 『장물지(長物志)』(明) 문진형(文震亨) 찬, 청초 만주문 정사본(精寫本).

4) 『마의상서(麻衣相書)』 만주문 삽도(揷圖) 초본(抄本).

---

029 역주: 滿文 小學 관련 논문으로는 김주원, 「小學集註(滿洲文)와 飜譯小學(滿洲文) 硏究」, 『한국알타이학보』12, 한국알타이학회, 2002.

5) 『전정수(前定數)』(晉) 귀곡자(鬼谷子) 찬, 만주문 초본(抄本).

6) 『성교서(聖敎序)』(唐) 이세민(李世民) 찬, 청초 만몽한합벽(滿蒙漢合璧) 초본(抄本).

7) 『율려찬요(律呂纂要)』 내무부(內務府) 정사본(精寫本), 고본(稿本).

8) 『오강금보(梧岡琴譜)』(明) 황헌(黃獻) 찬, 순치 연간 만한합벽(滿漢合璧) 초본(抄本).

9) 『방여전람(方輿全覽)』 도광원년(1821) 만한합벽(滿漢合璧) 초본(抄本).

10) 『왕숙화맥결(王叔和脈訣)』 만주문 사본(寫本).

11) 『의약치료통서(醫藥治療通書)』 순치 연간 만주문 각본(刻本).

12) 『상마경(相馬經)』 만주문 삽도(揷圖) 초본(抄本).

13) 『원형료마집(元亨療馬集)』(明) 유인(兪仁) 등 찬, 만주문 초본(抄本).[30]

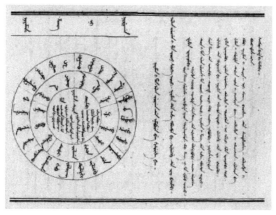

"王叔和脈訣"
(출전:『故宮珍本叢刊』)

---

030 富麗,『世界滿文文獻目錄』, 中國民族古文字硏究會, 1983 ; 黃潤化・屈六生, 『全國滿文圖書資料聯合目錄』, 北京: 書目文獻出版社, 1991 ; 吳元豊,『北京地區滿文圖書總目』, 瀋陽:遼寧民族出版社, 2008.

나. 문학 작품 번역서

만주어로 번역된 문학 작품은 주로 한어(漢語) 소설, 희곡, 산문, 시가 등이다. 청대 근 300년 역사 가운데 만주어를 사용하여 창작한 소설과 희곡 작품은 아직 발견되지 않았다. 만주문 문학작품은 부족하여, 한어(漢語) 문학 작품을 대량으로 번역함으로써 만주족에게 즐거움을 선사한 것이 청대 전기의 큰 유행이었다. 이들 번역서들은 만주족이 한족(漢族) 문화에 접촉하고, 한족(漢族) 문화를 배우는데 최고의 교재가 되었다. 연대가 오래되어 많은 번역서들이 일실되었다. 국내외에 현존하는 문학작품 번역서는 123종 남짓이다.[31] 그중 가장 많은 것은 소설 번역본들이다. 독일의 저명한 만주학자인 마틴 김(馬丁吉姆, Martin Gimm)의 고증에 의하면 현존하는 세계 각지의 번역본은 73종인데 그중 어떤 것은 잔본 상태이다.[32] 73종 소설 번역본에는 고전 명저도 있고 또 일반 소설도 있다. 그중 9종의 번역서의 판본과 내용은 여전히 명확치 않다. 7종의 번역본, 예를 들어 『화목란(花木蘭)』, 『백사전(白蛇傳)』, 『목계영(穆桂英)』 같은 작품은 어떤 한문본에서 번역한 것인지 모르고 있다. 이들 이야기들은 한족(漢族) 가운데 널리 전해지고 판본도 많아서 확인하기가 어렵다. 기타 57종은 기본적으로 각각 해당되는 저본이 있다. 아래에서 선별하여 소개하였다.

1. 소설류

1) 『삼국지연의(三國志演義)』(元) 나관중(羅貫中) 저(著), 순치 7년(1650)

만주문 각본(刻本), 앞부분에 기충격(祈充格) 등이 상주한 문건이

---

031 張大森, 「滿漢文化交流的結晶」, 北方民族, 1991(1).

032 克勞婷, 蘇爾蒙 總論, 馬丁 吉姆(顔保, 定宜莊等譯), 「漢文小說和短篇故事的滿文譯本」, 『中國傳統小說在亞洲』, 北京: 國際文化出版社, 1989.

1건 있다. 또 건륭 연간 만한합벽(滿漢合璧) 각본(刻本)이 있다.33 또 입관(入關) 전 만주문 번역본이 있는데, 다만 19회 분량만이 남아 있다. 아마도 달해(達海)가 번역한 미완성본으로 보인다.

2) 『금병매(金甁梅)』 난릉소소생(蘭陵笑笑生) 저(著), 강희 47년(1708) 만주문 각본(刻本), 앞부분에 만주문 서문이 있다.

3) 『수호전(水滸傳)』(元) 시내암(施耐庵) 저(著), 초기 만주문 초본(抄本).

4) 『서유기(西遊記)』(明) 오승은(吳承恩) 저(著), 강희 27년(1688) 만주문 초본(抄本), 또 만주문 정사본(精寫本). 1876년 만주문 초본(抄本).

5) 『홍루몽(紅樓夢)』(清) 조설근(曹雪芹) 저(著), 만주문 초본(抄本). 이 책은 청대에 이루어진 것으로 번역본은 아마도 건륭·가경 연간이다.

6) 『후서유기(後西遊記)』 천화재자(天花才子) 저(著), 만주문 정사본(精寫本).

7) 『서한연의(西漢演義)』(明) 견위(甄偉) 저(著), 강희 18년(1678).

8) 『봉신연의(封神演義)』(明) 허중림(許仲琳) 저(著), 순치 7년(1650) 만주문 초본(抄本).

9) 『열국연의(列國演義)』(明) 풍몽룡(馮夢龍) 저(著), 18세기 만주문 초본(抄本).

10) 『남송연의(南宋演義)』(明) 웅대목(熊大木) 저(著), 순치 연간 만주문 초본(抄本).

11) 『전칠국(前七國)』(明) 오문소객(吳門嘯客) 저(著), 만주문 초본(抄本).

12) 『초사연의(樵史演義)』34 1700년 경, 만주문 초본(抄本).

13) 『귀련몽(歸蓮夢)』 소암주인(蘇庵主人) 저(著), 만주문 초본(抄本).

---

033 역주: 雍正年間의 滿漢合璧本이 있다.
034 역주: 著者는 陸應暘(1572?-1658?), 字는 伯生.

14) 『평산냉연(平山冷燕)』 적안산인(荻岸山人) 저(著), 강희 25년(1696) 만주문 초본(抄本).

15) 『생초전(生綃剪)』[35] 집부주인(集芙主人) 저(著), 만주문 초본(抄本).

16) 『요재지이(聊齋志異)』(발췌역) (淸) 포송령(蒲松齡) 저(著), 도광 28년(1848) 만한합벽(滿漢合璧) 각본(刻本), 찰극단(札克丹) 역.

滿文『金瓶梅』
(日本 京都大 所藏本)

2. 기타 문학 작품

1) 『서상기(西廂記)』(戲曲) (元) 왕실보(王實甫) 저(著), 강희 49년(1710) 만한합벽(滿漢合璧) 각본(刻本), 앞부분에 만한합벽(滿漢合璧) 서문이 있다.

2) 『고사오편(古詞五篇)』 강희 연간 만한합벽(滿漢合璧) 정사본(精寫本).

3) 『정역육재자사(精譯六才子詞)』(元) 왕실보(王實甫) 저(著), 강희 47년

---

035 역주: 『花幔樓批評寫圖小說生綃剪』

(1708) 만한합벽(滿漢合璧) 각본(刻本).

4) 『취묵재(醉墨齋)』 만한합벽(滿漢合璧) 초본(抄本).

5) 『고근체잡시(古近體雜詩)』 만한합벽(滿漢合璧) 초본(抄本).

6) 『합벽오종사(合璧五種詞)』 만한합벽(滿漢合璧) 각본(刻本).

7) 『고문관지(古文觀止)』(宋) 오초재(吳楚材), 오조후(吳調侯) 집(輯), 가경
   2년(1797) 만한합벽(滿漢合璧) 초본(抄本), 윤재(潤齋) 등 역.

8) 『필독고문(必讀古文)』 만주문 초본(抄本).

9) 『육선공집(陸宣公集)』(唐) 육지(陸贄) 저(著), 옹정 연간 만주문 정사
   본(精寫本).

10) 『양정도해(養正圖解)』³⁶ (明) 초횡(焦竑) 저(著), 내무부(內務府) 만주문
    정사본(精寫本), 채색도(彩色圖) 있음.

4. 번역서의 특징 분석

4.1 번역의 시대적 특징

만주어로 번역된 한적(漢籍)은 전체적으로 볼 때, 주로 청대 전기와
중기에 집중되어 있다. 이것은 만주족이 한족문화(漢族文化)를 받아들
이고, 한어(漢語)를 장악해 나가던 과정과도 일치한다. 군사, 역사, 도
덕 윤리류 저작은 주로 입관(入關) 전 홍타이지 때부터 입관(入關) 후
강희 연간(1626-1722)에 집중되어 있다. 이 기간에는 마침 입관(入關) 준

---

036 역주: 明 神宗 萬曆 연간에 焦竑이 편찬한 책으로 제왕의 마음을 바르게
    기르는데 필요한 교훈서로서 역사상 모범이 될 만한 제왕의 언행을 모은
    것이다. 소개된 자료는 彩繪本으로 채색된 삽화가 들어 있다.

비와 입관(入關) 후 전국을 통일하는 과정에 해당해서 군사적 사상적으로 이 같은 저작들에 대한 수요가 있었다. 동시에 이 기간에는 만주족이 한어(漢語)를 잘 모르던 단계였기 때문에 그래서 이들 번역본들은 대부분 만주문으로 되었다.

사서오경류 도서(圖書)는 번역이 쉽지 않은데, 건륭 연간(1736-1795)에 와서야 비로소 번역의 절정기에 도달하였다. 이 시기의 만주족 지식인들은 한어(漢語)에 정통하게 되었고, 한족(漢族)의 전통문화에 대해서도 깊이 이해하게 되었다. 그래서 이들 번역서들은 대부분 만한합벽(滿漢合璧) 각본(刻本)이었을 뿐만 아니라 번역도 훌륭하였다.

소설류 도서(圖書)의 번역은 주로 순치·강희 연간(1644-1722)에 집중되어 있다. 이 시기는 소설 번역이 최고조에 달했던 시기이다. 『금병매(金瓶梅)』, 『삼국지연의(三國志演義)』 만주문 각본(刻本)을 제외하고, 기타는 모두가 만주문 초본(抄本)이며 판본도 많다. 이 시기는 팔기(八旗) 기인(旗人)들이 아직 한어(漢語) 저작을 직접 원문으로 읽을 수 없었다. 그래서 이 시기에 나온 번역본들은 전부가 만문본(滿文本)이다. 청대 후기에 번역된 소설은 매우 드물어서 얼마 되지 않는다. 가장 유명한 것이 만한합벽본(滿漢合璧本) 『요재지이(聊齋志異)』(발췌역)이다. 이 시기는 만어문(滿語文)이 이미 쇠락하였기 때문에 대부분의 팔기(八旗)는 이미 만주어를 모르게 되었다. 그래서 그들은 한어(漢語)를 배우는 것이 아니라 도리어 만주어를 학습해야만 했다.

4.2 소설류 번역서의 역자

소설류 번역서의 역자는 청대 전기와 중기의 소설작품의 번역본 가운데 『삼국지연의(三國志演義)』만 번역, 필사한 사람이 나타난다. 기타 번역서에는 모두 번역자가 드러나지 않았다. 『삼국지연의(三國志演義)』는 누르하치와 홍타이지의 특별한 편애를 받았고, 이 책은 만주족이 한족(漢族)의 역사지식과 군사전략을 흡수하는데 중요한 작용을 했기 때문에 만주족의 한화(漢化)에 가장 중요한 저작의 하나로 여겨지고 있다. 『만문노당(滿文老檔)』의 기록에 의하면 천총 6년(1632) 홍타이지는 『삼국지연의(三國志演義)』를 번역하여 반포하라는 명을 내렸다. 이듬해 이 책은 달해(達海)의 번역서 목록에 등장한다. 달해(達海)가 죽기 전에 완성되지는 못했는데, 1650년 각본(刻本)이 달해(達海)의 번역문을 참고하였는지 여부는 알 수 없다. 기충격(祈充格) 등의 상주문에는37 기충격(祈充格), 범문정(范文程), 강림(剛林), 영완아(寧完我) 등 16명의 이름이 있는데, 이들이 아마도 이 책의 번역자일 것이다.

그런데 번역서에는 왜 번역자의 이름이 없는가? 한문소설은 내용이 복잡하고, 또 내용 중에는 적지 않은 부분이 금서(禁書)이다. 청나라는 팔기(八旗)에게 영향을 주어서 풍속을 해칠 우려가 있다고 하여 소설 번역을 금하였다. 예를 들어 『금병매(金甁梅)』는 번역이 최고 수준에 달하는 만주문 번역서이며, 번역자의 이름이 없는 유일한 각본(刻本)이기도 하다. 번역자의 이름이 없기 때문에 후대 사람의 추측을 불러일으켰다. 어떤 사람은 화소(和素)의 번역이라고 하고, 어떤 사람

---

037 克勞婷, 蘇爾蒙 總論, 馬丁 吉姆(顔保, 定宜莊 等 譯), 「漢文小說和短篇故事的滿文譯本」, 『中國傳統小說在亞洲』, 北京: 國際文化出版社, 1989.

은 서원몽(徐元蒙)의 번역이라고 하고, 또 어떤 사람은 강희제(康熙帝)의 형제가 번역한 것이라고도 하였다.[38] 또 희곡 『서상기(西廂記)』 역시 번역자의 이름이 없다. 이들 경전 저작 같이 번역 수준이 높은 번역서는 일반 만주족 지식인이 번역했다고 보기 어렵다. 그 번역자는 아마도 만주 귀족이거나 아니면 귀족 혹은 고관의 지원 하에 만주어와 한어(漢語) 수준이 모두 대단히 높은 사람이 번역한 것이다. 기타 만주문 초본(抄本)들은 더 상세히 고찰할 수 없다.

4.3 소설 번역본의 각종 특색

가. 원본인 한문본에 준해서 그대로 번역한 것

『금병매(金瓶梅)』, 『서상기(西廂記)』 같은 작품은 한문본을 그대로 일일이 번역한 것이다. 『금병매(金瓶梅)』 번역본은 만주족 사람들이 보는데 이해하기 쉽도록 인명, 지명, 관직명, 시사명(詩詞名) 등의 만주문에 한문을 부가하였다. 어떤 번역서는 원서 중의 앞에 나오는 사(詞), 서(序), 발(跋), 평어(評語), 도상(圖像) 등을 삭제하거나 혹은 부분적으로 삭제하여 곧바로 본문으로 들어가도록 하였다. 또 만주족이 이해하기에 어려운 어떤 부분에는 작은 주를 붙이기도 하였다.

나. 번역서에 삭제와 보충한 부분이 있는 것

『수호전(水滸傳)』의 경우 판본이 여러 종인데, 전체를 번역한 것도 있고, 발췌 번역한 것도 있다. 소위 발췌 번역은 이야기의 중간을 과감하게 삭제하여 이야기의 연관성을 더욱 강화한 것이다. 또『삼

---

038 克勞婷, 蘇爾蒙 總論, 馬丁 吉姆(顔保, 定宜莊 等 譯), 앞의 논문, 1989.

국지연의(三國志演義)』1650년 번역본의 경우 문장 전체를 번역한 것뿐 아니라 원서 120회를 240회로 고쳐서 번역하였다. 기본적으로 1회를 2회로 고쳤다.[39] 예를 들면, 원서 제1회의 '연도원호걸삼결의, 참황 건영웅수립공(宴桃園豪傑三結義, 斬黃巾英雄首立功)'을 만주문에서는 2회로 구성하였는데, 즉 제1회 '제천지도원결의(祭天地桃園結義)' 제2회 '유현덕 살적입공(劉玄德殺賊立功)'으로 하였다.[40] 이뿐 아니라 본문에서 다른 책의 내용을 보태기도 하였다. 예를 들어 제1회 "현덕이 어렸을 때, 고을 아이들과 나무 아래에서 놀면서, 말하되 '내가 천자가 되어 마땅히 이런 거개(車蓋)를 타리라.'"[41] 뒤에 진수(陳壽)의 『삼국지(三國志)』 중의 한 구절, "숙부 자경이 일러 가로되, 너는 망녕된 말을 하지 말거라, 우리 가문을 멸하려는구나!(叔父子敬謂：汝無妄言, 滅吾門也!)"를 보탰다.[42]

---

039 역주: 增削 문제는 『三國志演義』 毛宗崗本 120回本을 기준으로 해서 논한 것으로 보인다. 1회를 2회로 고친 것이 아니라 원래 嘉靖壬午本에 의거해서 번역한 것이다. 『滿文三國志』의 저본 사항에 대해서는 岸田文隆, 「『三譯總解』底本考」, 『알타이학보』2(한국알타이학회, 1990)와 岸田文隆, 『『三譯總解』의 滿文에あらわれた特殊語形の來源(≪삼역총해≫만문에 나타난 특수 어형의 내원)』(國立亞非語言文化硏究所, 東京外國語大學)(1997) 및 拙稿, 「『삼역총해』의 한글 번역과 판본학적 고찰-'사룸을 인졍ᄒᆞ미 되ᄂᆞᆫ냐' 어구를 중심으로-」, 『奎章閣』40, 서울대학교 규장각 한국학연구원, 2012 참고.

040 역주: 嘉靖壬午本 "劉玄德斬寇立功."

041 "玄德幼時, 與鄕中小兒戱於樹下, 曰：'我爲天子, 當乘此車蓋.'"

042 역주: 저자는 이 부분을 보탰다고 했으나 嘉靖壬午本에 원래 들어있는 대목이다. 이 역시도 『三國志演義』毛宗崗本 120回本을 기준으로 판단한 것이다. 참고로 陳壽, 『三國志·蜀書·先主傳』(全五冊, 中華書局, 1959년 초판, 1982 2판, 2004년 北京 17刷)에는 "叔父子敬謂曰：'汝勿妄語, 滅吾門也!", 嘉靖壬午本에는 "叔父責曰：汝勿妄言, 滅吾門也!"이다.

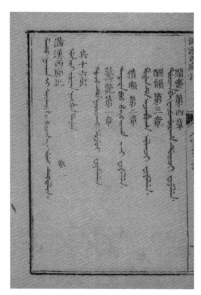

滿漢『西廂記』
(中國 中央民族大學 所藏本)

5. 청대의 저명한 번역가

청대에 저명한 번역가들이 출현했는데, 달해(達海), 희복(希福), 강림
(剛林), 기충격(祈充格), 영완아(寧完我), 섭성액(葉成額),[43] 고파대(古巴岱),[44]
아십탄(阿什坦),[45] 화소(和素), 서원몽(徐元蒙), 악이태(顎爾泰), 상액(桑額), 경
재(敬齋), 찰극단(札克丹) 등이다. 어떤 번역가들은 자료가 없거나 혹은
자료가 적다. 그래서 아래에서 다만 전기와 중기의 주요 번역가만
소개한다.[46]

---

043 역주: 葉成額, 生沒年代 1665-1704.
044 역주: 顧八代(?-1708), 伊爾根覺羅氏, 滿洲鑲黃旗人. 字는 文起.
045 역주: 阿什坦(?-1683), 完顔氏, 滿洲鑲黃旗人. 阿什壇, 何錫談이라고도 한다.
　　字는 金龍, 또는 海龍. 淸代 초기의 정치인, 유학자로 번역에 능했다.

달해(達海): 만주 정황기인(正黃旗人). 입관(入關) 전의 저명한 번역가이다. 9살 때 만한문(滿漢文)에 능통하였다. 나중에 문관에 부름을 받고 명을 받들어 한어(漢語) 경전을 번역하였다. 이뿐 아니라 당시의 많은 문건이 또한 대부분 그의 손에 의해 이루어졌다.

희복(希福): 만주 정황기인(正黃旗人). 누르하치 때에 만한몽(滿漢蒙) 문자에 능통해서 문관으로 부름 받아서 문자(文字)의 직임을 위임하였다. 순치 원년(1644) 요금원(遼金元) 삼사(三史)를 번역하여 올렸다. 순치 9년(1652) 사망하였다.

기충격(祈充格): 오소씨(烏蘇氏) 양백기인(鑲白旗人). 태종 홍타이지가 번저(藩邸)에 있을 때, 문자를 익숙히 배웠으므로 서기 업무를 관장할 것을 명하였다. 천총 5년(1631) 처음으로 육부(六部)를 설치하였는데, 예부 계심랑으로 충원되었다. 처음으로 명사총재관(明史總裁官)에 임명되었고, 순치 6년(1649) 태종실록 찬수총재관으로 충원되었다. 순치 8년(1651) 형벌을 받아 죽었다.

강림(剛林): 과이가씨(瓜爾佳氏) 정황기인(正黃旗人). 필첩씨(筆帖氏, bithesi)가 되어 한문 번역을 담당하였다. 천총 8년(1640) 문관으로 부름 받음. 순치 원년(1644) 태종문황제실록 찬수 총재. 순치 8년(1651) 형벌을 받아 죽었다.

영완아(寧完我): 한군(漢軍) 정황기인(正黃旗人). 누르하치가 문관으로 부름. 순치 2년(1645) 홍문원대학사를 제수 받고, 명사총재관(明史總裁官)을 담당하였다. 『삼국지(三國志)』, 『홍무보훈(洪武寶訓)』 등 여러 책을 번역하여 완성하였다.

서원몽(徐元蒙): 강희 22년(1683) 진사(進士). 강희 50년(1711) 강희제(康熙帝)

---

046 『淸史列傳』, 北京: 中華書局, 1989.

는 그에게 "현재 번역을 배우는 자로 그를 넘어설 자가 없다."고 하였다. 옹정 8년(1730) 세종헌황제실록을 찬수를 하는데, 부총재관을 담당하였다. 나중에 명을 받고 『팔기만주씨족통보(八旗滿洲氏族通譜)』를 편찬하였다.

화소(和素)(1652-1718): 만주 완안씨(完顏氏). 강희 51년(1712) 내각시독학사(內閣侍讀學士)를 역임하였고, 만주문 번역을 담당하였다. 그의 부친 아십탄(阿什坦, 1683 卒) 역시 저명한 번역가로 공자(孔子) 경전 저작을 번역한 바 있다.

6. 불교와 기독교 경전의 번역

만주문 불경은 한어(漢語)에서 번역되었는데, 이에 대해서는 기존에 소개한 글이 있다.[47] 기독교 경전은 어느 언어에서 번역되었는지 자료가 없어서 알 수 없다. 그래서 불교와 기독교 경전 만문본(滿文本)은 간단한 소개에 그친다.

6.1 불교 경전

불교의 번역은 주로 건륭연간에 집중된다. 불경 번역문이 북경지구에 120여 종 있는데, 대부분 만주문이고, 이 밖에 만한(滿漢), 만몽한(滿蒙漢), 만몽한장문(滿蒙漢藏文)이 적은 양이 있다. 그중 『청문번역전장경(清文飜譯全藏經)』(통칭 滿文大藏經)이 2,535권으로 불경 728종을 담고 있다. 수함(首函)에는 청문번역전장경서(清文飜譯全藏經序), 명함(名銜), 어

---

047 莊吉發, 「『滿文大藏經』與滿文硏究」, 『慶祝王鍾翰先生八十壽辰學術論文集』, 瀋陽:遼寧大學出版社, 1993.

역대장경목록(御譯大藏經目錄)인데, 각기 만몽한장(滿蒙漢藏) 4체를 사용했다. 영용(永瑢) 등이 번역했으며, 건륭 55년(1790) 내무부(內務府) 각본(刻本)이다.

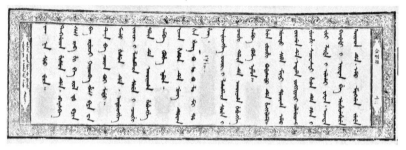

滿文『金剛經』
(法鼓佛教研修學院 滿文大藏經 電子書庫)

6.2 기독교 경전[48]

(1) 『마가복음(馬可福音)』 만주문 1911년 상해 연인본(鉛印本).

(2) 『마태복음(馬太福音)』 만한본(滿漢本) 1911년 상해 연인본(鉛印本).

(3) 『오주야소기독신약전서(吾主耶穌基督新約全書)』 만한본(滿漢本) 1911년 상해 성경공회 연인본(鉛印本).

(4) 『신약전서(新約全書)』 만주문 연인본(鉛印本).

(5) 『요한복음(約翰福音)』 만주문 1911년 상해 연인본(鉛印本).

---

048 역주: 滿洲語聖經에 관해서는 김동소, 『만주어 마태오복음연구』(지식과교양, 2011) ; 『만주어 에스델기』(2013) 참고.

musei ejen isus heristos i tutabuha ice hese
吾主耶穌基督 新約全書

7. 결론: 만주어로 번역된 한적의 중요한 의의

7.1 주변 민족과 국가에 끼친 영향

1644년 입관(入關) 후 만주 귀족들은 중국 전체를 다스리는 통치자가 되었는데, 시작 단계부터 러시아의 침략에 직면하게 되었다. 어떻게 해야 북방민족의 상층부를 결집시켜서, 러시아의 침략에 대응하는가 하는 것이 청조 통치자가 해결해야 하는 당면 과제의 하나가 되었다. 이를 위해 청조는 일련의 조치를 취하였다. 첫 번째 조치는 학당(學堂)을 개설한 것이다. 북방 소수민족 상층 자제에게 만주어와 만주어로 번역된 한문 경전 저작을 학습하도록 가르쳤다. 이들 학당(學堂)을 통해서 북방 민족은 점차 만주어를 매개로 한족(漢族) 문화와 중국을 이해하고 통일된 인식을 갖게 되었으며, 중국의 북방

강역을 지키는데 튼튼한 기초를 다지게 되었다.

만주족은 유구한 역사를 지녔는데, 그들의 문화는 오랫동안 한족(漢族)과 몽고족의 영향을 받았다. 청대 몽고족과 청나라 조정은 군사상, 정치상 특수한 관계를 지니고 있으며 문화적으로는 서로의 영향 관계가 더욱 밀접하다. 청조 200여 년 가운데 몽고족의 문화는 상당한 정도로 만주족을 통해서 한족(漢族)의 문화를 받아들였다. 예를 들어 많은 한족(漢族)의 문학 작품은 만주문 번역본을 통해서 몽고족에게 소개되었다. 어떤 것은 직접 만주문 번역본에서 몽고문(蒙古文)으로 번역되었고 아울러 몽고문학에 큰 영향을 끼쳤다.

만주 귀족이 중원에 입주한 이후 인접한 조선과의 관계는 날로 밀접해졌다. 조선의 많은 지식인들이 만주어를 배우기 시작하고 아울러 만주어 교재와 사전을 편찬하였다. 그래서 일부 문학 작품도 만문본(滿文本)을 통해서 조선에 건너갔다. 예를 들어 조선 각본(刻本) 『삼역총해(三譯總解)』(1703)는 바로 1650년 『삼국지연의(三國志演義)』 만주문 각본(刻本)의 발췌 번역으로 만주문 행간에 한글로 발음이 있고, 또 매 단(段)의 뒤에 한글로 된 번역문이 있다. 1774년에 이르러 한글 판본도 나오게 되었다.[49] 중국 문학 작품의 만주문 번역본은 일본 등의 국가에도 영향을 끼쳤다.

7.2 중국과 서양과의 교류 촉진

청대 이전 서양 국가의 선교사, 여행가들은 중국에 오면 중국을 소개하는 저작을 쓴 적이 있는데, 그러나 수량이 많지 않고 중국 전

---

049 역주: 1774년 重刊本이 간행되었다.

통문화를 소개한 것은 더욱 얼마 되지 않는다. 청대에 와서 많은 선교사들이 중국에 쏟아져 들어와 전국 각지에 흩어져 거하였다. 그들의 도래는 중국과 서양의 교류를 촉진시켰는데, 한편으로 그들은 서양의 문화, 과학기술을 중국에 가져왔고, 어떤 선교사는 또 청 정부에서 관직을 맡기도 하였다. 다른 한편으로 그들은 중국문화, 특히 전통문화를 서양에 소개하였다. 이들 서양 선교사들은 한어(漢語)를 장악했을 뿐 아니라 만주어를 할 수 있었다. 일찍이 17, 8세기 만주어 문법서와 사전을 편찬하여 서양에서 간행하였고, 어떤 국가는 법률과 정책 방면의 만문본(滿文本)을 서양 언어로 번역하였다. 어떤 선교사는 또 중국을 소개하는 서적을 출판하였다. 그중 상당수가 만주문 번역본을 통해서 서양 국가들로 하여금 중국의 전통문화를 이해하도록 하였다. 모두가 주지하는 바와 같이 한어(漢語)는 고대한어(古代漢語)와 현대한어(現代漢語)로 구분하고 있다. 그런데 서양인이 현대한어(現代漢語)를 배우기에도 많은 어려움이 있는데 하물며 고대한어(古代漢語)를 배우기는 더욱 어렵다. 만주어를 돌아보면 고금(古今)의 구분이 없다. 또한 서양 언어와 서로 비슷한 특징을 많이 지니고 있어서 서양인이 배우기에 비교적 쉽다. 그들의 입장에서는 이해하기 어려운 유가(儒家) 경전이 만주어로 번역되었으므로 아주 이해하기 좋게 되었다. 서양 선교사들은 만주어 번역본을 이용하여 중국 전통문화를 서양에 소개하였으므로 만주어로 번역된 한적(漢籍)은 중국과 서양문화 교류에 중요한 가교 역할을 하게 되었다.

7.3 민족 간의 화해 공존

중국은 다민족 국가이다. 역사상 허다한 소수민족이 자신의 정권을 세우고 모두 많건 적건 한어(漢語) 경전 저작을 번역하였다. 또 그로부터 한족(漢族)의 선진문화를 받아들이고, 이들 민족을 발전시키는데 촉진 작용을 하였다. 청대에 번역한 한어(漢語) 전적은 봉건사회의 정상에 달했다. 만주족은 고도로 발달한 한족(漢族) 문화와 전통에 적응하는데 2세기 남짓 걸려서 달성하였다. 이 같은 과정의 단계는 정치체제, 사상, 종교, 풍속 등 각 방면에 걸쳤는데, 이때 문자가 중요한 매개체가 되었다. 이 매개체를 통해서 만주족 사회는 크게 발전할 수 있었고, 문화의 수준이 높아졌으며, 만주 귀족은 방대한 국가를 300년 가까이 통치할 수 있었다.

청조는 소수민족이 세운 정권으로 민족문제의 중요성을 깊이 알고 있었다. 그래서 소수민족 정책을 매우 중시하여 이번원(理藩院)을 설치하여 전문적으로 소수민족의 사무를 관리하였다. 그뿐만 아니라 소수민족과 관련된 많은 법률 법규를 제정하였다. 청 정부는 또 민족들의 지역에 유가(儒家) 사상을 선양하고 불교를 보급하고 소수민족의 풍속 습관을 존중하였다. 이 같은 방법은 변방 소수민족의 확고한 지지를 얻어서 변방을 굳건하게 할 수 있었다. 어떤 이가 일찍이 강희제(康熙帝)에게 만리장성을 수축하라고 건의한 적이 있었는데, 강희제(康熙帝)는 일언지하에 거절하였다. 그는 변방 소수민족의 신뢰를 얻는 것이 만리장성을 수축하는 것보다 더욱 중요하다고 여겼다. 이 모든 것이 청조의 통치를 튼튼히 하였고, 그뿐만 아니라 민족 화해 공존을 촉진시켰고, 국방을 강화시켰다.

만주족은 중화 민족의 우수한 일원으로 청대에 만주문으로 번역한 한어(漢語) 경전 저작은 중화 민족 문화의 보고(寶庫) 가운데 진기한 꽃이다. 우리는 그것을 응당 귀하게 여기고, 그것을 연구하고, 그것의 역사적 공헌에 대해 충분히 긍정적인 자세를 지녀야 한다.

[출전: 『古書硏究』31, 한국고서연구회, 2013]